新能源汽车动力蓄电池系统构造与检修

主　编　李晓华　郑军武

副主编　刘　刚　王俊娴

参　编　张　芸　杨香莲　吴传全　金传琦　薛红华

机械工业出版社

本书紧跟新能源汽车及动力蓄电池行业前沿技术发展，突出"岗课赛证"综合育人理念，体现了职业教育课程的特色。本书内容主要包括高压安全防护、动力蓄电池概述、动力蓄电池认知、动力蓄电池系统认知与检修、动力蓄电池故障检修，共计 5 个项目，设置了 17 个任务。

本书可作为职业院校新能源汽车相关专业的教学用书，也可作为新能源汽车维修技术人员或维修企业培训人员的培训教材及参考书。

本书配有电子课件等资源，凡选用本书作为教材的教师，均可登录机械工业出版社教育服务网（www.cmpedu.com），以教师身份注册后免费下载，或联系编辑索取（010-88379756）。

图书在版编目（CIP）数据

新能源汽车动力蓄电池系统构造与检修 / 李晓华，郑军武主编. -- 北京：机械工业出版社，2024. 11.
ISBN 978-7-111-77071-8

I. U469.720.7

中国国家版本馆CIP数据核字第2024VV4864号

机械工业出版社（北京市百万庄大街22号　邮政编码100037）

策划编辑：谢熠萌	责任编辑：谢熠萌	
责任校对：李小宝　王　延	封面设计：王　旭	
责任印制：常天培		

北京铭成印刷有限公司印刷

2025年2月第1版第1次印刷

184mm×260mm · 15印张 · 368千字

标准书号：ISBN 978-7-111-77071-8

定价：59.80 元

电话服务　　　　　　　　　　网络服务

客服电话：010-88361066　　机 工 官 网：www.cmpbook.com

　　　　　010-88379833　　机 工 官 博：weibo.com/cmp1952

　　　　　010-68326294　　金 书 网：www.golden-book.com

封底无防伪标均为盗版　　机工教育服务网：www.cmpedu.com

前　言

党的二十大报告指出："教育、科技、人才是全面建设社会主义现代化国家的基础性、战略性支撑。"2023年我国新能源汽车产销量位居全球第一，新能源汽车工业作为国民经济的战略性、支柱性产业大大推动了我国经济发展，职业教育更需要承担起新能源汽车前、后市场高技能人才的培养重任。

本书根据现行的专业标准编写，匹配职业院校新能源汽车相关专业的专业核心课程，可以满足中等职业院校"新能源汽车运用与维修"，高等职业院校"新能源汽车技术"等专业的教学需求。本书针对职业教育的特点和规律，紧紧围绕高技能人才的培养目标，以能力为本位，以企业需求为基本依据，以职业能力为导向，以工作任务为引领，形成可评、可测的教学内容，结构合理、层次清晰，紧跟当前新能源汽车动力蓄电池技术的发展，内容丰富，满足新能源汽车相关专业人才的培养需求，能及时反映新技术、新工艺、新标准的应用。

全书共分为5个项目，计17个任务，主要内容包括高压安全防护、动力蓄电池概述、动力蓄电池认知、动力蓄电池系统认知与检修、动力蓄电池故障检修。本书在内容编写上具有以下特点：

1）落实立德树人根本任务。本书有机融入爱国精神、劳动教育、创新精神等素质教育元素，培养学生爱国爱岗的意识和精益求精的工匠精神。

2）"岗课赛证"综合育人。本书紧贴新能源汽车技术服务岗位职业技能，在课程设计中将岗位技能要求、职业技能大赛、职业技能等级证书标准等有关内容融入书中"任务导入""操作过程""评价考核"等环节，实现"岗课赛证"综合育人。

3）"基于工作任务"的编写理念。本书作者调研新能源汽车技术人才岗位需求，分析岗位典型工作任务，将企业真实的案例引入教学任务，使学习任务更加贴近新能源汽车维修企业的实际工作，力求使本书从内容到形式上更好地体现"理实结合、工学结合"，贯彻以应用能力培养为主的职业教育课程特色。

4）丰富的"一体化"教学资源。党的二十大报告指出："推进教育数字化，建设全民终身学习的学习型社会、学习型大国。"为深入贯彻落实教育数字化的理念，本书匹配大量的视频教学资源，以二维码链接的形式插入相应任务中，同时本书配有电子教案、电子课件等教学资源，方便院校师生、企业售后人员学习。

本书由江苏省无锡交通高等职业技术学校李晓华、郑军武任主编，并完成项目4的编写；刘刚、王俊娴任副主编，并完成项目3、项目5的编写；张芸、杨香莲、吴传全、金传琦、薛红华参编，并完成项目1、项目2的编写。

本书在编写过程中参阅了大量国内外公开发表或出版的资料、文献及汽车维修手册，谨在此对相关著作者表示深深感谢。限于编者水平，书中难免存在错误和疏漏之处，恳请广大读者批评指正。

编　者

二维码索引

目 录

项目 **1**
高压安全防护

  安全是一切工作的生命线，只有在保障人身安全的前提下，新能源汽车维修各项工作才能顺利进行。在新能源汽车运行时，动力蓄电池为高压用电设备提供高达几百伏的直流电压，如果新能源汽车使用不当或维修操作不当，都有可能发生触电事故。要保证新能源汽车的使用及维修安全，就必须了解人体安全电压值、安全防护工具的使用等知识，并且要学会区分新能源汽车上的高压部件、学会安全急救方法等。

  通过本项目的学习，学生应能够掌握新能源汽车动力蓄电池检修作业的准备与检修工具的使用，为后续任务的学习奠定基础。

项目目标

◆ 素养目标：

1. 培养学生的安全意识、责任意识。
2. 培养学生从事汽车行业工作的职业素养。
3. 培养学生的团队协作意识，做到分工明确、优势互补、相互帮助、共同进步。

◆ 知识目标：

1. 掌握高压电的电压数值范围。
2. 认识高压电的危害。
3. 掌握动力蓄电池检修工具和高压安全防护用具的使用方法。

◆ 能力目标：

1. 能正确检查与使用常用防护用具和检修工具。
2. 能正确进行动力蓄电池检修高压安全防护操作。
3. 能按照操作规范完成基本的高压作业。

> 情境问题：新能源汽车动力蓄电池在检修前，需要做好哪些安全防护措施？
>
> _____
>
> _____

任务　动力蓄电池检修作业准备与检修工具使用

任务目标

1. 熟悉新能源汽车高压系统的结构及高压电的特点。
2. 掌握常用防护用具和检修工具的使用方法。
3. 掌握动力蓄电池检修作业规范。

任务导入

动力蓄电池是新能源汽车的主要动力来源和核心部件，其在使用过程中会逐渐老化，可能引发一系列安全问题，按照相关行业标准，新能源汽车动力蓄电池需进行定期维护和检修，以确保其安全性能。你能做好动力蓄电池检修作业准备并正确使用检修工具吗？

📓 **证书标准对接：** 智能新能源汽车职业技能等级证书标准：新能源汽车动力驱动
电机电池技术（初级）职业技能

📖 **知识准备**

一、认识高压电的危害

1. 纯电动汽车高压电

纯电动汽车动力系统的一个重要特点就是具有电压高、电流大的动力电路。为了适应驱动电机工作的特性要求并提高工作效率，高压电气系统的工作电压可达到 300V 以上，而且电力传输电路的阻抗很小。高压电气系统的正常工作电流可能达到数十甚至数百安培，瞬时短路放电电流相比正常工作电流更是成倍增加。高电压和大电流会危及车上乘客的人身安全，同时，还会影响低压电气系统和车辆控制器的正常工作。因此，在设计和规划高压电气系统时不仅应充分满足整车动力驱动的要求，还必须确保车辆运行安全、驾乘人员安全和车辆运行环境安全。

新能源汽车上的电路按电压等级不同可划分为 A 级电压电路（Voltage Class A Electric Circuits）和 B 级电压电路（Voltage Class B Electric Circuits）。A 级电压电路是指最高工作电压不高于交流 30V 或不高于直流 60V 的电力组件或电路；B 级电压电路是指最高工作电压高于交流 30V 且不高于交流 1000V 或高于直流 60V 且不高于直流 1500V 的电力组件或电路。电压等级见表 1-1-1。

表 1-1-1　电压等级

电压等级	最高工作电压 U/V	
	交流	直流
A	$0 < U \leq 30$	$0 < U \leq 60$
B	$30 < U \leq 1000$	$60 < U \leq 1500$

2. 高压电的危害

行业规定，安全电压不高于 36V，持续接触的安全电压为 24V。高压电对人体的伤害不仅与电流大小有关，还和电流通过人体的时间有关。

图 1-1-1 所示是通过人体的危险电流大小与时间的关系。从图 1-1-1 中可以看出，在区域①内，当通过人体电流小于 0.5mA 时，无论电流流经时间多长，人体神经基本没有感觉。当电流达到 0.5mA 时，人体会感觉到轻微酥麻的触电。在区域②内，当通过人体电流大于

0.5mA 并且小于 10mA 时，人体的触电感觉逐渐强烈，在这种情况下，人体是可以摆脱电流的，不受通电时间影响；但当电流超过 10mA 临界时，若电流流经时间超过 2000ms，人体就有可能无法摆脱触电电源，从 10mA 开始，随着电流的增加，摆脱电流的临界时间也越来越短，呈线性递减。在摆脱电流极限（折线）和心室颤动电流界限（曲线）组成的范围内（区域③），很难摆脱触电电源，但不至于发生心室颤动。在区域④内（以图 1-1-1 中曲线为界）触电，都将很可能发生心室颤动，极为危险。

一般在干燥环境中，人体电阻在 $2k\Omega \sim 20M\Omega$ 范围内；皮肤出汗时，人体电阻约为 $1k\Omega$；皮肤有伤口时，人体电阻约为 800Ω。人体触电时，皮肤与带电体的接触面积越大，人体电阻越小。当人体接触带电体时，人体就被当作一个电路元件接入电路。人体阻抗通常包括外部阻抗（与触电当时所穿衣服、鞋袜以及身体的潮湿情况有关）和内部阻抗（与触电者的皮肤阻抗和体内阻抗有关）。

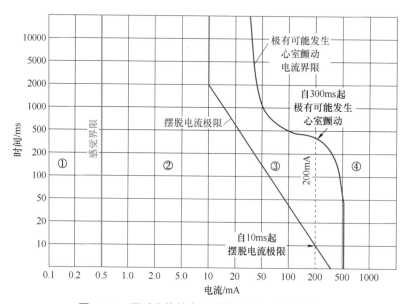

图 1-1-1 通过人体的危险电流大小与时间的关系

一般认为，一只手臂或一条腿的电阻大约为 500Ω。因此，由一只手臂到另一只手臂或由一条腿到另一条腿的通路相当于一只 1000Ω 的电阻。假定一个人用双手紧握带电体，双脚站在水坑里而形成导电回路，这时人体内电阻约为 500Ω。一般情况下，人体电阻可按 $1000\sim2000\Omega$ 考虑。

触电是指电流通过人体而引起的病理、生理效应，分为电伤和电击两种伤害形式。电伤是指电流对人体表面的伤害，它往往不危及生命安全，可分为电灼烧、电烙印、皮肤金属化、机械性损伤、电光眼和二次伤害。电击是指电流通过人体内部直接造成对内部组织的伤害，它是危险的伤害，往往导致严重的后果。电击又可分为直接接触电击和间接接触电击。触电的分类如图 1-1-2 所示。

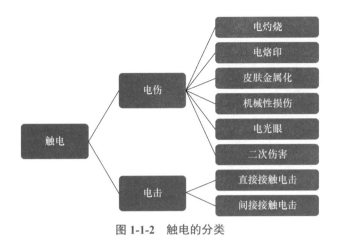

图 1-1-2 触电的分类

📝 学习笔记：调研市面上 3 款新能源汽车。它们的动力蓄电池电压范围是多少？属于高压电吗？

_____

_____

_____

二、新能源汽车维修的高压安全防护

1. 新能源汽车高压部件

无特殊说明，本书中所指的新能源汽车为《新能源汽车产业发展规划（2021—2035 年）》中所指出的纯电动汽车、插电式混合动力（含增程式）汽车、燃料电池汽车三类。

（1）高压部件高压电的来源　以纯电动汽车为例，其动力蓄电池就是高压电的来源。纯电动汽车的动力蓄电池向电机控制器提供直流高压电，经逆变后为驱动电机提供三相交流电，从而使驱动电机工作。因纯电动汽车无发动机，故驱动空调制冷的压缩机为电动压缩机，该部件由动力蓄电池供给高压电。纯电动汽车的暖风不再由冷却液余热提供，取而代之的是电加热 PTC，该部件也由动力蓄电池供给高压电。当动力蓄电池电量不足时，需要进行充电，充电系统包含直流充电系统和交流充电系统，这两个系统也是高压部件，其中交流充电部分含有一个车载充电机。此外，有些纯电动汽车在动力蓄电池和其他用电设备及充电设备之间还安装了高压配电箱。除上述部件外，所有连接这些高压部件的线束也是高压部件。高压线束统一使用橙色的线束以示区别，它们都属于 B 级电压电路。纯电动汽车的高压部件见表 1-1-2。

（2）高压部件的辨认　新能源汽车上的高压部件全部使用高压电才能工作，而高压电需要通过橙色的高压线束传输，因此，在辨认时，有橙色线束连接的即是高压部件，如图 1-1-3 所示。另一种辨认方法是查看部件上是否有高压警告标记，在高压部件上（高压线束除外）都标有高压警告标记，如图 1-1-4 所示。

表 1-1-2   纯电动汽车的高压部件

序号	名称	备注
1	动力蓄电池	电源
2	高压配电箱	配电设备
3	电机控制器	用电设备
4	驱动电机	用电设备
5	电动压缩机	用电设备
6	电加热 PTC	用电设备
7	车载充电机	充电设备
8	高压线束（橙色）	连接线

在新能源汽车中，尽管连接有橙色线束的部件都为高压部件，但因其功能的不同，各高压部件实际工作时的电压种类和大小也是不同的。例如：动力蓄电池在对外供电时，是电源，输出直流电压；而当其需要充电时，是用电设备，由交流充电桩或者直流充电桩充电。在新能源汽车的高压部件中，很多是集成在金属盒内的（特别是电容器），在外部断电的情况下，其内部仍有可能携带高压电，因此，在拆装检修的时候应严格遵守安全操作规范，切不可麻痹大意。

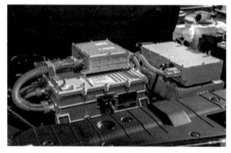

图 1-1-3   新能源汽车高压部件

图 1-1-4   高压警告标记

2. 新能源汽车维修高压安全防护

新能源汽车上高压部件分布广泛，在检修高压部件或进行车辆维护作业时，要做好新能源汽车维修高压安全防护，具体防护措施应当参考 GB 18384—2020《电动汽车安全要求》。

新能源汽车维修从业人员在接车维修时，可参考以下步骤做好安全防护：

1）停车熄火（或称下电）。

2）穿戴好防护工具。

3）设置防护隔离栏。

4）将高压危险警告标志置于显著位置。

5）断开辅助蓄电池负极，并等待 5min。

6）断开并拔下维修开关，将维修开关锁好保存。

7）使用放电设备对动力蓄电池母线放电，并确认无残存电荷。

8）执行高压部件拆检。

9）装回高压部件及线束。

10）装回维修开关。

11）接通辅助蓄电池负极。

12）上电验车。

13）收起防护栏及防护工具。

14）竣工。

需要说明的是，以上操作要求维修人员必须取得中华人民共和国应急管理部监制的特种作业操作证（低压电工作业）（低压电工证适用于1000V以下的电工作业），如图1-1-5所示。在维修时，必须保证两人作业，其中一人为主修人，负责具体拆检、维修工作；另一人是监护人，负责监督维修人的工作规范并在维修人不幸发生触电意外的情况下进行保护和救援。维修过程中需使用专用工具。

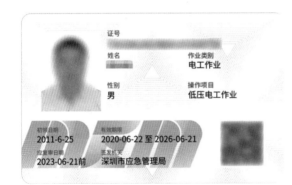

图1-1-5　特种作业操作证（低压电工作业）

📝 学习笔记：调研市面上3款新能源汽车。它们的高压部件有哪些？新能源汽车中高压部件的辨认方法有哪些？

_____

_____

_____

三、动力蓄电池检修作业准备与检修工具使用

1. 防护设备使用

新能源汽车维修作业所用到的防护设备有：护目镜、高压绝缘手套、安全鞋、绝缘垫

等。这里主要介绍护目镜、高压绝缘手套和安全鞋的使用。

（1）护目镜的使用　使用护目镜有两个作用：第一，可以防止在维修过程中发生的对眼部产生撞击等机械伤害；第二，新能源汽车动力蓄电池中的电解液对人体具有腐蚀性，它们会对人体造成化学烧伤或烧蚀，佩戴护目镜可以有效防止电解液溅入眼中造成腐蚀伤害。

安全防护套装
检查与佩戴

护目镜能够起到对眼睛的保护作用，在眼镜两侧有侧护板，正确佩戴后，可以防止硬物和电解液从两侧飞入眼睛。作业人员若佩戴近视眼镜，在对新能源汽车进行维修作业时，普通护目镜不能对眼睛侧面起到保护作用，此时，需要佩戴专用的护目镜。在佩戴护目镜之前，要对它进行检查，检查的内容包括镜面是否有刮花、裂纹，镜架螺钉是否松动，眼镜佩戴是否过紧或过松。图 1-1-6 所示是常用的护目镜。

（2）高压绝缘手套的使用　高压绝缘手套的作用主要也有两个：第一，具有保护使用者在接触带电电路时免受电伤害的作用；第二，在对新能源汽车动力蓄电池进行维修作业时能够防止动力蓄电池酸碱电解液的腐蚀。高压绝缘手套的防护等级取决于手套的额定电压，通常会标注在手套上。高压绝缘手套不可用于触电防护之外的其他任何类型的防护，并且高压绝缘手套易受割伤、磨损、高温或化学劣变的影响，这些损害将导致手套永久无法使用。技术员应在每次使用高压绝缘手套前检查手套是否受损。图 1-1-7 所示是常用的高压绝缘手套。

图 1-1-6　护目镜

图 1-1-7　高压绝缘手套

为了保证维修人员工作中的安全，高压绝缘手套在使用前要仔细进行检查，主要包括外观检查、耐压等级检查和充气检查，见表 1-1-3。

有些高压绝缘手套会有内外层对比色，可以使手套的磨损部分更容易被发现。高压绝缘手套的尺寸应匹配使用者的手部大小，如果太松，手套佩戴后会起皱并影响操作时手部的灵活性。

高压绝缘手套投入使用后必须每 6 个月进行一次质量检验。若手套还未经使用，则必须在购买后 12 个月内进行检验，并在此后每 6 个月进行一次检验。在手套通过检验后，检测设备在每副手套上标注最新一次的检验日期。

（3）安全鞋的使用　安全鞋的作用是保护穿着者免受意外事故引起的伤害，具有保护特征和保护工作区域安全的鞋。《足部防护 安全鞋》（GB 21148—2020）中规定了安全鞋按该标准规定的方法测试时的电绝缘性能要求，见表 1-1-4。

表 1-1-3　高压绝缘手套的检查内容

外观检查	耐压等级检查	充气检查
1）检查手套主体是否破损 2）检查指套之间是否有粘贴现象 3）检查手套是否有裂纹 4）检查一双手套是否配对	1）检查手套是否有耐压等级 2）检查耐压等级是否高于要维修的车辆所携带的最高电压 3）注意交、直流电的不同	将每副手套从手套袖口处开始快速卷起，使手套的手指和手掌部分充气鼓起，具体步骤如下 1）捏紧手套的袖口处以锁住空气 2）将手套的袖口紧密地向手套指尖方向卷起，一直捏紧卷起的部分 3）确保手套的手掌区域和指尖区域因为空气挤压充入而鼓起 4）确保手套在鼓起后保持充气压力且不漏气，掰开手套指缝间观察，细听有无漏气 5）若手套未膨胀鼓起，则需定位漏气来源 6）对下一副手套重复本检查步骤

表 1-1-4　电绝缘性能要求

要求	I 类			II 类						
	皮鞋	布面胶鞋								
测试电压（工频）/kV	6	5	15	6	10	15	20	25	30	35
泄漏电流 /mA	≤ 1.8	≤ 1.5	≤ 4.5	≤ 2.4	≤ 4	≤ 6	≤ 8	≤ 9	≤ 10	≤ 14

安全鞋在新能源汽车维修中既能够起到防止触电的作用，又能够在一定程度上保护脚部免受机械伤害。

在穿安全鞋之前需要对其进行检查，检查的项目包括鞋面是否破损、鞋底是否断裂、鞋底是否过度磨损、鞋的尺寸是否合适等。

2. 测量设备及绝缘工具的使用

（1）钳形数字万用表　钳形数字万用表是动力蓄电池检修中必备的测试工具之一，主要用于测试电压、电流、频率等相关参数，要求其具有一定的测试分辨率、测试精度以及较多的测试功能，如图 1-1-8 所示。

钳形数字万用表的使用

图 1-1-8　钳形数字万用表

用钳形数字万用表测量电流时，在使用前和使用时应做到：

1）在使用前应仔细阅读说明书，弄清该表适用于交流还是交直流两用（指测量电流的功能）。

2）被测电路电压不能超过钳形数字万用表上所标明的数值，否则容易造成接地事故，或者引起触电危险。

3）每次只能测量一相导线的电流，被测导线应置于钳形窗口中央，不可以将多相导线都夹入窗口测量。

4）测量前应先估计被测电流的大小，再决定用哪一量程。若无法估计，可先用最大量程档，然后适当换小些，以准确读数。不能使用小电流档去测量大电流，以防损坏仪表。

5）钳口在测量时闭合要紧密，闭合后若有杂音，可打开钳口重闭一次，若杂音仍不能消除，应检查磁路上各接合面是否光洁，有尘污时要擦拭干净。

6）由于钳形数字万用表在测量小电流时精度较低，可采用先将被测电路的导线在钳子（铁心）上绕几圈（此时电路应断电），再闭合钳口进行通电测量的方法。此时钳形数字万用表所指示的电流值并非被测量的实际值，实际电流应当为钳形表的读数除以导线缠绕的圈数。

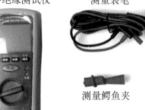

图 1-1-9　数字绝缘测试仪

7）维修时不要带电操作，以防触电。

（2）数字绝缘测试仪　数字绝缘测试仪具有精度高、读数直观、操作方便、安全可靠、便于携带等优点，已成为测量绝缘电阻最常用的仪表。数字绝缘测试仪内部可以产生不同数值的电压，通常有 50V、100V、250V、500V 和 1000V 等多个档位，可用于测量不同电压下物体的绝缘电阻大小。图 1-1-9 所示是福禄克牌绝缘测试仪，其性能优越、可靠性好，被广泛使用。

具体的使用方法是，首先将测试表笔与测试仪连接好，黑色表笔接到"COM"（地）孔内，测试表笔接到"绝缘"孔内。在使用前还应进行自检，自检有开路检测和短路检测。自检正常后，选择正确的电压档位，将两支表笔分别放在被测物体两端，按下红色测试表笔中的"TEST"键，即可测出当前电压下被测物体的绝缘电阻值。

数字式绝缘电阻表的使用

需要说明的是，绝缘测试仪在测试时内部产生的瞬间电压可达上千伏，尽管在测试回路中产生的电流较小，但如果不遵守操作规范或不遵循仪表制造商所规定的指示说明和防御措施，则可能会遭受电击。

（3）数字式绝缘电阻表　数字式绝缘电阻表由大规模集成电路组成，输出功率大、短路电流值大、输出电压等级多。优利德 UT511 数字式绝缘电阻表操作面板上有液晶显示屏、选择开关、电源开关按钮、绝缘电阻测量按钮、比较功能按钮等，如图 1-1-10 所示。其具体使用方法如下：

1）在测量绝缘电阻前，待测电路必须完全放电，并且与电源电路完全隔离。

2）将红测试线插入"LINE"输入端口，黑测试线插入"EARTH"输入端口。

图 1-1-10　优利德 UT511 数字式绝缘电阻表

3）将红、黑鳄鱼夹接入被测电路，正极电压是从 LINE 端输出的。

4）按住"TEST"键 1s，能够连续测量，输出绝缘电阻测试电压，测试红灯发亮，在液晶屏上闪烁高压提示符 0.5s。测试完以后，按下"TEST"键，关闭绝缘电阻测试电压，测试红灯灭且无高压提示符，在液晶屏上保持当前测量的绝缘电阻值。

注意：在测试前，应确定待测电路没有电，请勿测量带电设备或带电电路的绝缘层。请勿在高压输出状态短路两个测试表笔和高压输出之后再去测量绝缘电阻。

（4）接地电阻测试仪　接地电阻测试仪是检验测量接地电阻的常用仪表，它能测试的阻抗范围为 0.01~2000Ω，测试的接地电压能达到 100V，优利德 UT521 接地电阻测试仪如图 1-1-11 所示。它可以精确测量大型接地网的接地阻抗、接地电阻、接地电抗；精确测量大型接地网场区的地表电位梯度；精确测量大型接地网的接触电位差、接触电压、跨步电位差、跨步电压；精确测量大型接地网的转移电位；测量接地引下线导通电阻；测量土壤电阻率。接地电阻测试仪在使用前需对外观、表针线束进行目视检查，同时也要对其进行开路和短路性能检查。

接地电阻测量仪的使用

（5）绝缘工具套装　绝缘工具套装是用于新能源汽车拆装的常用工具，如扳手、套筒、接杆、螺钉旋具等，如图 1-1-12 所示。与常规工具不同的是，绝缘工具的外壳不再是金属的，而是被一层绝缘材料覆盖。在使用绝缘工具拆装新能源汽车高压部件时，配合绝缘手套使用，可以防止触电，有效保护维修人员的安全。

图 1-1-11　优利德 UT521 接地电阻测试仪

图 1-1-12　绝缘工具套装

（6）汽车故障诊断仪　汽车故障诊断仪（又称汽车解码器）是用于检测汽车故障的便携式智能设备，用户可以利用它迅速地读取汽车电控系统中的故障，并通过液晶屏显示故障信息及参数，迅速查明发生故障的部位及原因，博世（Bosch）KT 710 汽车故障诊断仪如图 1-1-13 所示。

汽车故障诊断仪在使用前除了对外观、连接线束及 OBD 端口拆解器检查外，还需实车连接检查，确认与车辆通信正常。

图 1-1-13　博世（Bosch）汽车故障诊断仪

学习笔记：动力蓄电池检修作业常用的防护设备、测量设备及绝缘工具有哪些？

_____

_____

知识拓展

不起火、不爆炸——动力蓄电池安全标准与技术趋势

2020 年我国发布了 GB 38031—2020《电动汽车用动力蓄电池安全要求》、GB 18384—2020《电动汽车安全要求》、GB 38032—2020《电动客车安全要求》首批三项新能源汽车的强制性国家标准。其中，GB 38031—2020《电动汽车用动力蓄电池安全要求》专门针对电动汽车用动力蓄电池（包括单体蓄电池、蓄电池包和动力蓄电池系统）的安全要求和试验方法进行规定，删除单体蓄电池针刺试验，仅作为单体蓄电池热失控的触发条件，增加动力蓄电池系统热扩散试验，要求单体蓄电池发生热失控后，动力蓄电池系统在 5min 内不起火、不爆炸，为乘员预留安全逃生时间。

2024 年 5 月 27 日，为进一步提升动力电池安全性，工业和信息化部发布 GB 38031《电动汽车用动力蓄电池安全要求（征求意见稿）》。该《征求意见稿》在既有标准基础上进一步加严了对动力蓄电池热扩散测试要求，主要包括提升热扩散要求、新增热事件预警要求、完善热扩散测试方法等，要求动力蓄电池"不起火、不爆炸"。

2020 年初，比亚迪推出刀片电池并公布了刀片电池的针刺试验。从单体蓄电池针刺试验结果来看，三元锂蓄电池剧烈燃烧，表面温度超过 500℃；而比亚迪磷酸铁锂刀片电池无明火、无烟，表面温度仅 30~60℃。

2023 年 2 月，比亚迪着重进行单体蓄电池间超级吸热材料的专利布局，在动力蓄电池系统中导入高吸热材料、相变件，通过吸热+隔热等组合方式抑制热扩散，进一步降低蓄电池包产生热扩散的风险，提高蓄电池包的安全性与可靠性。

相变填充材料主要为亲液性高分子材料和液态相变介质，其和骨架组成的冷却组件具备不易发生形变、散热效率高、散热响应快、排气效果好等特点。该技术的关键点在于采用高吸热材料，并利用该材料的汽化潜热，使得单体蓄电池间吸热能力极大提升，可以完全吸收一个单体蓄电池热失控传递到下一个单体蓄电池的全部热量，从而有可能解决多个单体蓄电池热失控以及极端工况下多节单体蓄电池被破坏导致的热扩散问题，且技术方案能够覆盖全部单体蓄电池尺寸与不同单体蓄电池体系。

任务实施

【安全及注意事项】

1）作业前应确保高压电路处于断开状态。

2）应穿戴好绝缘手套并铺设好绝缘垫。

3）施工前工位要达到新能源汽车检测安全工位要求。

4）着装应整洁规范，遵守相关规程。

5）任务完成后工具应放回原位，严禁随意摆放。

> 📅 **我的预测**：请想一想本任务实施过程中可能会遇到哪些困难？我的解决办法有
> 哪些?
>
> _____
>
> _____

【操作过程】

请按照要求完成动力蓄电池检修作业前准备与检修工具使用，并填写工作任务单。

学　院		专　业		班　级	
姓　名		学　号		日　期	
指导教师					

	作业前高压电路是否处于断开状态：是□　否□ 是否穿戴好绝缘手套并铺设好绝缘垫：是□　否□ 操作工位是否符合安全要求：是□　否□ 着装是否整洁规范，是否阅读相关规程：是□　否□

作业前准备记录

工具资料	名　称	规　格	备　注
工具清单			
资料清单			

检测工具	操作方法及过程记录	操作示意图
绝缘电阻表	外观检查： 1）检查外观表面有无破损 2）检查表针线束有无破损、连接是否牢固 性能检查：检查前需佩戴绝缘手套 1）"TEST"键检查：按下测试键，显示红色，再次按下关闭 2）测试电压选取：按下测试键，通过旋钮键可以选取测试电压量程；对纯电动汽车高压组件进行绝缘性测试时一般选取量程为1000V 3）开路及短路检查：正负表笔分开，按下"TEST"键，仪器屏幕阻值应显示_____ 　　正负表笔短接，按下"TEST"键，仪器屏幕阻值应为____MΩ。注意：短接时间不能过长	

（续）

检测工具	操作方法及过程记录	操作示意图
数字绝缘测试仪	首先将测试表笔与测试仪连接好，黑色表笔接到"COM"（地）孔内，测试表笔接到"绝缘"孔内 　在使用前还应进行自检，自检有开路检测和短路检测 　自检正常后，选择正确的电压档位，将两支表笔分别放在被测物体两端，按下红色测试表笔中的"TEST"键，即可测出当前电压下，被测物体的绝缘电阻值	
接地电阻测试仪	外观检查： 　1）检查外观表面有无破损 　2）检查表针线束有无破损、连接是否牢固 性能检查：检查前需佩戴绝缘手套 　1）"TEST"键检查：按下"TEST"键，显示红色，再次按下关闭 　2）测试电阻量程选取：通过旋钮键可以选取测试电阻量程，对纯电动汽车高压组件接地电阻进行测试时一般选取量程为 20Ω 　3）开路及短路检查：两鳄鱼夹分开，按下"TEST"键，仪器屏幕阻值应显示＿＿＿＿＿＿；正负表笔短接，按下"TEST"键，仪器屏幕阻值应为＿＿＿＿＿＿MΩ 　4）接地电阻测试：打开接地电阻表，选择测试量程，用两个鳄鱼夹分别搭在被测组件和车身壳体上，按下"TEST"键，可读取该组件与壳体的接地电阻值	
汽车故障诊断仪	外观检查： 　1）检查外观表面有无破损 　2）打开电源开关检查汽车故障诊断仪电量是否充足 　3）检查汽车故障诊断仪有线和无线连接线束、OBD 插接器是否齐全有效 　4）将汽车故障诊断仪与车辆连接，检查汽车故障诊断仪是否正常进入且能读取车辆数据参数	
检查、验收安装情况，确认6S 管理	是否关闭车辆点火开关：是□　否□ 是否收起并整理防护四件套：是□　否□ 是否清洁防护用具并归位：是□　否□ 是否清洁整理仪器设备与工具：是□　否□ 是否清洁实训场地、收起警示牌、收起安全围栏：是□　否□	

评价考核

在课程教学中进行职业素养和操作规范评分。

评分项	评分标准（扣分标准）	配分	扣分
一、作业准备			
场地准备	☐ 未检查设置隔离栏（2分） ☐ 未设置安全警示牌（2分） ☐ 未检查灭火器压力值（水基、干粉）（2分） ☐ 未安装车辆挡块（2分） ☐ 未安装车外三件套或安装位置不正确（3分） ☐ 操作中翼子板布、格栅布自行脱落（2分） ☐ 车内三件套（转向盘套、座椅套、脚垫）少铺、未铺或撕裂（2分）	15分	
人员安全	☐ 未检查绝缘手套密封性或检查时未密封（3分） ☐ 未检查绝缘手套的耐电压等级（2分） ☐ 未检查作业用抗酸碱手套、护目镜、安全帽外观损伤情况（6分） ☐ 未穿安全鞋（进入工位前应提前穿好）（2分） ☐ 未检查确认档位（2分）	15分	
二、操作步骤			
接地电阻表与汽车故障诊断仪	☐ 未正确进行使用前的安全检查（3分） ☐ 未正确进行开路试验（3分） ☐ 未正确进行短路试验（3分） ☐ 未正确规范使用接地电阻表、汽车故障诊断仪（6分）	15分	
绝缘电阻表、数字绝缘测试仪	☐ 未正确进行使用前的安全检查（3分） ☐ 未正确进行开路试验（3分） ☐ 未正确进行短路试验（3分） ☐ 未正确规范使用绝缘电阻表、数字绝缘测试仪（6分）	15分	
三、团队协作、安全与6S管理			
团队协作	☐ 作业时未互相配合，分工不合理（5分） ☐ 未在规定时间内完成全部作业（3分） ☐ 配合时身体发生碰撞，语言发生争执（5分） ☐ 未佩戴抗酸碱手套（2分）	15分	
安全与6S管理	☐ 有影响安全操作的行为，包括但不限于以下内容：仪器、设备、工具、零件落地；不注意安全操作，随意放置工具、量具或造成其他安全隐患（5分） ☐ 地上有油污时未擦掉，未做废物分类环保处理（5分） ☐ 工具使用不当，由于野蛮操作，导致设备损坏，扣除该项所有分数（5分） ☐ 未清洁归还工具，或工具未清洁就放进工具箱（5分） ☐ 未清洁整理场地（5分）	25分	
总评分			

（续）

个人分析总结

存在问题及改进措施

指导教师签字：　　　　　　　　　　　日期：

 思考练习

一、判断题

1. 通常当人体接触到 25V 以上的交流电或 60V 以上的直流电时，人体就有可能会发生触电事故。（　　　）

2. 能够最终对人体产生伤害的是电流，电流对人体的伤害有 3 种形式：电击、电伤和电磁场伤害。（　　　）

3. 绝缘手套需要定期检验，不需要每次使用前进行泄漏检查。检查的方法是向手套内吹入一定的空气，观察手套是否有漏气。（　　　）

4. 对有高压电的车辆进行维修时，用的护目镜应该具有正面及侧面防护功能，防止维修过程中产生的电火花及动力蓄电池电解液飞溅，对眼睛造成伤害。（　　　）

5. 安全鞋的作用是使人体与地面绝缘，防止电流通过人体与大地之间构成通路，对人体造成电击伤害，把触电时的危险降低到最低程度。（　　　）

二、选择题

1. 在电网中，一直认为（　　　）V 是一个人体安全电压。实际上，在有高压电的新能源汽车中，这个电压值并不是科学的。

A. 48　　　　　　　B. 24　　　　　　　C. 36　　　　　　　D. 以上都不对

2. 橡胶制成的电工绝缘手套通常需要具备两种独立的性能：一要在进行任何有关高电压部件或电路的操作时，能够承受（　　　）以上的工作电压。

A. 500V　　　　　　B. 7000V　　　　　C. 1000V　　　　　D. 以上都不对

3. 在对纯电动汽车或混合动力汽车操作时，急救人员要知道橙黄色电缆代表高压电，并在断开高压动力蓄电池，接触电缆前也要等待（　　　）min，即等电容充分放电完毕。

A. 5　　　　　　　　B. 10　　　　　　　C. 15　　　　　　　D. 20

4. 不属于绝缘工具套装的是（　　　）。

A. 扳手　　　　　　B. 常用的套筒　　　C. 绝缘手套　　　　D. 以上都不对

5. 绝缘工具使用前，必须注意的事项是（　　　）。

A. 正确地选择、检查及使用绝缘手套、防护目镜、防护服

B. 去除所有金属物品

C. 设立安全警戒标志，确保工作区域的安全性

D. 以上都正确

6. 测量额定电压在 500V 以下的设备或电路的绝缘电阻时，可选用量程为（　　　）的绝缘电阻表。

A. 200V 或 500V

B. 500V 或 1000V

C. 1000V 或 1500V

D. 以上都不正确

三、简答题

1. 纯电动汽车中的高压电和工业用高压电有何区别？

2. 人体安全电压限值是多少？

3. 纯电动汽车上的高压部件有哪些？辨认方法有哪些？

项目 2

动力蓄电池概述

随着全球环境问题的日益严重，减少化石燃料的使用，降低汽车尾气排放成为迫切需求。目前，世界各国都在大力发展新能源汽车，许多国家已经制订了停止生产销售传统能源汽车的时间表，我国也在着手计划停售燃油车，其中海南省预计将在 2030 年全岛实现禁售燃油汽车。国家陆续出台的各项扶持培育政策使得新能源汽车生产及销售量呈现爆发式增长，低碳、环保的新能源汽车将逐渐取代传统燃油动力汽车，为城市生活、交通带来颠覆性变革。

动力蓄电池作为新能源汽车能量存储与转换的关键高压部件之一，在新能源汽车及未来能源系统中将发挥越来越重要的作用。不同品牌或车型在动力蓄电池的选用上有所不同，主要种类有铅酸蓄电池、镍氢蓄电池、锂离子蓄电池以及氢燃料电池等类型动力蓄电池。动力蓄电池通常由多个单体蓄电池通过串并联的方式组合而成，动力蓄电池的容量决定了新能源汽车的续驶里程，其安全性能对整车的安全性有重要影响。

通过本项目对动力蓄电池的发展认知、动力蓄电池的性能指标及参数识读两个具体任务的学习，我们可以更加具体地了解新能源汽车动力蓄电池的发展状况。

项目目标

◆ 素养目标：

1. 培养学生的爱国主义精神和创新精神。
2. 培养学生从事汽车行业工作的职业素养。
3. 培养学生的团队协作意识，做到分工明确、优势互补、相互帮助、共同进步。

◆ 知识目标：

1. 了解新能源汽车动力蓄电池的发展历史。
2. 了解动力蓄电池的性能指标。
3. 掌握新能源汽车对动力蓄电池的性能要求。

◆ 能力目标：

1. 能逻辑清晰地阐述新能源汽车动力蓄电池的发展历史。
2. 能正确了解动力蓄电池的性能指标。
3. 能掌握新能源汽车对动力蓄电池的性能要求。

> **❓ 情境问题：** 当你需要向别人介绍一辆纯电动汽车的动力蓄电池的性能指标及参数时，你具备相关参数的识读能力吗？
>
> _____
>
> _____

任务 2.1　动力蓄电池的发展认知

🎯 任务目标

1. 了解新能源汽车动力蓄电池的发展历史。
2. 了解新能源汽车动力蓄电池的发展现状。

📥 任务导入

2023 年我国新能源汽车产销量位居全球第一，纯电动汽车行驶的能量来源于动力蓄电池，动力蓄电池的发展决定了新能源汽车续航、安全等问题。本任务主要介绍动力蓄电池的发展及我国动力蓄电池的新技术。

> 📋 **证书标准对接：**智能新能源汽车职业技能等级证书标准：新能源汽车动力驱动
> 电机电池技术（初级）职业技能
> 5.1　动力电池检查保养
> 5.1.5　能检查并测量动力电池单体电池的规格、大小、性能是否一致
> 5.1.6　能检查和记录动力电池标签信息，并核对是否与原厂规格一致

📰 **知识准备**

一、新能源汽车动力蓄电池的发展历史

动力蓄电池的
发展历史

1800 年，亚历山大·伏特制成了人类历史上最早的电池，后人称之为伏特电池。1830 年，威廉姆·斯特金解决了伏特电池的弱电流和极化问题，使电池的使用寿命大大延长。

1836 年，英国的丹尼尔对"伏特电堆"进行了改良，提高了伏特电池的稳定性。他使用稀硫酸作电解液，解决了电池极化问题，制造出第一个不极化，能保持平衡电流的锌-铜电池，又称"丹尼尔电池"。它是第一个可长时间持续供电的蓄电池。

1859 年，法国科学家普兰特最早发明一种能够产生较大电流的可重复充电的铅酸蓄电池。

1958 年，哈里斯提出了采用有机电解液作为电池的电解质，20 世纪 70 年代初期便实现了军用和民用。随后基于环保考虑，研究重点转向蓄电池。镍-镉蓄电池在 20 世纪初实现商品化以后，在 20 世纪 80 年代得到迅速发展。1984 年，荷兰的飞利浦公司成功研制出 $LaNi_5$ 储氢合金，并制备出 Ni-MH 电池。

1991 年，可充电的锂离子蓄电池问世，实验室制成的第一只 18650 型锂离子蓄电池容量仅为 $600mA \cdot h$；1992 年，日本索尼公司开始大规模生产民用锂离子蓄电池；1995 年，日本索尼公司首先研制出 $100A \cdot h$ 锂离子蓄电池并在电动汽车上应用，展示了锂离子蓄电池作为电动汽车动力蓄电池的优越性能，引起了广泛关注。

1997 年，丰田公司首次使用高功率镍氢蓄电池的普锐斯混合动力汽车在日本上市。

2008 年，特斯拉 Roadster 跑车面世，极大地吸引了世人的目光。该车动力蓄电池的正极材料使用的还是钴酸锂，首次使用 18650 型锂离子蓄电池组。

2010 年，比亚迪 F3DM 低碳版双模式电动汽车上市，不过仍然没有使用纯电动模式，而是发动机和电动机双驱动的混动车型。搭载磷酸铁锂蓄电池的比亚迪 3DM 双模电动汽车纯电动续驶里程达 100km。

时至今日，新能源汽车需求飞涨，随之而来的是动力蓄电池电量需求的大幅上升，2023 年全球动力蓄电池装车量约为 $705.5GW \cdot h$，同比增长 38.6%。

📝学习笔记：简述新能源汽车动力蓄电池的发展历史。

_____

_____

二、动力蓄电池的现状与未来的发展趋势

（1）动力蓄电池的现状　长期以来，蓄电池的使用寿命和成本问题一直是制约电动汽车发展的关键因素。通过不断的技术创新与改进，电池技术得到了飞速的发展。动力蓄电池已经从传统的铅酸蓄电池发展到镍氢、钴酸锂、锰酸锂、聚合物、三元材料、磷酸铁锂等先进的绿色动力蓄电池。动力蓄电池在比能量、比功率、安全性、循环寿命、成本等方面，都取得了很大的进步。新能源汽车上使用的各主流动力蓄电池的性能特点见表 2-1-1。

表 2-1-1　各主流动力蓄电池的性能特点

项目	铅酸蓄电池	镍镉蓄电池	镍氢蓄电池	锂离子蓄电池
比能量 /（W·h/kg）	50	75	75~90	180
能量密度 /（W·h/L）	100	150	240~300	300
功率密度 /（W/L）	200	300	240	200~300
循环寿命 / 次	300	800	>500	>100
记忆效应	无	有	有	无
月自放电率（%）	3~5	15~20	20~30	6~9
工作温度 /℃	-10~50	-20~60	-20~50	-20~60
毒性	高	高	中	低

铅酸蓄电池经过 100 多年的发展，技术不断更新，其彰显出安全性高、使用温度范围大及价格低等特点，赢得了市场的青睐。但是铅及其化合物对人体有害、对环境也会造成危害，从长远来看，铅酸蓄电池将被其他新型蓄电池取代。铅酸蓄电池在电动自行车领域中应用较为广泛，尤其是低端车型中。

镍氢蓄电池和锂离子电池都属于新型动力蓄电池。镍氢蓄电池作为早期镍镉蓄电池的替代产品，它是目前最环保的蓄电池之一，不再使用有毒的镉，可以消除重金属对环境带来的污染问题。镍氢蓄电池具有较大的能量密度，这意味着在不为设备增加额外质量的情况下，使用镍氢蓄电池能有效地延长设备的工作时间，其主要应用于混合动力车辆上。

锂离子蓄电池一直是绿色环保蓄电池的首选，锂离子蓄电池的生产技术不断提升，成本不断压缩，故近几年锂离子蓄电池被应用到很多领域。目前市场主要针对磷酸铁锂、三元锂等锂离子蓄电池进行技术开发及推广应用。锂离子蓄电池具有容量高、比能量高、循环寿命长、无记忆效应等优点，因而成为当前电动汽车用动力蓄电池技术研究开发的主要方向。近几年，大多数纯电动汽车和插电式混合动力汽车都采用了锂离子蓄电池。

（2）动力蓄电池未来的发展趋势　根据市场考察，在车用动力蓄电池方面，各国主要围绕锂离子蓄电池、氢燃料电池及超级电容器等进行深入研发。能源补给方面，锂离子蓄电池、超级电容器适用于纯电动汽车，但是需要外部充电，而氢燃料电池汽车则需要外部加注 H_2。目前来看，锂离子蓄电池在未来相当长的一段时间内将占据主要地位。

三、国内动力蓄电池行业装机供应前五企业

（1）宁德时代　宁德时代成立于 2011 年，并于 2018 年 6 月 11 日在创业板上市。宁德时代具有动力和储能电池领域完整的研发、制造能力，拥有材料、电芯、蓄电池系统、蓄电池回收的全产业链核心技术。在电动汽车领域，宁德时代已与国际顶级汽车厂商及国内众多知名汽车厂商建立了深度合作关系，为全球客户研发、生产纯电动汽车和混合动力汽车的动力蓄电池。

（2）比亚迪　比亚迪创立于 1995 年，主要生产商务轿车、家用轿车和电池。2003 年，比亚迪成长为全球第二大充电电池生产商，同年组建比亚迪汽车。在 2017 年，比亚迪宣布将动力蓄电池业务独立出来，并向外供应动力蓄电池，同时采购具有竞争力的其他企业动力蓄电池。

（3）国轩高科　合肥国轩高科动力能源有限公司成立于 2006 年 5 月。公司主要从事铁锂动力蓄电池新材料、蓄电池芯、蓄电池组及电动自行车、风光锂电绿色照明系统、电动汽车等相关产品的研发、生产和销售，并延伸开发电动高尔夫车、锂电光伏电源、锂电备用电源等多领域系列产品。

（4）孚能科技　孚能科技主要向北汽新能源、江铃、长安、长城、瑞丽、昌河等车企批量供货动力蓄电池，其还通过了德国戴姆勒集团 VDA6.3 过程质量审核，成功进入戴姆勒供应商体系。

（5）亿纬锂能　亿纬锂能采取多方位技术路线布局战略，目前已全面覆盖新能源专用车、商用车、乘用车等不同领域，亿纬锂能也由此成为国内少数具备动力蓄电池全面解决方案的电池生产企业之一。

📝学习笔记：简述动力蓄电池的发展现状。

_____

_____

_____

☒　**任务实施**

【安全及注意事项】

1）作业前应确保高压电路处于断开状态。

2）应穿戴好绝缘手套并铺设好绝缘垫。

3）施工前工位要达到新能源汽车检测安全工位要求。

4）着装应整洁规范，遵守相关规程。

5）任务完成后工具应放回原位，严禁随意摆放。

> 📅 我的预测：请想一想，本任务实施过程中可能会遇到哪些困难？我的解决办法有哪些？
>
> _____
>
> _____
>
> _____

【操作过程】

请查阅资料并调研宁德时代麒麟电池、比亚迪刀片电池、国轩高科高镍三元电池、孚能科技超级软包电池和亿纬锂能动力蓄电池的最新技术及蓄电池性能参数，并填写工作任务单。

学　院		专　业		班　级	
姓　名		学　号		日　期	
指导教师					

	作业前高压电路是否处于断开状态：是□　否□ 是否穿戴好绝缘手套并铺设好绝缘垫：是□　否□ 操作工位是否符合安全要求：是□　否□ 着装是否整洁规范，是否阅读相关规程：是□　否□			
作业前 准备记录	工具资料	名　称	规　格	备　注
	工具清单			
	资料清单			

	请根据相关工艺流程制订实施计划：	
	序号	
	1	
制订计划	2	
	3	
	4	
	5	

（续）

动力蓄电池示意图	查询并记录参数
宁德时代麒麟电池	采用技术：_____ 能量密度：_____ 续驶里程：_____ 体积利用率：_____ 安全性：_____ 应用领域：_____
比亚迪刀片电池	采用技术：_____ 能量密度：_____ 续驶里程：_____ 体积利用率：_____ 安全性：_____ 应用领域：_____
国轩高科高镍三元电池	采用技术：_____ 能量密度：_____ 续驶里程：_____ 体积利用率：_____ 安全性：_____ 应用领域：_____
孚能科技超级软包电池	采用技术：_____ 能量密度：_____ 续驶里程：_____ 体积利用率：_____ 安全性：_____ 应用领域：_____
亿纬锂能动力蓄电池	采用技术：_____ 能量密度：_____ 续驶里程：_____ 体积利用率：_____ 安全性：_____ 应用领域：_____

（续）

检查验收安装情况，确认 6S 管理	是否关闭车辆点火开关：是□ 否□
	是否收起并整理防护四件套：是□ 否□
	是否清洁防护用具并归位：是□ 否□
	是否清洁整理仪器设备与工具：是□ 否□
	是否清洁实训场地、收起警示牌、收起安全围栏：是□ 否□

评价考核

在课程教学中进行职业素养和操作规范评分。

评分项	评分标准（扣分标准）	配分	扣分
一、作业准备			
场地准备	□ 未检查设置隔离栏（2分） □ 未设置安全警示牌（2分） □ 未检查灭火器压力值（水基、干粉）（2分） □ 未安装车辆挡块（2分） □ 未安装车外三件套或安装位置不正确（3分） □ 操作中翼子板布、格栅布自行脱落（2分） □ 车内三件套（转向盘套、座椅套、脚垫）少铺、未铺或撕裂（2分）	15分	
人员安全	□ 未检查绝缘手套密封性或检查时未密封（3分） □ 未检查绝缘手套的耐电压等级（2分） □ 未检查作业用抗酸碱手套、护目镜、安全帽外观损伤情况（6分） □ 未穿安全鞋（进入工位前提前穿好）（2分） □ 未检查确认档位（2分）	15分	
二、操作步骤			
动力蓄电池发展认知	□ 未正确查阅维修手册资料（6分） □ 未正确调研各类型动力蓄电池最新技术（6分） □ 未正确辨析当前主流车型的动力蓄电池（8分） □ 未辨析各主流动力蓄电池性能参数区别（10分）	30分	
三、团队协作、安全与 6S 管理			
团队协作	□ 作业时未互相配合，分工不合理（5分） □ 未在规定时间内完成全部作业（3分） □ 配合时身体发生碰撞，语言发生争执（5分） □ 未佩戴抗酸碱手套（2分）	15分	

（续）

评分项	评分标准（扣分标准）	配分	扣分
安全与6S管理	□ 有影响安全操作的行为，包括但不限于以下内容：仪器、设备、工具、零件落地；不注意安全操作，随意放置工具、量具或造成其他安全隐患（5分） □ 地上有油污时未擦掉，未做废物分类环保处理（5分） □ 工具使用不当，由于野蛮操作，导致设备损坏，扣除该项所有分数（5分） □ 未清洁归还工具，或工具未清洁就放进工具箱（5分） □ 未清洁整理场地（5分）	25分	
总评分			
个人分析总结			

存在问题及改进措施

指导教师签字：　　　　　　　　日期：

 思考练习

一、判断题

1. 动力蓄电池的作用是接收和储存由车载充电机、发电机、制动能量回收装置或外置充电装置提供的电能，并且为驱动电机和其他高压用电设备提供电能。（　　　）

2. 市场上纯电动汽车和混合动力汽车采用的动力蓄电池主要类型有锂离子蓄电池、镍氢蓄电池和铅酸蓄电池。（　　　）

3. 只允许将动力蓄电池及其组件存放在带有自动灭火装置的空间内。此外，必须装有火灾探测器，从而确保即使不在工作时间内也能识别出失火情况。（　　　）

二、单选题

1. 动力蓄电池的作用类似于燃油车中的（　　　）。

A. 发动机　　　　　　B. 变速器　　　　　　C. 燃油箱　　　　　　D. 以上都不对

2. 必须将损坏的高电压蓄能器临时存放在户外带有特殊标记的容器内至少（　　　）h，之后才允许进行最终废弃处理。

A. 12　　　　　　　　B. 24　　　　　　　　C. 36　　　　　　　　D. 48

3. 拆下动力蓄电池负极端子后，必须等待（　　　）min 后方可进行下一步操作。

A. 5　　　　　　　　B. 10　　　　　　　　C. 15　　　　　　　　D. 20

4. 在选用维修工具时优先选用（　　　）。

A. 套筒　　　　　　B. 梅花扳手　　　　　C. 呆扳手　　　　　　D. 活扳手

三、简答题

1. 动力蓄电池未来的发展趋势是什么？

2. 主流的动力蓄电池主要有哪几种？特点分别是什么？

任务 2.2　动力蓄电池的性能指标及参数识读

任务目标

1. 了解动力蓄电池的性能指标。

2. 掌握新能源汽车对动力蓄电池的性能要求。

任务导入

国务院办公厅印发的《新能源汽车产业发展规划（2021—2035 年）》中提到，我国坚持纯电驱动战略取向；同时指出，发展新能源汽车是我国从汽车大国迈向汽车强国的必由之路。动力蓄电池作为纯电动汽车的动力核心，其性能指标是决定纯电动汽车动力性能的根本因素，本任务主要介绍动力蓄电池的相关性能要求。

> **证书标准对接：**智能新能源汽车职业技能等级证书标准：新能源汽车动力驱动电机电池技术（初级）职业技能
>
> 5.1　动力电池检查保养
>
> 5.1.3　能测量和校正动力电池单体电池的电压和容量，确认是否更换
>
> 5.1.5　能检查并测量动力电池单体电池的规格、大小、性能是否一致
>
> 5.1.6　能检查和记录动力电池标签信息，并核对是否与原厂规格一致

知识准备

一、蓄电池的储能原理与基本结构

1. 蓄电池的储能原理

在化学电池中，化学能直接转变为电能是靠蓄电池内部自发进行氧化、还原等化学反

应的结果，这种反应分别在两个电极上进行。当外电路断开时，两极之间虽然有电位差（开路电压），但没有电流，存储在蓄电池中的化学能并不转换为电能。当外电路闭合时，在两电极电位差的作用下即有电流流过外电路。同时在蓄电池内部，由于电解质中不存在自由电子，电荷的传递必然伴随两极活性物质与电解质界面的氧化或还原反应，以及反应物和反应产物的物质迁移。电荷在电解质中的传递也要由离子的迁移来完成。充电时，蓄电池内部的传电和传质过程的方向恰与放电相反；电极反应必须是可逆的，才能保证反方向传质与传电过程的正常进行，蓄电池的储能原理如图 2-2-1 所示。

以经典的丹尼尔原理蓄电池单体化学反应为例进行讲解。

在金属冶金中，如果把锌加入 Cu^{2+} 溶液中，铜就会沉淀出来了。该化学反应就是从含有锌的矿石中提取出铜的常用方法。该化学反应包含的化学能是不可利用的，能量以热能的形式被消耗掉。

上述从电解液中提取铜的反应过程是在锌表面发生的。如果锌和铜处于独立的两个元件中，那么上述反应就必须在两个不同的位置（电极）发生，而且只有在有电流连接两个电极的情况下反应才能继续进行。该反应可以通过控制正、负极的连接状态实现有效控制，使化学能按需转化为有用的电能，丹尼尔原理蓄电池如图 2-2-2 所示。其反应式如下：

负极：　　　　　　　　　　　$Zn-2e=Zn^{2+}$

正极：　　　　　　　　　　　$Cu^{2+}+2e=Cu$

蓄电池反应：　　　　　　　　$Zn+Cu^{2+}=Zn^{2+}+Cu$

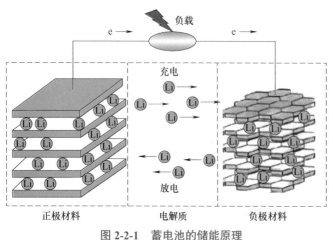

图 2-2-1　蓄电池的储能原理

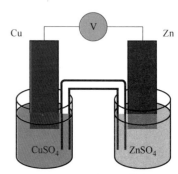

图 2-2-2　丹尼尔原理蓄电池

2. 蓄电池的基本结构

蓄电池要实现化学能转变成电能的过程，必须满足如下条件：

1）必须把化学反应中失去电子的氧化过程（在负极进行）和得到电子的还原过程（在正极进行），分在两个区域进行，这与一般的氧化还原反应存在区别。

2）两电极必须具有离子导电性的物质。

3）化学变化过程中电子传递必须经过外电路。

蓄电池需包含以下组成部分，其基本结构如图 2-2-3 所示。

1）正极活性物质。它具有较高的电极电位，蓄电池放电时在此进行还原反应或阴极过程。

2）负极活性物质。它具有较低的电极电位，蓄电池放电时在此进行氧化反应或阳极过程。

3）电解质。它拥有很高的、选择性的离子电导率，是提供蓄电池内部的离子导电的介质。大多数电解质为无机电解质水溶液，也有固体电解质、熔融盐电解质、非水溶液电解质和有机电解质。有的电解质也参加电极反应而被消耗。

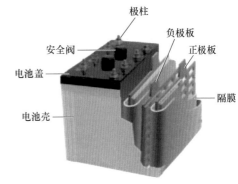

图 2-2-3　蓄电池的基本结构

除了主要组成部分外，蓄电池还常常需要导电栅、汇流体、端子、安全阀等零件。蓄电池可以制成各种形状和结构，如方形、圆柱形和扣式等，如图 2-2-4 所示。

a) 方形　　　　　　b) 圆柱形　　　　　　c) 扣式

图 2-2-4　蓄电池的各种形状

📝 **学习笔记**：请阐述新能源汽车动力蓄电池的储能原理。

二、蓄电池的特性参数

1．电压

（1）电动势　电动势是蓄电池在理论上输出能量大小的度量之一，蓄电池的电动势是热力学的两极平衡电极电位之差。

（2）开路电压　开路电压是指蓄电池在开路条件下的端电压。

（3）额定电压　额定电压也称公称电压或标称电压，是指由厂家指定的用以标识电池的适宜的电压近似值。根据额定电压可以区分蓄电池的化学体系。表 2-2-1 为常用不同电化学体系蓄电池的单体额定电压值。

表 2-2-1　常用不同电化学体系蓄电池的单体额定电压值

序号	蓄电池类型	单体额定电压 /V
1	铅酸蓄电池（VRLA）	2
2	镍镉蓄电池（Ni-Cd）	1.2
3	镍锌蓄电池（Ni-Zn）	1.6
4	镍氢蓄电池（Ni-MH）	1.2
5	锌空气电池（Zn/Air）	1.2
6	铝空气电池（Al/Air）	1.4
7	钠氯化镍蓄电池（Na/NiCl$_2$）	2.5
8	钠硫蓄电池（Na/S）	2.0
9	锰酸锂蓄电池（LiMn$_2$O$_4$）	3.7
10	磷酸铁锂蓄电池（LiFePO$_4$）	3.2

（4）工作电压　工作电压是指蓄电池接上负载后处于放电状态下的端电压，又称负荷（载）电压或放电电压。工作电压低于开路电压，当然也必然低于电动势。

（5）放电终止电压（也称放电截止电压）　它是指蓄电池正常放电时允许达到的最低电压。不同类型的蓄电池及不同的放电条件，放电终止电压是不同的。一般而言，低温或大电流放电时，终止电压值规定得低些；小电流或间歇放电时，终止电压值规定得高些。

2. 容量

完全充电的蓄电池在规定条件下所释放出的总容量称为蓄电池容量，以符号 C 表示，其单位常用 A·h 或 mA·h 表示。

1）理论容量（C_0），即假设活性物质完全被利用，蓄电池可释放的容量值。理论容量可根据活性物质的数量按法拉第定律计算求出。

2）额定容量（C），即在规定条件下测得的并由制造商标明的电池容量值。

3）实际容量（C_t），即在工作中，蓄电池实际放出的电量，是放电电流与放电时间的积分，实际容量受放电率的影响较大，放电率常用时率和倍率表示，在字母 C 的右下角标明数字时，表示放电时率，如 C_{20} =50A·h，表明在 20 小时率下的容量为 50A·h。由于蓄电池内阻和其他原因，活性物质不可能完全被利用，所以实际容量、额定容量总是低于理论容量。

4）剩余容量，即在一定放电率下放电后，蓄电池剩余的可用容量。剩余容量的估计和计算受到蓄电池前期放电率、放电时间等因素以及蓄电池老化程度、应用环境等多种因素影响，所以在准确估算上存在一定的困难。

3. 内阻

内阻是指蓄电池中电解质、正负极群、隔膜等电阻的总和。由于蓄电池内阻的作用，放电时端电压低于电动势和开路电压，充电时充电端电压高于电动势和开路电压。蓄电池内阻是非常重要的参数，它直接影响蓄电池的工作电压、工作电流、输出能量与功率等，实用的化学电源，其内阻越小越好。

蓄电池内阻不是常数，它包括欧姆内阻和电极在化学反应时所表现出的极化内阻。欧姆内阻主要是由电极材料、电解液、隔膜的内阻及各部分零件的接触电阻组成。它与蓄电池的尺寸、结构、电极的成形方式以及装配的松紧度有关；极化内阻是正极与负极由于电化学极化和浓差极化所引起的电阻之和，与活性物质的本性、电极结构、蓄电池制造工艺有关，尤其是与蓄电池的工作条件密切相关，随放电率、温度等条件的改变而改变。

4. 能量与能量密度

蓄电池的能量是指蓄电池在一定放电制度下，蓄电池所能释放出的能量，通常用 W·h 或 kW·h 表示。

（1）理论能量　假设蓄电池在放电过程中电压保持电动势的数值，而且活性物质的利用率为100%，在此条件下蓄电池所输出的能量为理论能量 W_0，即 $W_0=C_0E$。

（2）实际能量　实际能量是指蓄电池放电时实际输出的能量，数值上等于蓄电池实际放电电压、放电电流与放电时间的积分。

在实际应用中，常采用蓄电池组额定容量与放电平均电压的乘积进行蓄电池实际能量的估算。由于活性物质不可能完全被利用，蓄电池的工作电压总是小于电动势，所以蓄电池的实际能量总是小于理论能量。

（3）能量密度　蓄电池的能量密度是指从蓄电池的单位质量或单位体积所获取的电能，用质量能量密度（W·h/kg）或体积能量密度（W·h/L）来表示，也称为质量比能量或体积比能量。

5. 功率与功率密度

（1）功率　蓄电池的功率是指在一定的放电制度下，单位时间内蓄电池输出的能量，其单位为瓦（W）或千瓦（kW）。

（2）功率密度　从蓄电池的单位质量或单位体积所获取的输出功率称为功率密度，用W/kg、W/L 表示，也称为比功率或质量比功率。比功率的大小，表征蓄电池所能承受的工作电流的大小，蓄电池比功率大，表示它可以承受大电流放电。比功率是评价蓄电池及蓄电池组是否满足纯电动汽车加速和爬坡能力的重要指标。

6. 荷电状态

蓄电池的荷电状态（State of Charge，SOC）描述了蓄电池的剩余电量，是蓄电池使用过程中的重要参数，此参数与蓄电池的充放电历史和充放电电流大小有关。荷电状态值是个相对量，一般用百分比的方式来表示。《电动汽车术语》（GB/T 19596—2017）定义 SOC 为：当前蓄电池中按照规定放电条件可以释放的容量占可用容量的百分比。

蓄电池剩余可以释放的容量受到蓄电池的基本特征参数（端电压、工作电流、温度、容量、内部压强、内阻和充放电循环次数）和使用特性因素的影响，这使得对蓄电池组的荷电状态（SOC）的测定很困难。

7. 放电深度

放电深度（Depth of Discharge，DOD）是表示蓄电池放电状态的参数，等于实际放电容量与可用容量的百分比，其与 SOC 的关系为

$$DOD=1-SOC$$

放电深度的高低对蓄电池的使用寿命有很大的影响，一般情况下，蓄电池常用的放电深

度越深，其使用寿命就越短，因此在使用中应尽量避免蓄电池深度放电。

8. 循环寿命

蓄电池经历一次充电和放电，称为一次循环或一个周期。在指定的充放电终止条件下，以特定的充放电制度进行充放电，动力蓄电池在不能满足寿命终止标准前所能进行的循环数，称为蓄电池的循环寿命或使用周期。铅酸蓄电池循环寿命为 300~500 次；锂离子蓄电池循环寿命可达 1000 次以上。

9. 自放电率

自放电率是蓄电池在存放时间内，在没有负荷的条件下自身放电，使得蓄电池的容量损失的速度，自放电率采用单位时间（月或年）内蓄电池容量下降的百分数来表示。

$$自放电率 = \frac{Ah_a - Ah_b}{Ah_a t} \times 100\%$$

式中，Ah_a 为蓄电池储存之前的容量（A·h）；Ah_b 为蓄电池储存以后的容量（A·h）；t 为蓄电池储存的时间（天或月）。

自放电率通常与时间和环境温度有关，蓄电池久置时要定期补电，并在适宜的温度和湿度下储存。

10. 不一致性

蓄电池的不一致性是指同一规格、同一型号的单体蓄电池组成蓄电池组后，在电压、内阻及其变化率、荷电量、容量、充电接受能力、循环寿命、温度影响、自放电率等参数方面存在的差别。纯电动汽车必须使用由多块单体蓄电池构成的蓄电池组来满足使用要求。由于不一致性的影响，动力蓄电池在纯电动汽车上使用的性能指标往往达不到单体蓄电池的原有水平，使用寿命可能缩短数倍甚至十几倍，严重影响纯电动汽车的性能和应用。

11. 成本

蓄电池的成本与蓄电池的技术、材料、制作方法和生产规模有关，新开发的高比能量、比功率的蓄电池成本就高（如锂离子蓄电池），使得纯电动汽车的造价也较高。因此开发和研制高效、低成本的蓄电池是纯电动汽车发展的关键。蓄电池成本一般以蓄电池单位容量或能量的成本进行表示，单位为：元/A·h 或元/kW·h，以方便对于不同类型或同类型不同生产厂家、不同型号的蓄电池进行比较。

12. 放电制度

放电制度就是蓄电池放电时所规定的各种条件，主要包括放电电流（放电率）、放电终止电压等。

1）放电电流：是指放电时蓄电池输出的电流放电电流的大小直接影响到蓄电池的各项性能指标，因此介绍蓄电池的容量或能量时，必须说明放电电流的大小，指出放电的条件。放电电流通常用放电率表示，放电率是指蓄电池放电时的速率，有时率或倍率两种表示形式。

2）放电终止电压：是指蓄电池正常放电时允许达到的最低电压，与蓄电池材料直接相关，并受到蓄电池结构、放电率、环境温度等多种因素影响。一般来说，由于低温大电流放电时，电极的极化大，活性物质不能充分利用，蓄电池的电压下降较快。

> 📝学习笔记：动力蓄电池的特性参数有哪些？
>
> _____
>
> _____

三、新能源汽车对动力蓄电池的性能要求

动力蓄电池最重要的特点就是高功率和高能量。高功率意味着更大的充放电强度，高能量表示更高的质量比能量和体积比能量。动力蓄电池系统需要按照最优化的整车设计应用指标设计，对其性能要求主要有以下几方面。

1. 高能量

对于纯电动汽车，高能量意味着更长的续驶里程，续驶里程的延长可有效提升纯电动汽车应用的方便性和适用范围。锂离子蓄电池能够在纯电动汽车上广泛推广和应用，主要原因就是其能量密度是铅酸蓄电池的 3 倍，并且还有继续提高的可能性。

2. 高功率

动力蓄电池要能够提供给驱动电机高功率输出，满足车辆动力性要求。但长期大电流、高功率放电对动力蓄电池的使用寿命和充放电效率会产生负面影响，甚至影响动力蓄电池使用的安全性，因此在功率方面还需要一定的功率储备，避免让动力蓄电池在全功率工况下工作。

3. 长使用寿命

铅酸蓄电池使用寿命在深充深放工况下可以达到 400 次，锂离子蓄电池可以达到 1000 次以上。动力蓄电池使用寿命的长短，关系到动力蓄电池的成本。纯电动汽车应用过程中动力蓄电池更换的费用，是纯电动汽车使用成本的重要组成部分。提高动力蓄电池的使用寿命目前是蓄电池技术研究的重点问题之一。

4. 低成本

动力蓄电池的成本与蓄电池的新技术、材料、制作方法和生产规模有关，目前高比能量的蓄电池成本较高，使得纯电动汽车的造价也较高，开发和研制高效、低成本的动力蓄电池是纯电动汽车发展的关键。

5. 安全性好

动力蓄电池为纯电动汽车提供了高达 300V 以上的驱动供电电压，可能危及人身安全和车载电器的使用安全。动力蓄电池作为高能量密度的储能载体，自身也存在一定的安全隐患，以锂离子蓄电池为例：

1）充放电过程如果发生热失控反应，可能导致蓄电池短路起火，甚至产生爆炸现象。

2）锂离子蓄电池采用的有机电解质，在 4.6V 左右易发生氧化，并且溶剂易燃，若出现泄漏等情况，也会引起蓄电池着火燃烧、甚至爆炸。

3）发生碰撞、挤压、跌落等极端的状况，导致蓄电池内部短路，也会引起危险状况出现。

6. 工作温度适应性强

车辆应用一般不应受地域的限制，不同的空间和时间应用，需要车辆适应不同的温度，

仅以北京地区的车辆应用为例，北京夏季地表温度可达 50℃ 以上，冬季可低至 -15℃ 以下，在该温度变化范围内，动力蓄电池应可以正常工作，因此，对于动力蓄电池而言，需要动力蓄电池具有良好的温度适应性。现在的动力蓄电池系统设计，考虑到蓄电池的温度适应性问题，一般都需要设计相应的冷却系统或加热系统来达到动力蓄电池的最佳工作温度。

7. 可回收性好

按照动力蓄电池使用寿命的标准定义，蓄电池在其容量衰减到额定容量的 80% 时，确定为动力蓄电池使用寿命终结。随着纯电动汽车的大量应用，必然出现大量废旧动力蓄电池的回收问题。对于动力蓄电池的可回收性，在电化学性能方面，首先要求做到蓄电池正负极及电解液等材料无毒，对环境无污染；其次是研究蓄电池内部各种材料的回收再利用。对于动力蓄电池的再利用，还存在梯次利用问题，即按照动力蓄电池使用寿命标准达到额定容量 80% 以下淘汰的蓄电池转移到对蓄电池容量和功率要求相对较低的领域继续应用。

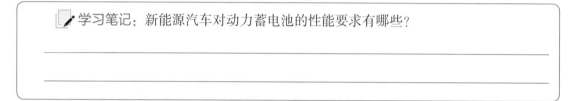

✐ 学习笔记：新能源汽车对动力蓄电池的性能要求有哪些？

_____

_____

🔌 **知识拓展**

动力蓄电池装车——宁德时代继续领跑

2024 年 8 月，工信部公布了 2024 年上半年全国锂离子电池行业运行情况：我国锂离子电池（下称"锂电池"）产业延续增长态势。根据锂电池行业规范公告企业信息和行业协会测算，上半年全国锂电池总产量 480GWh，同比增长 20%。电池环节，1~6 月储能型锂电池产量超过 110GWh。新能源汽车用动力型锂电池装车量约 203GWh。1~6 月全国锂电池出口总额达到 1934 亿元。

2024 年 1~7 月全球动力蓄电池装车量约为 434.4GWh，同比增长 22.4%，期中宁德时代市场份额占 37.6%，比亚迪市场份额占 16.1%。

宁德时代以 163.3GWh 的装车量稳居全球第一，同比增长 29.9%。目前宁德时代正在积极拓展电动船舶及电动飞机等新兴领域，显示出其多元化的发展战略。在国内各类水域中，已有约 700 艘电动船舶搭载了宁德时代电池；同时，宁德时代还成功试飞了 4t 级民用电动飞机。

比亚迪以 69.9GWh 的装车量，居全球动力蓄电池市场第二，同比增长 23.4%。比亚迪通过垂直整合战略，将电池业务与汽车制造相结合，有效控制了成本并提高了市场竞争力。

中国电池企业在全球市场的份额持续扩大，进入 2024 年 1~7 月全球动力蓄电池装车量 TOP10 的中国企业包括宁德时代、比亚迪、中创新航、亿纬锂能、国轩高科、欣旺达，6 家公司装车量总计 283.5GWh，市场份额达 65.3%，较上一年同期显著提升。其中，欣旺达的增长速度最快，达 64.1%。

总体而言，全球动力蓄电池市场在 2024 年前 7 个月展现了良好的发展态势，宁德时代和比亚迪两大中国企业占据了市场的主导地位，而国际品牌则面临着来自中国新兴电池企业的竞争压力。随着电动汽车市场的不断扩张，预计未来动力蓄电池行业的竞争将更加激烈。

⊠ 任务实施

【安全及注意事项】

1）作业前应确保高压电路处于断开状态。

2）应穿戴好绝缘手套并铺设好绝缘垫。

3）施工前工位要达到新能源汽车检测安全工位要求。

4）着装应整洁规范，遵守相关规程。

5）任务完成后工具应放回原位，严禁随意摆放。

> 📅 我的预测：请想一想，本任务实施过程中可能会遇到哪些困难？我的解决办法有哪些?
>
> _____
>
> _____

【操作过程】

请完成吉利纯电动汽车动力蓄电池维护与单体蓄电池检查，并填写工作任务单。

学　院		专　业		班　级	
姓　名		学　号		日　期	
指导教师					

作业前高压电路是否处于断开状态：是□　否□
是否穿戴好绝缘手套并铺设好绝缘垫：是□　否□
操作工位是否符合安全要求：是□　否□
着装是否整洁规范，是否阅读相关规程：是□　否□

作业前准备记录

工具资料	名　称	规　格	备　注
工具清单			
资料清单			

制订计划

请根据相关工艺流程制订实施计划：

序号	
1	
2	
3	
4	
5	

动力蓄电池
维护与单体蓄
电池检查

（续）

操作示意图	操作过程及内容	完成情况
1. 吉利帝豪 EV450 动力蓄电池维护		
	车辆下电，并安装防护套装	是否完成 □ 是 □ 否，原因：＿＿＿＿＿
	举升车辆至最高位置	是否完成 □ 是 □ 否，原因：＿＿＿＿＿
	用手电筒检查动力蓄电池外观	是否完成 □ 是 □ 否，原因：＿＿＿＿＿
	检查、紧固动力蓄电池支架螺栓。紧固力矩：＿＿＿＿＿N·m	是否完成 □ 是 □ 否，原因：＿＿＿＿＿
	确认动力蓄电池壳体搭铁线位置	是否完成 □ 是 □ 否，原因：＿＿＿＿＿
	用接地电阻表测量动力蓄电池壳体接地电阻	测量值　标准值　判断 是否完成 □ 是 □ 否，原因：＿＿＿＿＿

（续）

操作示意图	操作过程及内容	完成情况

2. 单体蓄电池检查

观察动力蓄电池总成、蓄电池模块，找出电压、温度监测点

是否完成
□ 是
□ 否，原因：_____

测量单体蓄电池电压

测量值	标准值	判断

是否完成
□ 是
□ 否，原因：_____

检查验收安装情况，确认 6S 管理

是否关闭车辆点火开关：是□　否□

是否收起并整理防护四件套：是□　否□

是否清洁防护用具并归位：是□　否□

是否清洁整理仪器设备与工具：是□　否□

是否清洁实训场地、收起警示牌、收起安全围栏：是□　否□

📖 评价考核

在课程教学中进行职业素养和操作规范评分。

评分项	评分标准（扣分标准）	配分	扣分
一、作业准备			
场地准备	□ 未检查设置隔离栏（2分） □ 未设置安全警示牌（2分） □ 未检查灭火器压力值（水基、干粉）（2分） □ 未安装车辆挡块（2分） □ 未安装车外三件套或安装位置不正确（3分） □ 操作中翼子板布、格栅布自行脱落（2分） □ 车内三件套（转向盘套、座椅套、脚垫）少铺、未铺或撕裂（2分）	15分	
人员安全	□ 未检查绝缘手套密封性或检查时未密封（3分） □ 未检查绝缘手套的耐电压等级（2分） □ 未检查作业用抗酸碱手套、护目镜、安全帽外观损伤情况（6分） □ 未穿安全鞋（进入工位前提前穿好）（2分） □ 未检查确认档位（2分）	15分	

（续）

评分项	评分标准（扣分标准）	配分	扣分
二、操作步骤			
动力蓄电池检查及单体蓄电池检查	□ 未正确进行车辆下电（3分） □ 未正确做好防护措施（3分） □ 未正确选用工具进行动力蓄电池检查（10分） □ 未正确选用工具进行单体蓄电池检查（8分） □ 未规范动力蓄电池检查作业流程（6分）	30分	
三、团队协作、安全与6S管理			
团队协作	□ 作业时未互相配合，分工不合理（5分） □ 未在规定时间内完成全部作业（3分） □ 配合时身体发生碰撞，语言发生争执（5分） □ 未佩戴抗酸碱手套（2分）	15分	
安全与6S管理	□ 有影响安全操作的行为，包括但不限于以下内容：仪器、设备、工具、零件落地；不注意安全操作，随意放置工具、量具或造成其他安全隐患（5分） □ 地上有油污时未擦掉，未做废物分类环保处理（5分） □ 工具使用不当，由于野蛮操作，导致设备损坏，扣除该项所有分数（5分） □ 未清洁归还工具，或工具未清洁就放进工具箱（5分） □ 未清洁整理场地（5分）	25分	
总评分			
个人分析总结			

存在问题及改进措施

指导教师签字：　　　　　　　　　日期：

💡 思考练习

一、填空题

1. 蓄电池的特性参数有＿＿＿＿＿＿、＿＿＿＿＿＿、＿＿＿＿＿＿、＿＿＿＿＿＿、＿＿＿＿＿＿、＿＿＿＿＿＿、使用寿命、自放电率、不一致性、成本、放电制度等。

2. 纯电动汽车对动力蓄电池有＿＿＿＿＿＿、＿＿＿＿＿＿、＿＿＿＿＿＿、＿＿＿＿＿＿、安全性好、工作温度适应性强、可回收等性能要求。

二、单选题

1. （　　）成为近期内最有发展前途和推广应用前景的动力蓄电池。

A. 锂离子蓄电池　　　　　　　　　B. 铅酸蓄电池

C. 镍氢蓄电池　　　　　　　　　　D. 镍镉蓄电池

2. 按电解液的种类，镍氢蓄电池属于（　　）

A. 酸性电池　　　　　　　　　　　B. 干性电池

C. 有机电解液电池　　　　　　　　D. 碱性电池

3. 蓄电池在一定的放电条件下所能放出的电量称为蓄电池的（　　）。

A. 电动势　　　　B. 能量　　　　C. 容量　　　　D. 电压

4. 在纯电动汽车应用方面，动力蓄电池（　　）影响纯电动汽车的整车质量和续驶里程。

A. 体积能量密度　　　　　　　　　B. 质量能量密度

C. 质量密度　　　　　　　　　　　D. 能量密度

5. 放电深度（DOD）是（　　）与额定容量之比的百分数。

A. 放电电流　　　　B. 放电容量　　　　C. 放电电压　　　　D. 放电时间

6. 镍氢蓄电池的工作电压为（　　）。

A. 1.5V　　　　B. 3V　　　　C. 1.2V　　　　D. 2V

7. 当按照 IEC 标准充放电时，锂蓄电池充放电循环次数可以超过（　　）。

A. 200 次　　　　B. 500 次　　　　C. 800 次　　　　D. 1000 次

8. 动力蓄电池的（　　）影响纯电动汽车的蓄电池布置空间。

A. 体积比能量　　　　B. 质量比能量　　　　C. 体积比功率　　　　D. 质量比功率

三、简答题

1. 动力蓄电池的基本结构是什么？

2. 什么是动力蓄电池的放电深度和荷电状态？

项目 3

动力蓄电池认知

　　动力蓄电池是能为相关设备提供动力来源的电源。对于新能源汽车来说，动力蓄电池起着整车能量存储的作用。动力蓄电池可分为铅酸蓄电池、镍氢蓄电池、锂离子蓄电池、燃料电池及其他类型蓄电池。本项目主要介绍新能源汽车对动力蓄电池的要求，以及认知各类常用动力蓄电池的类型、特点、内部结构以及工作原理等。

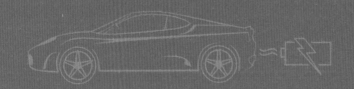

项目目标

◆ 素养目标：

　1. 培养学生的爱国主义精神和创新精神。

　2. 培养学生"敬、精、专、创"的工匠精神。

　3. 培养学生具备从事汽车行业工作的职业素养和团队协作精神。

◆ 知识目标：

　1. 认知各类动力蓄电池的充放电原理及结构组成。

　2. 掌握各类动力蓄电池的技术特点。

　3. 掌握各类动力蓄电池在新能源汽车中的应用情况。

　4. 了解各类动力蓄电池的未来发展及前景。

◆ 能力目标：

　1. 能按不同的标准对动力蓄电池进行分类。

　2. 能正确认知各类动力蓄电池的工作原理及结构组成。

　3. 能分析各类动力蓄电池参数。

　4. 具备对信息技术的应用能力和创新能力。

> ⚐ 情境问题：新能源汽车与传统汽车虽在结构上有很大变化，但也有相似之处，例如绝大多数新能源汽车仍然使用与传统汽车一样的铅酸蓄电池作辅助蓄电池，为整车的低压模块提供工作电源，为什么铅酸蓄电池能通用呢？
>
> _____
>
> _____
>
> _____

任务 3.1　铅酸蓄电池认知

任务目标

　1. 掌握铅酸蓄电池的工作原理、结构组成及特点。

　2. 掌握铅酸蓄电池的应用及发展。

　3. 掌握影响铅酸蓄电池使用寿命的因素。

任务导入

一辆吉利帝豪纯电动汽车出现辅助蓄电池亏电，车辆无法起动的故障。如果你作为一名新入职的新能源汽车检修人员，现在车间主管安排你完成此任务，你应该如何处理呢？

> **证书标准对接：** 智能新能源汽车职业技能等级证书标准：新能源汽车动力驱动电机电池技术（初级）职业技能
>
> 1.2 工具和设备的使用注意事项
>
> 1.4 高压电安全防护措施
>
> 1.5 高压电作业安全规范

知识准备

一、铅酸蓄电池概况

铅酸蓄电池作为发展历史最悠久的动力蓄电池，1859 年由法国科学家普兰特发明，1881 年法国人发明的电动汽车就是以铅酸蓄电池作为动力的。铅酸蓄电池技术成熟、性能可靠、成本低廉、维护方便，在储能电源、起动电源等领域大量应用，部分电动汽车也采用铅酸蓄电池作为主能量源。

二、铅酸蓄电池的工作原理

铅酸蓄电池的电极主要由铅及其氧化物制成，电解液是硫酸溶液。放电状态下，其正极主要成分为过氧化氢，负极主要成分为铅。充电状态下，其正极和负极的主要成分均为硫酸铅。

1. 放电原理

当铅酸蓄电池的正、负极板浸入电解液中时，在正、负极板间就会产生约 2.1V 的静止电动势，此时若接入负载，在电动势的作用下，电流就会从蓄电池的正极经外电路流向蓄电池的负极，这一过程称为放电，蓄电池的放电过程是化学能转变为电能的过程。

放电时，正极板上的 PbO_2 和负极板上的 Pb，都与电解液中的 H_2SO_4 反应生成硫酸铅（$PbSO_4$），沉附在正、负极板上。电解液中 H_2SO_4 不断减少，密度下降。

正极化学反应为

$$PbO_2 + 4H^+ + SO_4^{2-} + 2e \rightarrow PbSO_4 + 2H_2O$$

负极化学反应为

$$Pb + SO_4^{2-} - 2e \rightarrow PbSO_4$$

蓄电池总反应为

$$PbO_2 + Pb + 2H_2SO_4 \rightarrow 2PbSO_4 + 2H_2O$$

由于放电过程沉附于正负极板表面的 $PbSO_4$ 会阻碍电解液与极板内层的活性物质接触，

从而使极板内层的活性物质不能溶解电离。因此，铅酸蓄电池放电过程中其极板内层的活性物质不能都被利用。通常情况下的"蓄电池放完电"实际上也只是利用了极板活性物质的表层部分。

2. 充电原理

充电时，蓄电池的正、负极分别与直流电源的正、负极相连，当充电电源的端电压高于蓄电池的电动势时，在电场的作用下，电流从蓄电池的正极流入、负极流出，这一过程称为充电。蓄电池的充电过程是电能转换为化学能的过程。充电时，正、负极板上的 $PbSO_4$ 还原成 PbO_2 和 Pb，电解液中的 H_2SO_4 增多，密度上升。

正极的化学反应为

$$PbSO_4-2e+2H_2O \rightarrow PbO_2+2H^++H_2SO_4$$

$$H_2O \rightarrow 2H^+ + \frac{1}{2}O_2+2e$$

负极的化学反应为

$$PbSO_4+2e+2H^+ \rightarrow Pb+H_2SO_4$$

$$2H^++2e \rightarrow H_2$$

当充电接近终了时，$PbSO_4$ 已基本还原成 PbO_2 和 Pb，这时，过剩的充电电流将电解水，使正极板附近产生 O_2 从电解液中逸出，负极板附近产生 H_2 从电解液中逸出，电解液液面高度降低。因此，铅蓄电池需要定期补充蒸馏水。

蓄电池充足电的标志是：①电解液中有大量气泡冒出，呈沸腾状态；②电解液的密度和蓄电池的端电压上升到规定值，且在 2~3h 内保持不变。

> ✎ **学习笔记**：查询相关资料，阐述铅酸蓄电池是如何工作的。
>
> _____
>
> _____
>
> _____

三、铅酸蓄电池的内部结构

由一个正极板和一个负极板组合成极板组，在正、负极板中间插入一个隔板，加入稀硫酸的电解液，这样便组成了一个单体蓄电池。由于单体蓄电池电量有限，实际上铅酸蓄电池都是由多个单体蓄电池组成的。图 3-1-1 所示为铅酸蓄电池的结构。它由 3 个相同的单体蓄电池组成，每个单体蓄电池的电压为 2V。用联条把各单体蓄电池串联起来，便成了一个 6V 蓄电池。这种蓄电池主要由极板、隔板、电解液、外壳（容器）等组成。

1. 极板与极板组

极板是蓄电池的核心部分，极板分正极板和负极板，极板做成栅架（网架）形式，上面附满活性物质。正极板上的活性物质为二氧化铅（PbO_2），呈棕红色；负极板上的活性物质为海绵状纯铅（Pb），呈青灰色。蓄电池的充电和放电，就是靠正、负极板上活性物质与硫酸溶液的化学反应来实现的。

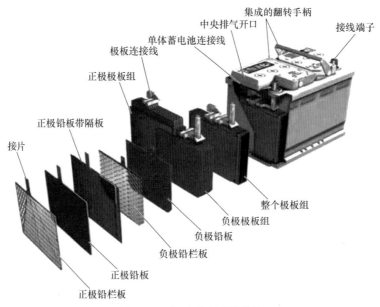

图 3-1-1　铅酸蓄电池的结构

2. 隔板

隔板的作用是把正、负极板隔开，防止正、负极板互相接触造成短路。隔板要耐酸、具有多孔性，以利于电解液的渗透。常用的隔板材料有木质、微孔橡胶和微孔塑料等。微孔塑料隔板孔径小、孔率高、成本低，因此被广泛采用。

3. 电解液

电解液是蓄电池内部发生化学反应的主要物质，蓄电池电解液是用纯净硫酸和蒸馏水（去离子水）按一定比例配制而成的。电解液的纯度和密度对蓄电池容量和使用寿命有重要影响。电解液中硫酸密度高，可增强化学反应，提高电动势，冬季还可避免电解液冻结。但密度过高，会使极板腐蚀作用加快，缩短极板与隔板的使用寿命。电解液的相对密度一般为 1.24~1.28（20℃）。气温高的地区或季节，应采用较低相对密度；气温低的地区或季节，应采用较高相对密度。

4. 外壳

外壳用硬橡胶或塑料制成，内用间隔分隔成几个单格，每个单格内放入极板组和电解液便组成一个单体蓄电池。壳的底部有凸起的筋条（突棱）用来放置极板组。

各单体蓄电池极板组的正、负极柱用联条接成串联，即一个单体蓄电池的正极柱和相邻单体蓄电池的负极柱相连。加液口上有盖，盖上有通气孔，它们应保持畅通，以防外壳内气体增多而把外壳胀裂。

> 📝学习笔记：依据铅酸蓄电池的结构图，阐述铅酸蓄电池内部各部件的名称及作用。
>
> _____
>
> _____

四、铅酸蓄电池的特点

铅酸蓄电池的优点：其单体蓄电池电压为2.0V，在常用蓄电池中电压较高；价格低廉；可制成各容量、各形状的蓄电池；高倍率放电性能良好，可用于发动机起动；高、低温性能良好，可在 –40~60℃条件下工作；易于浮充使用，没有记忆效应；易于识别荷电状态；电能效率高达60%。

铅酸蓄电池的缺点：比能量低；使用寿命短，使用成本高；充电时间长；存在铅污染。

> 📝学习笔记：收集资料，简述铅酸蓄电池的优缺点。
>
> _____
>
> _____

五、铅酸蓄电池的应用

铅酸蓄电池自发明100多年来，广泛应用于人类生产和生活的各个方面。它作为起动、点火、照明蓄电池，主要应用于汽车、摩托车、内燃机车和电力机车；作为工业用铅酸蓄电池，主要用于邮电、通信、发电厂和变电所开关控制设备以及计算机备用电源等，阀控式密封铅酸蓄电池可用于应急灯、不间断电源、电信、广电、铁路、航标等；作为动力蓄电池，主要用于电动汽车、高尔夫车、电动叉车等。

1. 电动自行车

铅酸蓄电池，尤其是阀控式密封铅酸蓄电池以其低价、安全等优势，成为电动自行车、电动摩托和低速短途纯电动车的首选。电动自行车阀控式密封铅酸蓄电池在我国应用多年，其制造技术和产品质量都有了巨大的提高。2022年，我国电动自行车的销量达到6007万辆，其中采用铅酸蓄电池的车辆占比逾九成。根据国家规定，电动自行车必须具有脚踏骑行功能，且最高车速不大于20km/h，整车质量不大于40kg。电动自行车一般配置3~5只12V/（10A·h）的阀控式密封铅酸蓄电池，平均使用寿命1年左右，如图3-1-2所示。

2. 电动牵引车

电动牵引车是制造工厂、物流中心等场所搬运产品时常用的运输工具，它们主要采用富液管式铅酸蓄电池或胶体阀控式密封铅酸蓄电池作为动力电源，具有无污染、无噪声的优点，尤其是在需要举升重物时，铅酸动力蓄电池还可以起到配重作用。

a) 电动自行车　　　　　　　　　　b) 电动摩托车

图 3-1-2　采用铅酸蓄电池的电动摩托车和自行车

3. 电动大客车及其他应用

铅酸蓄电池作为能量来源在大客车上也有一定的应用。例如株洲时代集团公司研发的TEG6120EV-2型电动大客车采用水平铅酸蓄电池作为动力电源，其工作电压为384V。该车最高时速为70km，实际工况续驶里程达90km，车内有38个座位，可承载64名乘客。铅酸蓄电池在其他领域中的应用有备用电源（如不间断电源、电子不停车收费系统）、通信设备（如基站、用户交换机）、紧急设备（如应急灯）、机械工具（如剪草机、无绳电钻）等。

> 📝 **学习笔记**：调研市面上3款铅酸蓄电池的应用实物，阐述铅酸蓄电池技术的发展现状。
>
> _____
>
> _____
>
> _____

六、铅酸蓄电池的回收

铅酸蓄电池中的硫酸以及铅、镍等重金属会对环境产生污染，这成为限制铅酸蓄电池发展和应用的一个重要因素。例如，铅主要作用于神经系统、造血系统、消化系统和肝、肾等器官，能抑制血红蛋白的合成代谢，还能直接作用于成熟红细胞。铅对婴幼儿毒害很大，会导致儿童身体发育迟缓。

随着社会各界对环境保护的重视，铅酸蓄电池回收问题显得越来越重要，目前已经形成了完善的工艺，常用的有火法冶金、湿法冶炼、固相电解还原等。回收的铅酸蓄

图 3-1-3　回收的铅酸蓄电池

池如图3-1-3所示，现在铅酸蓄电池处理中的核心问题是回收网络问题，需要建立从用户到回收厂的物流体系，使散落在用户中的废旧铅酸蓄电池回流到回收厂。

我国有多家铅酸蓄电池回收企业，如坐落于江苏邳州的我国最大的废蓄电池综合利用企业，其自行研制成功的机械化废蓄电池破碎分选和无污染再生铅新技术拥有独立的自主知识产权。另外，它还是我国铅冶炼行业以技术优势率先在国外成功办厂的企业。

> 📝 **学习笔记**：请调研我国铅酸蓄电池的发展现状。
>
> _____
>
> _____
>
> _____

七、铅酸蓄电池的前景

铅酸蓄电池自 1859 年发明以来，其使用和发展已有 100 多年的历史，广泛用作内燃机汽车的起动动力源。铅酸蓄电池作为纯电动汽车动力源，在比能量、深放电循环寿命、快速充电等方面均比镍氢蓄电池、锂离子蓄电池差，不适用于纯电动汽车。但由于其价格低廉，国内外将它的应用定位在速度不高、路线固定、充电站设立容易规划的车辆上。

> 📝学习笔记：查阅相关资料，阐述铅酸蓄电池智能化技术。
>
> _____
>
> _____

八、影响铅酸蓄电池循环寿命的因素

1. 放电深度

放电深度即使用过程中放电到什么程度开始停止，100% 深度指放出全部容量。铅酸蓄电池循环寿命受放电深度影响很大，设计考虑的重点为是深循环使用、浅循环使用还是浮充使用，若把浅循环使用的铅酸蓄电池用于深循环使用，则铅酸蓄电池会很快失效。放电深度越深，其循环寿命越小。

2. 过充电程度

过充电时有大量气体析出，这时正极板活性物质遭受气体的冲击，这种冲击会促进活性物质脱落。此外，正极板栅合金也遭受严重的阳极氧化而腐蚀，所以铅酸蓄电池过充电会使循环寿命减小。

3. 温度的影响

铅酸蓄电池循环寿命随温度升高而增加。在 10~35℃，每升高 1℃，增加 5~6 个循环；在 35~45℃，每升高 1℃，可增加 25 个循环以上；高于 50℃，则因负极硫化容量损失而减小了循环寿命。铅酸蓄电池循环寿命在一定温度范围内随温度升高而增加，是因为容量随温度升高而增加。如果放电容量不变，则在温度升高时，其放电深度降低，循环寿命增加。

4. 硫酸浓度的影响

硫酸浓度的增加，虽对正极板容量有利，但铅酸蓄电池的自放电增加，板栅的腐蚀加速，也会促使二氧化铅松散脱落。随着铅酸蓄电池中使用硫酸浓度的增加，其循环寿命减小。

5. 放电电流密度的影响

随着放电电流密度的增加，铅酸蓄电池的循环寿命减小。这是因为在大电流密度和高酸浓度条件下，正极二氧化铅松散脱落。

> 📝学习笔记：请调研铅酸蓄电池在维护时需要注意哪些问题？
>
> _____
>
> _____

☒ 任务实施

【安全及注意事项】

1）作业前应确保高压电路处于断开状态。

2）应穿戴好绝缘手套并铺设好绝缘垫。

3）施工前工位要达到新能源汽车检测安全工位要求。

4）着装应整洁规范，遵守相关规程。

5）任务完成后工具应放回原位，严禁随意摆放。

> 📅 我的预测：请想一想，本任务实施过程中可能会遇到哪些困难？我的解决办法有哪些？
>
> _____
>
> _____

【操作过程】

进行纯电动汽车铅酸蓄电池的外观检查，制订新能源汽车铅酸蓄电池检查的任务方案，并填写工作任务单。

学　院		专　业		班　级	
姓　名		学　号		日　期	
指导教师					

作业前准备记录	作业前高压电路是否处于断开状态：是□　否□ 是否穿戴好绝缘手套并铺设好绝缘垫：是□　否□ 操作工位是否符合安全要求：是□　否□ 着装是否整洁规范，是否阅读相关规程：是□　否□			
	工具资料	名　称	规　格	备　注
	工具清单			
	资料清单			

制订计划	请根据相关工艺流程制订实施计划	
	序号	
	1	
	2	
	3	
	4	
	5	

（续）

操作步骤示意图	操作过程及内容	完成情况
	关闭点火开关，拔下钥匙	是否完成：是□ 否□
断开蓄电池负极	观： 观察、观看蓄电池的外观 看： 看蓄电池的真伪 看蓄电池的壳体老化程度（塑料壳） 看蓄电池的生产批次 看蓄电池底部是否有脱落物质 看蓄电池正负接线柱是否松动或漏液 看电解液的颜色是否正常 看正负极板膨胀程度（是否达到正常的使用期限） 看工作栓（封闭蓄电池注液孔的栓）及中隔（指蓄电池的观察窗或观察孔）的颜色（判断有无过充电情况） 闻： 闻蓄电池的气味是否正常	是否完成：是□ 否□
	测： 测量蓄电池的开路电压 测量单体蓄电池的电压 测量蓄电池的密度 测量蓄电池的放电电压（利用放电叉测量） 测量蓄电池的放电电流（在有条件情况下）	是否完成：是□ 否□
根据铅酸蓄电池实训台架的功能演示，完成铅酸蓄电池的认知	蓄电池箱体划痕、腐蚀、变形、破损检查，填写参数 蓄电池型号 额定电压 /V 额定容量 /A·h 质量 产品序号 生产日期	是否完成：是□ 否□

（续）

检查验收安装情况，确认 6S 管理	是否关闭车辆点火开关：是□　否□
	是否收起并整理防护四件套：是□　否□
	是否清洁防护用具并归位：是□　否□
	是否清洁整理仪器设备与工具：是□　否□
	是否清洁实训场地、收起警示牌、收起安全围栏：是□　否□

评价考核

在课程教学中进行职业素养和操作规范评分。

评分项	评分标准（扣分标准）	配分	扣分
一、作业准备			
场地准备	□ 未检查设置隔离栏（2分） □ 未设置安全警示牌（2分） □ 未检查灭火器压力值（水基、干粉）（2分） □ 未安装车辆挡块（2分） □ 未安装车外三件套或安装位置不正确（3分） □ 操作中翼子板布、格栅布自行脱落（2分） □ 车内三件套（转向盘套、座椅套、脚垫）少铺、未铺或撕裂（2分）	15分	
人员安全	□ 未检查绝缘手套密封性或检查时未密封（3分） □ 未检查绝缘手套的耐电压等级（2分） □ 未检查作业用抗酸碱手套、护目镜、安全帽外观损伤情况（6分） □ 未穿安全鞋（进入工位前提前穿好）（2分） □ 未检查确认档位（2分）	15分	
二、操作步骤			
铅酸蓄电池认知	□ 未正确观察铅酸蓄电池外观（3分） □ 未正确查看铅酸蓄电池（8分） □ 未正确测量铅酸蓄电池电压、电流（8分） □ 未正确填写铅酸蓄电池参数（5分） □ 未正确选用检测工具（6分）	30分	
三、团队协作、安全与 6S 管理			
团队协作	□ 作业时未互相配合，分工不合理（5分） □ 未在规定时间内完成全部作业（3分） □ 配合时身体发生碰撞，语言发生争执（5分） □ 未佩戴抗酸碱手套（2分）	15分	
安全与 6S 管理	□ 有影响安全操作的行为，包括但不限于以下内容：仪器、设备、工具、零件落地；不注意安全操作，随意放置工具、量具或造成其他安全隐患（5分） □ 地上有油污时未擦掉，未做废物分类环保处理（5分） □ 工具使用不当，由于野蛮操作，导致设备损坏，扣除该项所有分数（5分） □ 未清洁归还工具，或工具未清洁就放进工具箱（5分） □ 未清洁整理场地（5分）	25分	
总评分			

（续）

个人分析总结

存在问题及改进措施

指导教师签字：　　　　　　　　　日期：

 思考练习

一、填空题

1. 铅酸蓄电池最适宜的使用环境温度范围是＿＿＿＿＿＿＿＿。该温度范围内，铅酸蓄电池的性能表现更加稳定，充放电效率更高，循环寿命也更长。

2. 铅酸蓄电池为封闭式结构，其内部还是会产生一定量的自放电现象。因此，在铅酸蓄电池存储期间，一定要采取防止过度放电的措施。存储时可以选择放置在＿＿＿＿＿＿、＿＿＿＿＿＿、＿＿＿＿＿＿的地方，避免阳光直射。

3. 铅酸蓄电池在使用过程中会产生一定数量的＿＿＿＿＿＿和＿＿＿＿＿＿，如果铅酸蓄电池没有足够的通风，会危害人身安全。

4. 铅酸蓄电池应放置在广阔的地方，远离＿＿＿＿＿＿、＿＿＿＿＿＿和＿＿＿＿＿＿。

5. 铅酸蓄电池使用有害化学物质，如＿＿＿＿＿＿、＿＿＿＿＿＿等，这些物质存在污染环境的隐患。用户应注意禁止填埋和烧毁废旧铅酸蓄电池。

二、单选题

1. 铅酸蓄电池额定容量与（　　　）有关。

A. 单格数　　　　　　　　　　　　B. 电解液数量

C. 单格内极板片数　　　　　　　　D. 单体蓄电池极板间隔板的数目

2. 铅酸蓄电池是以（　　　）为电解液，属于酸性储蓄池。

A. 浓硫酸　　　　B. 稀硫酸　　　　C. 浓盐酸　　　　D. 稀盐酸

3. 给汽车的铅酸蓄电池做维护时，如果蓄电池的液面低了，应给蓄电池添加（　　　）。

A. 蒸馏水　　　　　　　　　　　　　B. 与原电解液相同密度的电解液

C. 离子水　　　　　　　　　　　　　D. 稀的电解液

4. 在完全放电情况下，铅酸蓄电池正极板上的物质是（　　　）

A. 硫酸铅　　　　　　B. 铅　　　　　　C. 二氧化铅　　　　　　D. 氢氧化铅

5. 铅酸蓄电池的电势高低与蓄电池（　　　）无关。

A. 极板上的活性物质的电化性质　　　　B. 电解液的浓度

C. 极板大小　　　　　　　　　　　　　D. 电解液的密度

三、思考题

1. 铅酸蓄电池的组成是什么？

2. 铅酸蓄电池的工作原理是什么？

3. 铅酸蓄电池的优缺点有哪些？

4. 铅酸蓄电池有哪些应用场景？

5. 铅酸蓄电池的正确充电和维护方式是什么？

任务 3.2　镍氢蓄电池认知

🎯 任务目标

1. 掌握镍氢蓄电池的结构及工作原理。

2. 掌握镍氢蓄电池的特性。

3. 掌握镍氢蓄电池的应用。

🧹 任务导入

　　一辆卡罗拉混合动力汽车出现单体蓄电池电压过低、动力蓄电池性能下降的故障。如果你作为一名新入职的新能源汽车维护检测人员，现在车间主管安排你完成此任务，你应该如何处理呢？

> 📖 **证书标准对接：** 智能新能源汽车职业技能等级证书标准：新能源汽车动力驱动电机电池技术（初级）职业技能
>
> 5.1　动力电池检查保养
>
> 5.1.1　能拆装动力电池组
>
> 5.1.2　能检查动力电池组有无泄漏、磕碰
>
> 5.1.5　能检查并测量动力电池单体电池的规格、大小、性能是否一致
>
> 5.1.6　能检查和记录动力电池标签信息，并核对是否与原厂规格一致

📰 **知识准备**

一、镍氢蓄电池概述

镍氢蓄电池是20世纪90年代发展起来的一种新型电池。它的正极活性物质主要由镍制成，负极活性物质主要由储氢合金制成，是一种碱性蓄电池。镍氢蓄电池具有高比能量、高功率、适合大电流放电、可循环充放电、无污染的优点，被誉为"绿色电源"。

1）比功率高。目前商业化的镍氢功率型电池比功率能达到1350W/kg。

2）循环次数多。目前应用在纯电动汽车上的镍氢蓄电池，80%放电深度（DOD）循环寿命可以达1000次以上，为铅酸蓄电池的3倍以上，其100%DOD循环寿命也在500次以上，正常情况下，在混合动力汽车中可使用5年以上。

3）无污染。镍氢蓄电池不含铅、镉等对人体有害的金属，是"绿色环保电源"。

4）耐过充电、过放电。

5）无记忆效应。

6）使用温度范围宽。其正常使用温度为–30~55℃；储存温度为–40~70℃。

7）安全可靠。其在进行短路挤压、针刺、安全阀效能下降、加热、振动等安全性、可靠性试验时无爆炸、燃烧现象。

二、镍氢蓄电池的结构

镍氢蓄电池的正极材料采用球形氢氧化镍，负极板的主要材料是镍的储氢合金。镍氢蓄电池由正极端，负极端，具有保液能力及良好透气性的隔膜、电解液、金属壳体，能自动密封的安全阀及其他部件组成，如图3-2-1所示。

采用隔膜相互隔离开的正、负极板呈螺旋状卷绕在壳体内，壳体用盖帽进行密封，在壳体和盖帽之间用绝缘材质的密封圈隔开。

负极板的储氢合金在进行吸氢/放氢化学反应（可逆反应）的过程中，也伴随着放热/吸热的热反应（可逆反应），同时产生充电/放电的电化学反应（可逆反应）。具有实用价值的储氢合金具有储氢量大、容易活化、吸氢/放氢的化学反应速率快、使用寿命长及成本低等特性。

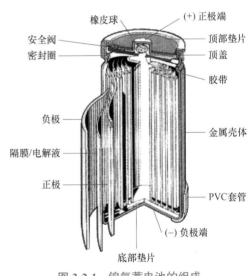

图 3-2-1 镍氢蓄电池的组成

📝**学习笔记**：依据镍氢蓄电池的结构图，请阐述其内部各部件的名称及作用。

_____

_____

三、镍氢蓄电池的工作原理

镍氢蓄电池正极板的活性物质为 $NiOOH$（放电时）和 $Ni(OH)_2$（充电时），负极板的活性物质为 H_2（放电时）和 H_2O（充电时），电解液采用 30% 的氢氧化钾溶液，其电化学反应如下：

负极反应式：　　　$NiOOH+H_2O+e \underset{充电}{\overset{放电}{\rightleftharpoons}} Ni(OH)_2+OH^-$

正极反应式：　　　$Cd+2OH^--2e \underset{充电}{\overset{放电}{\rightleftharpoons}} Cd(OH)_2$

总反应式：　　　　$Cd+2NiOOH+2H_2O \underset{充电}{\overset{放电}{\rightleftharpoons}} Cd(OH)_2+2Ni(OH)_2$

镍氢蓄电池在充放电过程中，正、负极板在进行电化学反应时不发生任何中间态的可溶性金属离子，电解液中没有任何组分消耗和生成，因而镍氢蓄电池可以做成密封型结构。

镍氢蓄电池的电解液多采用 KOH 水溶液，并加入少量的 LiOH，隔膜采用多孔维尼纶无纺布或尼龙无纺布等。镍氢蓄电池放电时，正极上的 $NiOOH$ 得到电子还原成为 $Ni(OH)_2$；负极金属氢化物（MH_x）内部的氢原子扩散到表面形成吸附态氢原子，接着再发生电化学反应生成水和储氢合金。在镍氢蓄电池出现过放电时，正极活性物质中的 $NiOOH$ 已经消耗完了，这时正极上的水分子被还原为 H^+ 离子和 OH^- 离子。负极上由于储氢合金的催化作用，使 OH^- 离子与 H^+ 离子反应又生成水。

过充电时，正极上会析出 O_2，然后扩散到负极上发生去极化反应，生成 OH^- 离子。储氢合金既承担着储氢的作用，又起到催化剂的作用，在镍氢蓄电池出现过充电和过放电时，可以消除由正极产生的 O_2 和 H_2，从而使镍氢蓄电池具有耐过充电、过放电的能力。但随着充放电循环的进行，储氢合金的催化能力逐渐退化，镍氢蓄电池的内压就会上升，最终导致镍氢蓄电池漏液而失效。

> 📝 学习笔记：依据镍氢蓄电池的工作原理，请思考，镍氢蓄电池会污染环境吗？
> _____
> _____

四、镍氢蓄电池的特性

镍氢蓄电池具有能量密度高（与同尺寸镍镉动力蓄电池相比，其容量是镍镉动力蓄电池的 1.5~2 倍）；环境相容性好，无污染；可大电流快速充、放电，充、放电倍率高；无明显的记忆效应；低温性能好，耐过充电、过放电能力强等优点。其工作电压与镍镉动力蓄电池相同，为 1.2V。镍氢蓄电池的缺点是自放电率高与循环寿命短，但也能达到 500 次循环寿命和国际电工委员会（IEC）的推荐标准。

通常蓄电池在一定电流下进行充电和放电时都是使用曲线来表示蓄电池的电压和温度随时间的变化的，这些曲线称为蓄电池的特性曲线。

（1）充电特性　镍氢蓄电池的充电特性曲线如图 3-2-2 所示，该曲线可分为三段。

开始时电压上升较快，然后比较平坦。这是由于 Ni(OH)$_2$ 导电性极差，但充电产物 NiOOH 导电性是前者的 10 倍，因而充电刚开始时，电压上升很快。有 NiOOH 生成后，充电电压上升速率降低，电压变得比较平坦。随着充电过程的进行，当充电容量接近蓄电池的额定容量的 75% 左右时，储氢合金中的氢原子扩散速度减慢。由于氧在储氢合金中的扩散速度受负极反应速度的限制，以及此时正极开始逐步析出 O$_2$，充电电压就再次呈现快速上升的趋势。当充电量超过蓄电池设计容量之后就进入过充电阶段。此时

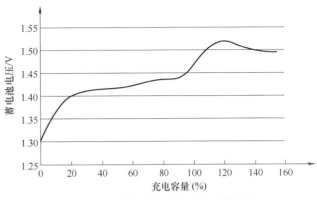

图 3-2-2　镍氢蓄电池的充电特性曲线

正极析出的 O$_2$ 会在负极储氢合金表面进行还原、去极化，使负极电位正移，蓄电池温度迅速升高，加之镍氢蓄电池反应温度系数是负值，因此蓄电池的充电电压就会下降。

镍氢蓄电池常用恒流充电的方式进行充电，在充电过程中蓄电池所达到的最高电压是镍氢蓄电池的一个重要指标。充电电压越低，说明蓄电池在充电过程中的极化越小，蓄电池的充电效率就越高，蓄电池的循环寿命就可能越长。

（2）放电特性　镍氢蓄电池工作电压为 1.2V，指的是放电电压的平台电压。它是镍氢蓄电池的重要性能指标。镍氢蓄电池的放电性能随放电电流、温度和其他因素的变化而变化，如图 3-2-3 所示。蓄电池的放电特性受电流、环境、温度等因素的影响，电流越大，温度越低，蓄电池放电电压和放电效率就越低，且长期大电流放电对蓄电池的使用寿命也会造成一定的影响。截止电压一般设定在 0.9~1.0V，如果截止电压设定得太高，则蓄电池容量不能被充分利用，反之，则容易引起蓄电池过放电。

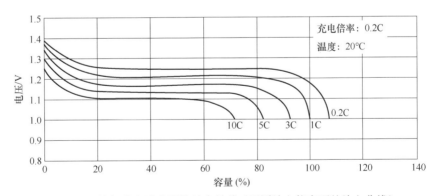

图 3-2-3　镍氢蓄电池典型的放电性能（不同放电倍率下的放电曲线）

（3）容量特性　蓄电池的实际容量受到理论容量的限制，但与实际放电机制和应用工况密切相关。在高倍率即大电流放电条件下，电极的极化增强，内阻增大，放电电压下降很快，蓄电池的能量效率降低，蓄电池的实际容量一般都低于额定容量。相应地，在低倍率放

电条件下，放电电压下降缓慢，蓄电池实际放出的容量常常高于额定容量。镍氢蓄电池的充电电流、搁置时间、放电终止电压和放电电流等均会对放电容量产生影响。

当充电电流倍率增大，电极极化增加时，将加剧镍氢蓄电池中 O_2 析出的复合反应，导致充电效率和放电容量降低。

搁置时间对镍氢蓄电池放电容量的影响本质上是镍氢蓄电池的自放电问题。镍氢蓄电池的自放电是由于金属氧化物不稳定引起的，这种不稳定性在刚充完电或高荷电状态时表现尤为明显，而后渐趋平衡和稳定，因而镍氢蓄电池放电容量随搁置时间的延长而下降，搁置的开始阶段容量下降较快。

（4）内压及温度特性　镍氢蓄电池内压产生的基本原因是蓄电池在充放电过程中，正极析出 O_2 和负极析出 H_2，从而产生蓄电池的内压。镍氢蓄电池的内压是一直存在的，通常都维持在正常水平，不会引起安全问题。但在过充电或过放电情况下，蓄电池内压升高到一定程度，就有可能带来安全问题。镍氢蓄电池的内压与充电方式及荷电状态有关。图 3-2-4 所示为镍氢蓄电池充电过程中的内压变化曲线。

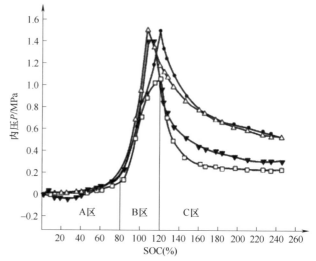

图 3-2-4　镍氢蓄电池充电过程中的内压变化曲线

在蓄电池荷电状态（SOC）达到 100% 以前，内压增加平缓，当荷电状态超过 100% 后，内压急剧增加。因此，过充电的镍氢蓄电池存在一定的安全隐患。试验数据表明，随着蓄电池充放电循环次数增加，内压也会逐渐升高，同时蓄电池中 H_2、O_2 比例也会发生变化。

镍氢蓄电池的正常存储温度是 –20~45℃，最佳存储温度为 10~25℃。一般情况下，当温度降到低于 –20℃时，蓄电池中的电解液会凝固，蓄电池内阻会变得无穷大，蓄电池内部可能发生不可逆的变化，导致蓄电池无法激活到正常状态，甚至无法使用。当温度超过 45℃时，蓄电池自放电速率大大加快，电解液会因发生副反应而产生大量气体，电极片中的辅助材料可能变质失效，从而导致整个蓄电池逐渐老化和容量衰减，甚至在短期内失效。

（5）自放电和储存性能　蓄电池的自放电主要是由电极材料、制造工艺、储存条件等多方面因素决定的。影响自放电速率的因素主要是蓄电池储存的温度和湿度条件等。温度升高会使蓄电池内正负极材料的反应活性提高，同时电解液的离子传导速度加快，隔膜等辅助材料的强度降低，从而使自放电反应速率大大提高。如果温度太高，就会严重破坏蓄电池内的化学平衡，发生不可逆反应，最终会严重损害蓄电池的整体性能。湿度的影响与温度条件相似，环境湿度升高也会加快自放电反应。一般来说，低温和低湿的环境条件下，蓄电池的自放电率低，有利于蓄电池的储存。但是温度太低也可能造成电极材料的不可逆变化，使蓄电池的整体性能大大降低。

镍氢蓄电池的存放条件：存放区应保持清洁、凉爽、通风；温度应在 10~25℃之间，一般不应超过 30℃；相对湿度以不大于 65% 为宜。

除了合适的储存温度和湿度条件外，还必须注意的是：

1）长期放置的蓄电池应该采用荷电状态储存，一般可预充 50%~100% 的电量后储存。

2）在储存过程中，要保证至少每 3 个月对蓄电池充电一次，以恢复到饱和容量；这是因为放完电的蓄电池（放电到终止电压）在储存的过程中，一方面会继续自放电造成过放电，另一方面蓄电池内的正负极、隔膜和辅助材料经常会发生严重的电解液腐蚀和漏液现象，对蓄电池的整体性能造成损害。

（6）循环寿命　镍氢蓄电池的循环寿命受充放电湿度、温度和使用方法的影响。在当前的技术状态下，按照 IEC 标准充放电时，充放电循环可以超过 500 次。在电动车辆上，镍氢蓄电池一般采用"浅充浅放"的应用机制，即 SOC 在 40%~80% 之间应用，因此蓄电池的使用寿命可以达到 5 年以上，甚至达到 10 年以上。

镍氢蓄电池失效的原因有多方面，主要归纳如下：

① 电解液的损耗。在蓄电池的充放电循环过程中，镍氢蓄电池的电解液会在电极和隔膜中重新分配，增加了电极和隔膜的表面积和孔隙率并导致电极膨胀、蓄电池内压增大，从而导致气体（H_2 和 O_2）的泄漏，最终导致电解液的损耗。电解液的损耗将导致蓄电池溶液内阻增大，电导率降低。

② 电极材料的改变。镍氢蓄电池经一定次数的充放电循环后，负极中的锰、铝元素会发生偏析溶解，负极储氢合金表面逐渐被腐蚀氧化，在电极表面形成一层氢氧化物，合金体积发生膨胀、收缩，最后导致合金粉化，严重影响蓄电池在充放电过程中的吸氢放氧性能。

③ 隔膜的变化。随着蓄电池充放电循环次数的增加，蓄电池的隔膜结构会发生变化，隔膜的电解液保持能力下降，蓄电池自放电率增大，蓄电池循环寿命缩短。另外，从蓄电池电极上脱落下来的电极材料会逐渐堵塞隔膜上的孔隙，严重影响镍氢蓄电池中气体的渗透传输，进而增大蓄电池内阻，影响蓄电池充放电性能，导致蓄电池失效。

📝**学习笔记**：依据镍氢蓄电池的特性，请思考，镍氢蓄电池究竟有哪些独特之处？

五、镍氢蓄电池的应用

镍镉动力蓄电池曾用作电动车辆的动力蓄电池，但随着新技术的发展以及认识到金属镉会造成环境污染和对人的危害后，其使用量就逐年减少，部分发达国家已经出台法规或相关法律禁止镍镉动力蓄电池的生产和应用。

20 世纪 90 年代开始，镍氢蓄电池成为蓄电池市场的主流产品，在多种电子产品上广泛应用，并成为混合动力汽车的主流动力电源。

由于镍氢蓄电池可以满足混合动力汽车高功率密度的要求，该类蓄电池目前在混合动力汽车，尤其是在日系车型中应用广泛。丰田第一代混合动力汽车普锐斯的动力蓄电池采用的就是 288V、6.5A·h 的镍氢蓄电池。该动力蓄电池可以通过发电机和电动机实现充放电，且输出功率大、质量小、使用寿命长、耐久性好，丰田凯美瑞混合动力汽车也采用了该镍氢蓄电池，图 3-2-5 所示为镍氢蓄电池在丰田凯美瑞中的布置。

此外，本田思域、福特 Escape 以及大众公司的新途锐混合动力汽车也都采用了镍氢蓄电池作为动力电源，如图 3-2-6 所示。新途锐混合动力汽车是大众汽车旗下第一款采用电驱动技术的车型。该车型通过结合电力驱动、车辆滑行、能量回收和起动 - 停车系统 4 个方面的技术，使得这辆质量达 2.3t 的 SUV 在城市路况的燃油效率较同级别车型提高了 25%；在城市、高速公路和乡间的综合路况，平均油耗则降低了 17%。

镍氢动力蓄电池

图 3-2-5　镍氢蓄电池在丰田凯美瑞中的布置

图 3-2-6　镍氢蓄电池在新途锐中的应用

📝 学习笔记：查询相关资料，请思考，镍氢蓄电池的技术研究对于中国汽车企业的发展有什么帮助？

_____

_____

🗷 **任务实施**

【安全及注意事项】

1）作业前应确保高压电路处于断开状态。

2）应穿戴好绝缘手套并铺设好绝缘垫。

3）施工前工位要达到新能源汽车检测安全工位要求。

4）着装应整洁规范，遵守相关规程。

5）任务完成后工具应放回原位，严禁随意摆放。

📅 我的预测：请想一想，本任务实施过程中可能会遇到哪些困难？我的解决办法有哪些？

_____

_____

【操作过程】

完成卡罗拉双擎镍氢蓄电池拆卸，并填写工作任务单。

学　院		专　业		班　级	
姓　名		学　号		日　期	
指导教师					

<table>
<tr><td rowspan="3">作业前
准备记录</td><td colspan="5">作业前高压电路是否处于断开状态：是□　否□
是否穿戴好绝缘手套并铺设好绝缘垫：是□　否□
操作工位是否符合安全要求：是□　否□
着装是否整洁规范，是否阅读相关规程：是□　否□</td></tr>
<tr><td>工具资料</td><td>名　称</td><td>规　格</td><td colspan="2">备　注</td></tr>
<tr><td>工具清单</td><td></td><td></td><td colspan="2"></td></tr>
<tr><td></td><td>资料清单</td><td></td><td></td><td colspan="2"></td></tr>
</table>

制订计划	请根据相关工艺流程制订实施计划	
	序号	
	1	
	2	
	3	
	4	
	5	

镍氢蓄电池
更换操作流程

操作步骤示意图	操作过程及内容	完成情况
	断开 12V 蓄电池负极	是否完成： 是□　否□
	1）佩戴绝缘手套，拆下维修开关并妥善保管维修开关 2）10min 后进行验电	是否完成： 是□　否□
	拆卸后排座椅坐垫及其他饰板	是否完成： 是□　否□

（续）

操作步骤示意图	操作过程及内容	完成情况
	拆卸动力蓄电池 1 号进气管和冷却鼓风机总成	是否完成： 是□　否□
	拆卸动力蓄电池右侧盖	是否完成： 是□　否□
	拆卸动力蓄电池连接线束，并包裹绝缘层	是否完成： 是□　否□
	拆卸动力蓄电池与车身连接的 6 个螺栓	是否完成： 是□　否□
	抬出动力蓄电池	是否完成： 是□　否□
根据镍氢蓄电池实训台架的功能演示，完成镍氢蓄电池的认知	蓄电池箱体划痕、腐蚀、变形、破损检查 填写动力蓄电池参数 | 蓄电池型号	
额定电压 /V	
额定容量 /A·h	
质量	
产品序号	
生产日期			是否完成： 是□　否□

（续）

检查验收安装情况，确认 6S 管理	是否关闭车辆点火开关：是□　否□
	是否收起并整理防护四件套：是□　否□
	是否清洁防护用具并归位：是□　否□
	是否清洁整理仪器设备与工具：是□　否□
	是否清洁实训场地、收起警示牌、收起安全围栏：是□　否□

评价考核

在课程教学中进行职业素养和操作规范评分。

评分项	评分标准（扣分标准）	配分	扣分
一、作业准备			
场地准备	□ 未检查设置隔离栏（2分） □ 未设置安全警示牌（2分） □ 未检查灭火器压力值（水基、干粉）（2分） □ 未安装车辆挡块（2分） □ 未安装车外三件套或安装位置不正确（3分） □ 操作中翼子板布、格栅布自行脱落（2分） □ 车内三件套（转向盘套、座椅套、脚垫）少铺、未铺或撕裂（2分）	15分	
人员安全	□ 未检查绝缘手套密封性或检查时未密封（3分） □ 未检查绝缘手套的耐电压等级（2分） □ 未检查作业用抗酸碱手套、护目镜、安全帽外观损伤情况（6分） □ 未穿安全鞋（进入工位前提前穿好）（2分） □ 未检查确认档位（2分）	15分	
二、操作步骤			
镍氢蓄电池拆卸	□ 未正确断开辅助蓄电池负极（3分） □ 未正确拆下维修开关并妥善保管（3分） □ 未正确拆卸鼓风机总成（8分） □ 未正确拆卸连接线束并包裹绝缘层（10分） □ 未正确选用工具（6分）	30分	
三、团队协作、安全与 6S 管理			
团队协作	□ 作业时未互相配合，分工不合理（5分） □ 未在规定时间内完成全部作业（3分） □ 配合时身体发生碰撞，语言发生争执（5分） □ 未佩戴抗酸碱手套（2分）	15分	
安全与 6S 管理	□ 有影响安全操作的行为，包括但不限于以下内容：仪器、设备、工具、零件落地；不注意安全操作，随意放置工具、量具或造成其他安全隐患（5分） □ 地上有油污时未擦掉，未做废物分类环保处理（5分） □ 工具使用不当，由于野蛮操作，导致设备损坏，扣除该项所有分数（5分） □ 未清洁归还工具，或工具未清洁就放进工具箱（5分） □ 未清洁整理场地（5分）	25分	
总评分			

（续）

个人分析总结

存在问题及改进措施

指导教师签字：　　　　　　　　　　日期：

 思考练习

一、填空题

1. 镍氢蓄电池是由镍镉蓄电池改良而来的，其以能吸收氢的金属——代替镉（Cd）。它以相同的价格提供比镍镉蓄电池更高的_____、较不明显的_____、以及较低的_____。

2. 镍氢蓄电池具有较高的自放电效应，约为每个月_____或更多。

3. 镍氢蓄电池是由氢离子和金属镍合成的，其电量储备比镍镉蓄电池多_____，比镍镉蓄电池更轻，使用寿命更长，并且对环境无污染，现主要应用于混合动力电动汽车。

4. 镍氢蓄电池的正常使用温度范围是_____。

5. 镍氢蓄电池的80%放电深度（DOD）循环寿命可以达_____次以上，为铅酸蓄电池的_____倍以上。

6. 在镍氢蓄电池充电末期和过充电时，正极上析出的 O_2 可以通过隔膜扩散到负极表面与氢复合，还原为_____和_____进入电解液，从而避免或减轻了蓄电池内部压力积累升高的现象。

二、单选题

1. 镍氢蓄电池储能密度较大，持续放电时间长，一般在（　　　）h 左右。
A. 2　　　　　　　　　B. 3　　　　　　　　　C. 4　　　　　　　　　D. 5

2. 以下不属于镍氢蓄电池特点的是（　　　）
A. 无污染　　　　　　B. 高比能量　　　　　　C. 小功率　　　　　　D. 快速充放电

三、思考题

1. 镍氢蓄电池的组成有哪些？

2. 镍氢蓄电池的工作原理是什么？

3. 镍氢蓄电池的优缺点有哪些？

4. 镍氢蓄电池有哪些应用场景？

任务 3.3　锂离子蓄电池认知

任务目标

1. 掌握锂离子蓄电池的结构及工作原理。
2. 掌握锂离子蓄电池的特性。
3. 掌握锂离子蓄电池的应用。

任务导入

一名客户想要购买一辆吉利帝豪纯电动汽车，他来到4S店想要了解吉利帝豪纯电动汽车动力蓄电池的类型和特点。作为一名销售顾问，请你为客户介绍主流动力蓄电池的基本知识。

> **证书标准对接：** 智能新能源汽车职业技能等级证书标准：新能源汽车动力驱动电机电池技术（初级）职业技能
>
> 5.1　动力电池检查保养
> 5.1.1　能拆装动力电池组
> 5.1.2　能检查动力电池组有无泄漏、磕碰
> 5.1.5　能检查并测量动力电池单体电池的规格、大小、性能是否一致
> 5.1.6　能检查和记录动力电池标签信息，并核对是否与原厂规格一致
> 5.1.7　能检查动力电池的电池托盘和防撞杆，确认是否更换
> 5.1.8　能检查动力电池高压线束及接插件是否松动、引脚是否烧蚀
> 5.1.9　能检查高压部件是否有涉水痕迹
> 5.1.10　能测量动力电池壳体及电缆的绝缘电阻和漏电量

知识准备

一、锂离子蓄电池概述

近年来锂离子蓄电池不仅广泛应用于新能源汽车、消费类电子产品、储能领域，而且受工业智能化、军事信息化、民用便利化以及互联网、物联网、智慧城市快速发展带动，应用场景日趋丰富。

锂电池产业是实现我国碳达峰碳中和目标及保障国家安全的关键产业，在诸多领域具有

大量的需求。目前，美国、欧盟、日本、韩国等国家或地区均高度重视发展锂电池产业，纷纷出台相关政策措施支持产业发展，锂离子蓄电池自上而下全球化竞争加剧。在碳达峰碳中和目标引领和下游旺盛需求带动下，我国锂离子蓄电池产业实现高速增长，2022 年，中国锂离子蓄电池出货量达到 660.8GW·h，同比增长 97.7%，在全球锂离子蓄电池总体出货量的占比达到 69.0%。展望未来，我国锂电池产业前景广阔。

二、锂离子蓄电池的结构

锂离子蓄电池基本都由正极、负极、电解质及隔膜等组成，如图 3-3-1 所示。

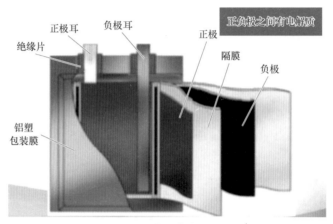

图 3-3-1　锂离子蓄电池的结构

1. 正极

锂离子蓄电池正极材料常采用能使锂离子较为容易地嵌入和脱出，并能同时保持结构稳定的过渡金属氧化物。在充放电循环过程中，锂离子会在金属氧化物的电极上进行反复的嵌入和脱出反应。作为嵌入式电极材料的金属氧化物，依其空间结构的不同可分为以下 3 种类型。

（1）层状化合物　层状正极材料中目前研究比较成熟的是钴酸锂（$LiCoO_2$）、镍酸锂（$LiNiO_2$）和镍钴锰酸锂［$Li(NiCoMn)O_2$］三元锂离子蓄电池。钴酸锂具有放电电压高、性能稳定、易于合成等优点，但钴资源稀少、价格较高并且有毒、污染环境。目前钴酸锂离子蓄电池主要应用在手机、笔记本计算机等中小容量消费类电子产品中。镍与钴的性质非常相近，而价格却比钴低很多，并且对环境污染较小。三元锂离子蓄电池综合性能比较好，目前是所有锂离子蓄电池中在纯电动汽车中应用最广泛的一种。

（2）尖晶石型结构　锰酸锂（$LiMn_2O_4$）是尖晶石型嵌锂化合物的典型代表。Mn 元素含量丰富、价格便宜、毒性远小于过渡金属 Co、Ni 等，其主要缺点是电极的循环容量容易迅速衰减。2008 年北京奥运会期间运行的纯电动客车和 2010 年上海世博会的部分纯电动客车就采用了单体蓄电池容量为 90A·h 的锰酸锂离子蓄电池。

（3）橄榄石型结构　磷酸铁锂（$LiFePO_4$）在自然界以磷酸铁锂矿的形式存在，属于橄榄石型结构。磷酸铁锂实际最大放电容量高达 165mA·h（每克），非常接近理论容量，工作电压在 3.2V 左右，并且由于磷酸铁锂中的强共价键作用，使其在充电、放电过程中能保持晶体结构的高度稳定性，因此具有比其他正极材料更高的安全性能和更长的循环寿命。另外磷酸铁锂具有原材料来源广泛、价格低廉、无环境污染、比容量高等优点。

2. 负极

负极材料是决定锂离子蓄电池综合性能优劣的关键因素之一，比容量高、容量衰减率小、安全性能好是对负极材料的基本要求。

（1）碳材料 碳材料是目前商品化的锂离子蓄电池应用最广泛的负极材料，碳负极材料包括石墨和无定形碳，石墨是锂离子蓄电池碳材料中应用最早、研究最多的一种，其具有完整的层状晶体结构。石墨的层状结构，有利于锂离子的脱嵌，能与锂形成锂 - 石墨层间化合物，与提供锂源的正极材料匹配性较好，所组成的蓄电池平均输出电压高，是一种性能较好的锂离子蓄电池负极材料。

（2）氧化物负极材料 氧化物是当前人们研究的另一种负极材料体系，包括金属氧化物、金属基复合氧化物和其他氧化物。前两者虽具有较高理论比容量，但因从氧化物中置换金属单质消耗了大量锂而导致巨大容量损失，抵消了高容量的优点。$Li_4Ti_5O_{12}$ 具有尖晶石结构，充放电曲线平坦，其每克放电容量为 $150mA \cdot h$，具有非常好的耐过充电、过放电特征，充放电过程中晶体结构几乎无变化（零应变材料），循环寿命长，充放电效率近 100%，目前在储能型锂离子蓄电池中有所应用。

（3）金属及合金类负极材料 金属锂是最先采用的负极材料，理论比容量为每克 $3860mA \cdot h$。20 世纪 70 年代中期，金属锂在商业化蓄电池中得到应用，但因其充电时，负极表面会形成枝晶，导致蓄电池短路，于是人们开始寻找金属合金来替代金属锂的负极材料。金属合金最大的优势是能够形成含锂很高的锂合金，具有很高的比容量，相比碳材料，合金较大的密度使得其理论体积比容量也较大。同时，合金材料由于加工性能好、导电性好等优点，被认为是极有发展潜力的一种负极材料。

3. 电解质

锂离子蓄电池电解质一般采用溶解有锂盐的有机制剂，可分为液态锂离子蓄电池（Lithium Ion Battery，LIB）和聚合物锂离子蓄电池（Polymer Lithium Ion Battery，LIP）两大类。它们的主要区别在于电解质的状态不同，液态锂离子蓄电池使用的是液体电解质，而聚合物锂离子蓄电池则是聚合物电解质。无论是液态锂离子蓄电池还是聚合物锂离子蓄电池，它们所用的正负极材料都是相同的，工作原理也基本一致。

4. 隔膜

在锂离子蓄电池的结构中，隔膜是关键的内层组件之一，是一种经特殊成型工艺制成的高分子薄膜，薄膜有微孔结构，可以让锂离子自由通过，而电子不能通过。隔膜的离子传导能力直接关系蓄电池的整体性能，其隔离正负极的作用可使蓄电池在过充电或者温度升高的情况下限制电流的升高，防止蓄电池短路引起爆炸，具有微孔自闭保护作用，对蓄电池使用者和设备起到安全保护的作用。隔膜的性能决定了蓄电池的界面结构、内阻等，直接影响蓄电池的容量、循环以及安全性能等，性能优异的隔膜对提高蓄电池的综合性能具有重要作用。隔膜材质是不导电的，其物理、化学性质对蓄电池的性能有很大的影响。蓄电池的种类不同，采用的隔膜也不同。对于锂离子蓄电池，由于电解液为有机溶剂，因而需要耐有机溶剂的隔膜材料，一般采用高强度薄膜化的聚烯烃多孔膜。图 3-3-2 所示为锂离子蓄电池隔膜的位置。

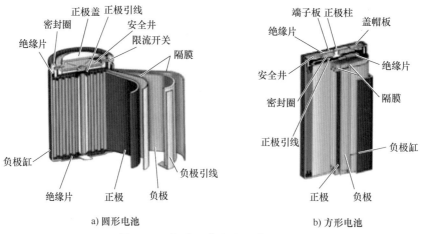

图 3-3-2　锂离子蓄电池隔膜的位置

> ✎ 学习笔记：依据锂离子蓄电池结构图，阐述锂离子蓄电池内部各部件的名称及作用。
>
> _____
>
> _____

三、锂离子蓄电池的分类

锂离子蓄电池可以根据不同的情况分类。

（1）按外形分　按外形分为方形（普通手机蓄电池）、圆柱形（电动工具的 18650）和纽扣式。

（2）按外壳材料分　按外壳材料分为铝壳、钢壳和软包。

（3）按电解液状态分　按电解液状态分为液态锂离子蓄电池（LIB）、聚合物锂离子蓄电池（PLB）和全固态锂离子蓄电池（目前还处于试验阶段）。

（4）按用途分　按用途分为普通蓄电池和动力蓄电池。

（5）按性能特性分　按性能特性分为高容量蓄电池、高倍率蓄电池、高温蓄电池、低温蓄电池等。

（6）按正极材料分　按正极材料分为磷酸铁锂离子蓄电池、锰酸锂离子蓄电池、三元锂离子蓄电池。

1）磷酸铁锂离子蓄电池。磷酸铁锂离子蓄电池是指用磷酸铁锂作为正极材料的锂离子蓄电池。其用作动力蓄电池时，相对 Ni-H、Ni-Cd 蓄电池有很大优势，尤其是在循环性能、环保性、安全性能、原料成本及应用领域。磷酸铁锂离子蓄电池充放电效率为 88%~90%，而铅酸蓄电池约为 80%。

2）锰酸锂离子蓄电池。锰酸锂是较有前景的锂离子正极材料之一。相比钴酸锂等传统正极材料，锰酸锂具有资源丰富、成本低、无污染、安全性好、充放电倍率性能好等优点，是理想的动力蓄电池正极材料，但其较差的循环性能及电化学稳定性大大限制了其产业化。锰酸锂主要包括尖晶石型锰酸锂和层状结构锰酸锂，其中尖晶石型锰酸锂结构稳定，易于实现工业化生产，如今市场产品均为此种结构。

3）三元锂离子蓄电池　　三元锂离子蓄电池是指正极材料使用锂镍钴锰三元正极材料的锂蓄电池，锂离子蓄电池的正极材料有很多种，主要有钴酸锂、锰酸锂、镍酸锂、三元材料、磷酸铁锂等。三元材料综合了钴酸锂、镍酸锂和锰酸锂三类材料的优点，具有容量高、成本低、安全性好等优异特性，其在小型锂电领域中逐步占据了一定的市场份额，并在动力锂电领域具有良好的发展前景。对于锂离子蓄电池而言，钴金属是必不可少的材料。但是金属钴价格高昂、存在毒性，各国电池厂商近年来都致力于锂离子蓄电池的"少钴化"。在这种趋势下，以镍盐、钴盐、锰盐为原料制备而成的镍钴锰酸锂三元材料渐渐受到推崇。从化学性质角度出发，三元材料属于过渡金属氧化物，蓄电池的能量密度较高。

特斯拉最早将三元锂离子蓄电池应用在纯电动汽车上，Model S续驶里程能够达到486 km，容量达到85kW·h，用了8142个3.4A·h的松下18650型蓄电池。设计人员将这些蓄电池以砖、片的形式逐一平均分配，最终组成一个置于车身底板的蓄电池包。

> 📝 学习笔记：调研市面上3款锂离子蓄电池的新能源汽车，记录车辆动力蓄电池的参数信息。
>
> _____
>
> _____

四、锂离子蓄电池的工作原理

虽然锂离子蓄电池种类繁多，但工作原理大致相同。目前常用磷酸铁锂和镍钴锰酸锂三元材料，这些材料的分子形成了纳米等级的细小晶体格子结构，可用来嵌入储存锂原子。即便是蓄电池外壳破裂，接触O_2，也会因氧分子太大，进入不了这些细小的晶体格子内，使得锂原子不会与O_2接触而剧烈反应导致爆炸。锂离子蓄电池充电时，正极的锂原子会丧失电子，在有外电路连接的情况下，就会形成电流，此时锂原子氧化为锂离子并经由电解液游到负极去，进入负极的储存晶格，并获得一个电子，还原为锂原子。放电时，整个过程相反。为了防止蓄电池的正负极直接碰触而短路，蓄电池正负极之间加上一层带有微孔的有机隔膜。有机隔膜微孔直径只允许锂离子往复通过，由于电子直径比锂离子直径大，不能通过隔膜。隔膜还可以在蓄电池温度过高时，自动关闭微孔，让锂离子无法穿越，防止危险发生。图3-3-3所示为锂离子动力蓄电池工作原理。

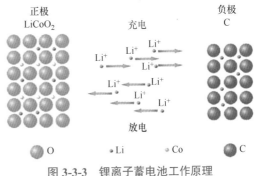

图3-3-3　锂离子蓄电池工作原理

> ✎ 学习笔记：查询相关资料，阐述锂离子蓄电池是如何工作的。
>
> _____
>
> _____

五、锂离子蓄电池的性能特点

1. 充放电特性

锂离子蓄电池充电从安全、可靠及兼顾充电效率等方面考虑，通常采用两段式充电方法。第一阶段为恒流限压，第二阶段为恒压限流。锂离子蓄电池充电的最高限压值根据正极材料不同而有一定的差别。锂离子蓄电池基本充放电电压曲线如图 3-3-4 所示，图中曲线采用的充放电电流均为 0.3C，其中 AB 段为充电电压变化曲线，BC 段为放电前期电压变化曲线，CD 段为放电后期电压变化曲线。

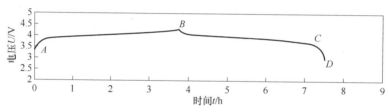

图 3-3-4 锂离子蓄电池基本充放电电压曲线

对于不同的锂离子蓄电池，区别主要有两点：

1）第一阶段的恒流值，根据蓄电池正极材料和制造工艺不同，最佳值存在一定的差别。一般采用电流范围为 0.2~0.3C。

2）不同锂离子蓄电池在恒流时间上存在很大的差别，恒流可充入容量占总体容量的比例也存在很大差别。

从电动汽车实际应用角度出发，恒流时间越长，充电时间越短，越有利于应用。此外锂离子蓄电池放电在中前期电压稳定，下降缓慢，但在放电后期电压下降迅速（图 3-3-4 中 CD 段所示），因此在此阶段要进行有效控制，防止过度放电，造成蓄电池的不可逆损害。

2. 安全性

锂离子蓄电池在热冲击、过充电、过放电和短路等滥用情况下，其内部的活性物质及电解液等组分间将发生化学、电化学反应，产生大量的热量与气体，使得蓄电池内部压力在一定程度下可能导致蓄电池着火，甚至爆炸。

提高锂离子蓄电池安全性的措施有：

1）使用安全型锂离子蓄电池电解质，如采用阻燃电解液、使用固体电解质代替有机液态电解质等。

2）提高电极材料热稳定性。一种方法是对负极材料的表面进行包覆，如在石墨表面包覆无定形碳或金属层；另一种方法是在电解液中添加成膜添加剂，在电极材料表面形成稳定性较高的固体电解质界面膜（SEI），有利于获得更好的热稳定性。

此外还可以通过体相掺杂、表面处理等手段提高正极材料热稳定性。

3. 温度对锂离子蓄电池使用性能的影响

1）温度对可用容量比率的影响。正常应用温度范围内，锂离子蓄电池温度越高，工作电压平台越高，蓄电池的可用容量越多。但是长期在高温下工作会造成锂离子蓄电池的容量迅速下降，从而影响蓄电池的使用寿命，并极有可能造成蓄电池热失控。

2）温度对蓄电池内阻的影响。直流内阻是表征动力蓄电池性能和使用寿命状态的重要指标。蓄电池内阻较小，在许多工况常常忽略不计，但动力蓄电池处于电流大、深放电工作状态，内阻引起的电压降较大，此时内阻的影响不能忽略。

4. 锂离子蓄电池不能过充电、过放电的原因

放电时，锂离子不能完全移向正极，必须保留一部分锂离子在负极，以保证下次充电时锂离子可以畅通嵌入通道，否则，蓄电池使用寿命就相当短。为了保证碳层中放电后留有部分锂离子，也就是锂离子蓄电池不能过放电，这就要严格限制放电终止最低电压；同时，根据锂离子工作原理，最高充电终止电压应为 4.2V，不能过充电，否则会因正极材料中的锂离子移走太多时，造成晶格坍塌，而使蓄电池表现出寿命终结状态。由此可见，锂离子充放电控制精度要求相当高，既不能过充电，也不能过放电，否则都将影响蓄电池使用寿命，这是由锂离子蓄电池的工作机理所决定的。

5. 锂离子蓄电池的优点

1）工作电压高。例如钴酸锂离子蓄电池工作电压为 3.6V，锰酸锂离子蓄电池工作电压为 3.7V，磷酸铁锂离子蓄电池工作电压为 3.2V。

2）比能量高。锂离子蓄电池理论比能量可达 200W·h/kg 以上，实际应用中也可达 140W·h/kg。

3）循环寿命长。锂离子蓄电池深度放电循环次数可达 1000 次以上，低放电深度循环次数可达上万次。

4）自放电小。锂离子蓄电池月自放电率仅为总容量的 5%~9%。

5）无记忆效应。

6）环保性高。锂离子蓄电池不含汞、铅、镉等有害元素，是真正意义上的绿色电池。

> 📝**学习笔记**：查阅相关资料，阐述 2023 年锂离子蓄电池有哪些技术突破。
>
> _____
>
> _____

六、锂离子蓄电池的应用

在纯电动汽车开发方面，锂离子蓄电池已经成为主流。由于锂离子蓄电池能量密度高、循环寿命长和无记忆效应等特点，锂离子蓄电池迅速占据了新能源汽车动力蓄电池市场的绝大部分。

如今，在售的新能源汽车配备的锂离子蓄电池主要有磷酸铁锂离子蓄电池、三元锂离子蓄电池两种，这两种蓄电池在自身特点方面存在显著差异，性能对比如图 3-3-5 所示。

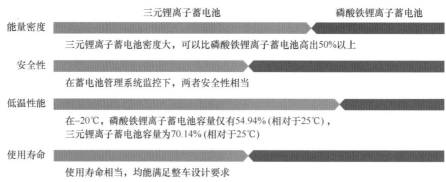

| | 三元锂离子蓄电池 | 磷酸铁锂离子蓄电池 |

能量密度　三元锂离子蓄电池密度大，可以比磷酸铁锂离子蓄电池高出50%以上

安全性　在蓄电池管理系统监控下，两者安全性相当

低温性能　在-20℃，磷酸铁锂离子蓄电池容量仅有54.94%（相对于25℃），三元锂离子蓄电池容量为70.14%（相对于25℃）

使用寿命　使用寿命相当，均能满足整车设计要求

图 3-3-5　两种锂离子蓄电池性能对比

1. 吉利帝豪 EV450 三元锂离子蓄电池

吉利帝豪 EV450 使用宁德时代的三元锂离子蓄电池，以钴酸锂、锰酸锂等化合物为正极，可嵌入锂离子的碳材料为负极，使用有机电解质，拥有 52kW·h 的容量，辅以 ITCS2.0 智能温控系统，保障蓄电池使用寿命，动力蓄电池总成安装在车体下部，其结构如图 3-3-6 所示。

图 3-3-6　吉利帝豪 EV450 动力蓄电池结构

蓄电池模块：单体蓄电池采用镍钴锰酸锂三元锂离子蓄电池，单体蓄电池标称电压为 3.65V，负载电压范围是 3.0~4.2V。吉利帝豪 EV450 动力蓄电池标称电压为 346V，蓄电池包使用容量为 153A·h 的单体蓄电池串联成组，成组结构为 1P95S。

2. 比亚迪汉 EV 刀片电池

刀片电池从原理上来讲还是磷酸铁锂离子蓄电池，只是在制造工艺上做了改进，其外形狭长类似"刀片"，故取名刀片电池，其外观如图 3-3-7 所示。比亚迪汉 EV 车型配备的刀片电池型号为 P20（汉 EV），集成动力蓄电池及蓄电池管理系统，比亚迪汉蓄电池包结构如图 3-3-8 所示。

图 3-3-7　比亚迪刀片电池外观

蓄电池模块：蓄电池类型为磷酸铁锂离子蓄电池，使用 HCE-2121010A 动力蓄电池系统。单体蓄电池标称电压为 3.2V，标称容量为 135A·h。整车动力蓄电池充电量为 76.9kW·h，电压为 569.6V。

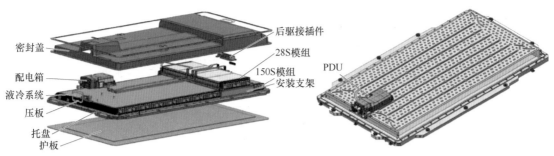

图 3-3-8 比亚迪汉蓄电池包结构

📝 **学习笔记**：查阅资料，请思考，锂离子蓄电池面临哪些挑战？下一代技术发展趋势是什么？

_____

_____

_____

_____

☒ 任务实施

【安全及注意事项】

1）作业前应确保高压电路处于断开状态。

2）应穿戴好绝缘手套并铺设好绝缘垫。

3）施工前工位要达到新能源汽车检测安全工位要求。

4）着装应整洁规范，遵守相关规程。

5）任务完成后工具应放回原位，严禁随意摆放。

📅 **我的预测**：请想一想，本任务实施过程中可能会遇到哪些困难？我的解决办法有哪些？

_____

_____

_____

_____

【操作过程】

请按照要求完成吉利帝豪 EV450 动力蓄电池拆装，并填写工作任务单。

学　院		专　业		班　级	
姓　名		学　号		日　期	
指导教师					

作业前 准备记录	作业前高压电路是否处于断开状态：是□　否□ 是否穿戴好绝缘手套并铺设好绝缘垫：是□　否□ 操作工位是否符合安全要求：是□　否□ 着装是否整洁规范，是否阅读相关规程：是□　否□			
	工具资料	名　称	规　格	备　注
	工具清单			
	资料清单			

制订计划

请根据相关工艺流程制订实施计划

序号	
1	
2	
3	
4	
5	

动力蓄电池的
拆装

操作步骤示意图	操作过程及内容	完成情况

1. 拆卸动力蓄电池

回收冷却液
高压断电与检验
1）断开辅助蓄电池负极，并包裹绝缘层
2）断开车载充电机侧动力蓄电池高压母线，并包裹绝缘层
3）等待放电 5min
4）用万用表验电，测得电压

测量值	标准值	判断
＿＿＿V	≤ 5V	正常□ 异常□

是否完成：是□　否□

1）举升车辆至适当位置
2）断开动力蓄电池侧高压母线
3）断开动力蓄电池低压插接器

是否完成：是□　否□

（续）

操作步骤示意图	操作过程及内容	完成情况
	断开动力蓄电池冷却水管，回收冷却液，冷却液若有泄漏，请及时清洁	是否完成：是□ 否□
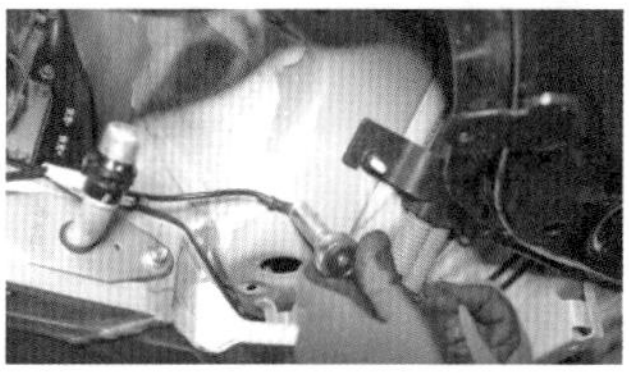	选择正确的套筒，拆卸动力蓄电池壳体与车身搭铁线	是否完成：是□ 否□
	用扭力扳手对角松开动力蓄电池固定螺栓	是否完成：是□ 否□
	将动力蓄电池举升平台放置车下，并调整到适当的高度	是否完成：是□ 否□
	安全举升车辆，移出动力蓄电池	是否完成：是□ 否□

2. 安装动力蓄电池

操作步骤示意图	操作过程及内容	完成情况
	将动力蓄电池举升到合适的位置	是否完成：是□ 否□
	安装动力蓄电池固定螺栓，并用棘轮扳手紧固	是否完成：是□ 否□

（续）

操作步骤示意图	操作过程及内容	完成情况
	1）确保所有螺栓安装后，退出举升平台 2）用扭力扳手紧固动力蓄电池固定螺栓	是否完成：是□　否□
	安装动力蓄电池壳体搭铁线束	是否完成：是□　否□
	安装动力蓄电池冷却水管	是否完成：是□　否□
	安装动力蓄电池低压插接器	是否完成：是□　否□
	安装动力蓄电池侧高压母线	是否完成：是□　否□
	安装车载充电机侧动力蓄电池母线，安装辅助蓄电池负极，并给车辆加注冷却液	是否完成：是□　否□
检查验收安装情况，确认 6S 管理	是否关闭车辆点火开关：是□　否□	
	是否收起并整理防护四件套：是□　否□	
	是否清洁防护用具并归位：是□　否□	
	是否清洁整理仪器设备与工具：是□　否□	
	是否清洁实训场地、收起警示牌、收起安全围栏：是□　否□	

评价考核

在课程教学中进行职业素养和操作规范评分。

评分项	评分标准（扣分标准）	配分	扣分
一、作业准备			
场地准备	☐ 未检查设置隔离栏（2分） ☐ 未设置安全警示牌（2分） ☐ 未检查灭火器压力值（水基、干粉）（2分） ☐ 未安装车辆挡块（2分） ☐ 未安装车外三件套或安装位置不正确（3分） ☐ 操作中翼子板布、格栅布自行脱落（2分） ☐ 车内三件套（转向盘套、座椅套、脚垫）少铺、未铺或撕裂（2分）	15分	
人员安全	☐ 未检查绝缘手套密封性或检查时未密封（3分） ☐ 未检查绝缘手套的耐电压等级（2分） ☐ 未检查作业用抗酸碱手套、护目镜、安全帽外观损伤情况（6分） ☐ 未穿安全鞋（进入工位前提前穿好）（2分） ☐ 未检查确认档位（2分）	15分	
二、操作步骤			
吉利帝豪EV450动力蓄电池拆装	☐ 未正确进行冷却液的回收（3分） ☐ 未正确断开动力蓄电池高压母线及低压插接器（6分） ☐ 未正确选择拆卸工具进行动力蓄电池搭铁线与固定螺栓拆卸（8分） ☐ 未正确使用举升托架顺利移下动力蓄电池（7分） ☐ 未正确安装动力蓄电池（6分）	30分	
三、团队协作、安全与6S管理			
团队协作	☐ 作业时未互相配合，分工不合理（5分） ☐ 未在规定时间内完成全部作业（3分） ☐ 配合时身体发生碰撞，语言发生争执（5分） ☐ 未佩戴抗酸碱手套（2分）	15分	
安全与6S管理	☐ 有影响安全操作的行为，包括但不限于以下内容：仪器、设备、工具、零件落地；不注意安全操作，随意放置工具、量具或造成其他安全隐患（5分） ☐ 地上有油污时未擦掉，未做废物分类环保处理（5分） ☐ 工具使用不当，由于野蛮操作，导致设备损坏，扣除该项所有分数（5分） ☐ 未清洁归还工具，或工具未清洁就放进工具箱（5分） ☐ 未清洁整理场地（5分）	25分	
总评分			
个人分析总结			

存在问题及改进措施

指导教师签字：　　　　　　　　日期：

思考练习

一、填空题

1. 锂离子蓄电池具有＿＿＿＿＿＿、＿＿＿＿＿＿、＿＿＿＿＿＿、＿＿＿＿＿＿的特点。

2. 锂离子蓄电池基本都由＿＿＿＿＿＿、＿＿＿＿＿＿、＿＿＿＿＿＿及＿＿＿＿＿＿组成。

3. 根据锂离子蓄电池工作原理，最高充电终止电压应为＿＿＿＿＿＿，不能过充电。

4. 根据锂离子蓄电池所用电解质材料不同，锂离子蓄电池可以分为＿＿＿＿＿＿和＿＿＿＿＿＿两大类。

5. 锂离子蓄电池充电特性的影响因素有＿＿＿＿＿＿、＿＿＿＿＿＿、＿＿＿＿＿＿。

二、单选题

1. 锂离子蓄电池通常采用两段式充电方法，第一阶段为（　　　）充电法。

A. 恒流限压　　　　B. 脉冲式　　　　　C. 恒压限流　　　　D. 变电流间歇

2. 锂离子蓄电池碳材料中应用最早、研究最多的一种是（　　　），其具有完整的层状晶体结构。

A. 含碳化合物　　　B. 锂合金　　　　　C. 无定型碳　　　　D. 石墨

3. 目前商业化的锂离子蓄电池应用最为广泛的负极材料是（　　　）。

A. 含碳化合物　　　B. 碳材料　　　　　C. 金属氧化物　　　D. 锂合金

4. 以下不属于影响锂离子蓄电池安全性的因素有（　　　）。

A. 材料热稳定性　　B. 制造工艺　　　　C. 过充电、过放电　D. 湿度

5. 以下不属于锂离子蓄电池负极材料基本要求的是（　　　）。

A. 比容量高　　　　　　　　　　　　　B. 氧化还原电位高

C. 安全性能好　　　　　　　　　　　　D. 容量衰减率小

三、思考题

1. 锂离子蓄电池有哪些优缺点，在新能源汽车领域的应用情况如何？

2. 锂离子蓄电池按正极材料分有哪些类型？

3. 锂离子蓄电池不能过充电、过放电的原因是什么？

4. 温度对锂离子蓄电池使用性能有什么影响？

任务 3.4　燃料电池及其他类型动力蓄电池认知

任务目标

1. 掌握氢燃料电池的工作原理和种类。

2. 掌握超级电容器的工作原理和结构。

3. 掌握钠离子蓄电池的工作原理和结构。

任务导入

目前，市面上主流的动力蓄电池主要是碱性蓄电池和锂离子蓄电池，这些蓄电池已得到市场认可。新能源汽车作为我国战略性新兴产业，车企需要在技术方面占领先机，不断进行新型蓄电池的研发，以满足市场需求。例如氢燃料电池及其他类型动力蓄电池，都属于新型动力蓄电池。本任务主要讲解新型动力蓄电池的结构、工作原理及应用车型。

> **证书标准对接：** 智能新能源汽车职业技能等级证书标准：新能源汽车动力驱动电机电池技术（初级）职业技能
>
> 5.1　动力电池检查保养
>
> 5.1.1　能拆装动力电池组
>
> 5.1.2　能检查动力电池组有无泄漏、磕碰
>
> 5.1.5　能检查并测量动力电池单体电池的规格、大小、性能是否一致
>
> 5.1.6　能检查和记录动力电池标签信息，并核对是否与原厂规格一致

知识准备

一、氢燃料电池

1. 氢燃料电池概述

氢燃料电池汽车是利用 H_2 和空气中的 O_2，在催化剂的作用下在氢燃料电池中经电化学反应产生电能，并将电能作为主要动力源驱动的汽车。氢燃料电池汽车实质上是电动汽车的一种，在车身、动力传动系统、控制系统等方面，氢燃料电池汽车与普通纯电动汽车基本相同，主要区别在于动力蓄电池的工作原理不同，图 3-4-1 所示为氢燃料电池汽车的基本结构，主要部件有高压储氢瓶、燃料电池、动力蓄电池、驱动电机和动力控制单元等。高压储氢瓶存储燃料电池系统

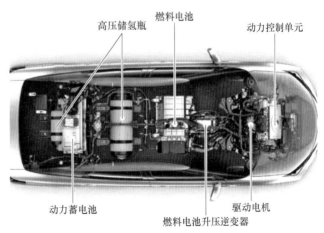

图 3-4-1　氢燃料电池汽车的基本结构

反应所需的 H_2，H_2 在燃料电池中与空气中的 O_2 发生氧化还原反应产生电能，并与动力蓄电池一起为驱动电机供电，再由驱动电机带动汽车的机械传动装置，驱动汽车前进。

与传统汽车和纯电动汽车相比，氢燃料电池汽车具有以下特点。

（1）能量转化效率高　燃料电池没有活塞或涡轮等机械部件及中间环节，且不受卡诺定律的限制，能量转换效率可高达 60%~80%，为传统内燃机的 2~3 倍。

（2）无污染，零排放　燃料电池的燃料是 H_2 和 O_2，生成物是清洁的水；若以富氢有机化合物重整制得的 H_2 作为燃料，生成物除了水可能还有少量 CO_2，但排放量比传统汽车少得多，且不包含其他氮化物、硫化物等对环境有污染的排放物。

（3）H_2 来源广泛　H_2 的来源可包括从煤和天然气为主的化石能源重整制 H_2，以焦炉煤气、氯碱尾气、丙烷脱氢为主的工业副产气制 H_2，以及利用可再生能源电解水制 H_2。因此，氢燃料电池汽车的发展可减少对石油资源的依赖，优化交通能源结构。

（4）续驶里程长　氢燃料电池汽车续驶里程由车载高压储氢瓶的总容量决定，理论上长途行驶能力接近于传统内燃机汽车，克服了纯电动汽车续驶里程短的缺点。

（5）加氢时间短　氢燃料电池汽车加注一次 H_2 的时间为 5~15min，而纯电动汽车进行一次快充至少需要 30min。

（6）噪声和振动小　氢燃料电池在发电过程中运行平稳、噪声小，除了空气压缩机、氢气循环泵 / 引射器和冷却系统以外，无其他大噪声运动部件。

2. 氢燃料电池的工作原理

氢燃料电池工作原理如图 3-4-2 所示，H_2 通入阳极，在催化剂作用下，一个氢分子分解为两个氢离子，并释放出两个电子，在电池另一端，O_2 或空气到达阴极；同时，氢离子穿过电解质到达阴极，电子通过外电路到达阴极，在阴极催化剂的作用下，O_2 和氢离子与电子发生反应生成水。

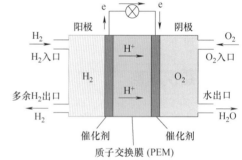

图 3-4-2　氢燃料电池工作原理

（1）当氢燃料电池的电解液是 KOH 溶液（碱性电解质）时

1）负极的电极反应式为：$H_2-2e+2OH^- \rightarrow 2H_2O$。

2）正极的电极反应式为：$O_2+2H_2O+4e \rightarrow 4OH^-$。

（2）当氢燃料电池的电解液是 H_2SO_4 溶液（酸性电解质）时

1）负极的电极反应式为：$H_2-2e \rightarrow 2H^+$。

2）正极的电极反应式为：$O_2+4H^++4e \rightarrow 2H_2O$。

（3）当氢燃料电池的电解液是 NaCl 溶液（中性电解质）时

1）负极的电极反应式为：$H_2-2e \rightarrow 2H^+$。

2）正极的电极反应式为：$O_2+2H_2O+4e \rightarrow 4OH^-$。

氢燃料电池工作时，向氢电极供应 H_2，同时向氧电极供应 O_2。H_2、O_2 在电极上的催化剂作用下，通过电解质生成水。这时氢电极上有多余的电子而带负电，在氧电极上由于缺少电子而带正电。接通电路后，这一反应过程就能连续进行。

3. 燃料电池系统的结构

燃料电池系统的结构如图 3-4-3 所示。

（1）电堆　电堆作为氢燃料电池的核心部件，是 H_2 与 O_2 发生化学反应产生电能的场所。电堆由双极板和膜电极两大部分组成，催化剂、质子交换膜和碳布或碳纸构成膜电极。

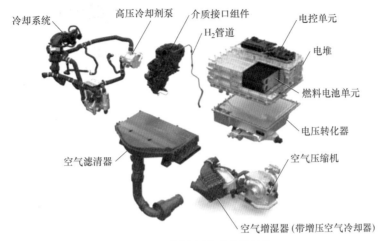

图 3-4-3　燃料电池系统的结构

（2）氢气供给循环系统　氢气供给循环系统由减压阀、电磁阀、氢气回流泵、氢气浓度传感器及管路组成。来自高压储氢瓶中的高压 H_2 经过减压阀后压力降低，通过电磁阀控制进入电堆。氢气回流泵将电堆反应后剩余的 H_2 回收并重新输入电堆中，提高 H_2 利用率。

（3）空气供给系统　空气供给系统包含空气滤清器、空气压缩机（吹风机）、空气增湿器 3 个部件。

（4）冷却系统　冷却系统由水泵和冷却液温度传感器两大部件组成，它和传统内燃机散热小循环系统类似。氢燃料电池冷却液是由去离子水和乙二醇水溶液按照一定比例调和成的溶液。

（5）电控系统　氢燃料电池的电控系统由电控单元及各种传感器构成。

4. 氢燃料电池的应用

Mirai 是丰田首款量产的氢燃料电池电动汽车。丰田 Mirai 的主要部件如图 3-4-4 所示，由驱动电机、燃料电池、高压储氢瓶、储能电池等组成。

图 3-4-4　丰田 Mirai 的主要部件

丰田 Mirai 的 2 个高压储氢瓶位于车身后部，如图 3-4-4 所示，其容积分别为 60L 和 62.4L，储气压力可达 70MPa。碳纤维和凯夫拉复合材质的储气瓶甚至可以抵挡轻型枪械的攻击。为了在承受 70MPa 气压的前提下仍能保持行驶安全性，储氢瓶被设计成 4 层结构，铝合金的瓶体内部衬有塑料内胆，外面包裹一层碳纤维增强塑料的保护层，保护层外侧再增加一层玻璃纤维材料的减振保护层，并且每一层的纤维纹路都根据所处瓶身位置不同而做了优化，使纤维顺着压力分布的方向，提升了保护层的效果。储氢瓶上装有止逆阀式的易熔塞泄压阀，即在车辆着火的情况下，易熔塞会受热熔化并强制性地排出 H_2。车速在 80km/h 以下发生追尾不会对储氢瓶造成任何损伤，高压储氢瓶的结构如图 3-4-5 所示。

电磁阀出氢口
燃料电池堆
易熔塞泄压阀

图 3-4-5　高压储氢瓶的结构

5. 燃料电池的发展路径

燃料电池是未来能源转型的重要技术手段。目前，随着燃料电池技术的快速进步，中国已经具备了生产高功率质子交换膜燃料电池堆和系统的水平，为了在提高燃料电池性能和使用寿命的同时大幅降低成本，质子交换膜燃料电池的发展路径也逐渐清晰。质子交换膜燃料电池中的大多数关键材料和部件都是进口的，这严重限制了燃料电池的制造成本，并且在未来的商业化过程中无法确保关键材料的安全供应。因此，当前发展的重点任务是大力推动形成具有自主知识产权的燃料电池堆和关键材料产业链，确保质子交换膜燃料电池商业化发展的技术支持和生产能力。

> 📝 学习笔记：查询相关资料，调研市面上 3 家生产燃料电池的厂家，分析行业发展现状及前景，调研并列举氢燃料电池汽车品牌和车型。
>
> _____
>
> _____

二、超级电容器

超级电容器也称为双电层电容器，是一种通过极化电解质来储能的电化学元件，但在储能过程中并不发生化学反应，而且储能过程是可逆的，可以反复充放电数十万次。超级电容器是一种物理储能电池。

1. 超级电容器的工作原理和结构

超级电容器是利用双电层原理制造的电容器。当外加电压作用到超级电容器的两个极板上时，它与普通电容器一样，正极板存储正电荷，负极板存储负电荷，在超级电容器的两极板上电荷产生的电场作用下，在电解液与电极间的界面上形成相反的电荷，以平衡电解液的内电场，正电荷与负电荷在两个不同相之间的接触面上，以正负电荷之间极短间隙排列在相反的位置上，这个电荷分布层称为双电层，因此电容量非常大。超级电容器中的酸性电解质多采用质量分数为 36% 的硫酸水溶液作为电解质。当两极板间电势低于电解液的氧化还原电极电位时，电解液界面上的电荷不会脱离电解液，超级电容器为正常工作状态；若电容器两端电压超过电解液的氧化还原电极电位，电解液将分解，为非正常状态。随着超级电容器放电，正、负极板上的电荷被外电路泄放，电解液界面上的电荷相应减少。由此可以看出：超级电容器的充放电过程始终是物理过程，没有化学反应，因此性能更加稳定。超级电容器的结构如图 3-4-6 所示。

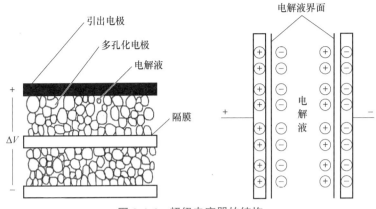

图 3-4-6　超级电容器的结构

2. 超级电容器的特性

超级电容器主要有以下特点：

1）输出功率密度高。超级电容器的内阻很小，输出功率密度高达数千瓦每千克。

2）极高的充放电循环寿命。超级电容器循环寿命可达上万次。

3）非常短的充电时间。超级电容器完全充电时间只要 10~12min。

4）储存寿命极长。理论上超级电容器的储存寿命几乎可以认为是无限的。

5）比能量低。这一缺陷制约了超级电容器的应用。

3. 超级电容器的应用情况

（1）超级电容器在太阳能系统中的应用　太阳能发电分为光伏发电和光热发电，其中光伏发电是利用光伏电容将太阳能直接转化为电能，光伏发电在转化效率、设备成本和发展前景上都远远强于光热发电。自从实用型多晶硅的光伏电容问世，世界上就开始了太阳能光伏发电的应用。

目前，太阳能光伏发电系统有 3 个发展方向：独立运行、并网型和混合型光伏发电系统。在独立运行系统中，储能单元一般是必须有的，它能将由日照时产生的剩余电能储存起来供日照不足或没有日照时使用。目前，国际光伏能源产业的需求开始由边远农村和特殊应用向并网发电和与建筑结合供电的方向发展，光伏发电已由补充能源向替代能源过渡。国内光伏能源系统仍主要是用在边远的无电地区，以及城市路灯、草坪灯、庭院灯、广告牌等独立光伏发电系统。通过蓄电池组构成的储能系统，能够熨平太阳光照强度波动，还可以补偿电网系统中的电压骤降或突升，但是由于其充放电次数有限、大电流充放电时间较慢等因素，其使用寿命较短，成本较高。因此，在太阳能光伏发电系统中采用超级电容器组将使其并网发电更具可行性。

（2）超级电容器在风力发电系统中的应用　作为新兴储能元件，超级电容器具有循环寿命长、充放电时间短、适应温度范围广、体积小、容量大、可焊接、维护简单等特点，在风力发电机狭小、密闭、有限空间的轮毂控制柜内，超级电容器不会因为过充电、过放电影响使用寿命，充放电过程仅仅是物理层面上的变化，不会对常年密闭空间作业的轮毂内部造成二次污染，超级电容器可保持稳定的直流电压，保证伺服电动机的正常运作。

超级电容器因其具有数万次以上的充放电循环寿命、大电流充放电特性，能够适应风能的大电流波动，能在白天阳光充足或风力强劲的条件下吸收能量，在夜晚或风力较弱时放电，从而熨平风力发电的波动，实现更有效的并网。

（3）超级电容器在新能源汽车发展中的机遇　超级电容器在新能源汽车中主要有 3 类应用：一是作为动力设备，如上海 11 路公交车即为超级电容器公交车，车辆运行中途充电只需 30s，一次充电可行驶 5~8km，既节能环保又兼顾城市景观；二是作为发动机的辅助驱动设备，在汽车快速起动时提供较大的驱动电流，减少油耗和不完全燃烧的污染物排放；三是对制动能量进行回收利用，当汽车需要加速时，再将这些储存的能量释放出来，提高能源的使用效率。

在新能源汽车领域，超级电容器可与蓄电池配合使用，实现储能并保护蓄电池。通常超级电容器与锂离子蓄电池配合使用，二者的完美结合形成了性能稳定、节能环保的汽车动力蓄电池，可用于混合动力汽车及纯电动汽车。锂离子蓄电池解决了汽车充电储能和为汽车提供持久动力的问题，超级电容器的使命则是为汽车起动、加速提供大功率辅助动力，并在汽车制动或怠速运行时收集并储存能量。

> 📝学习笔记：查询相关资料，阐述超级电容器的特殊性能。
>
> _____
>
> _____

三、钠离子蓄电池

1. 钠离子蓄电池概述

锂离子蓄电池作为绿色环保的储能器件，因具有能量密度高、循环寿命长、安全无污染等突出优势，在电子市场、新能源汽车等储能领域得到了广泛应用。钠离子蓄电池体系的嵌钠材料实际上与嵌锂材料的研究工作基本同时出现，即在 20 世纪七八十年代就开始了相关探索，但由于相对嵌锂材料来说，嵌钠材料的容量和结构稳定性都较差，且构建全电池的比能量也较低，因此，在便携式电子产品蓬勃发展的爆发年代，这种较低能量密度的电池体系难以受到重视。

然而，随着锂离子蓄电池市场需求的不断增长，锂资源短缺和价格上涨等问题严重阻碍了其发展。钠离子蓄电池由于具有资源丰富、价格低廉、分布广等突出优势，引起了人们的广泛关注，并有望成为锂离子蓄电池的替代品。近几年关于钠离子蓄电池的研究取得了一定的成果，研究体系也得到了完善。

2. 钠离子蓄电池的内部结构

钠离子蓄电池的内部结构主要由正极、隔膜、负极和电解液 4 个部分组成。这 4 部分通常被固定包裹在某种蓄电池结构内部，以防止其在电化学反应过程中与外界环境介质接触。以 2032 型纽扣蓄电池为例，这 4 部分就被包裹在不锈钢蓄电池壳内。正、负极分别是由一定比例的电极活性材料、导电剂和黏结剂等经过混合制浆、涂覆和干燥而制成。

钠离子蓄电池的电解液一般是由钠盐、溶剂和添加剂等构成。其中，钠盐主要包括高氯酸钠、三氟甲磺酸钠、六氟磷酸钠等；溶剂通常为碳酸二甲酯、碳酸丙烯酯、碳酸乙烯酯和乙二醇二甲醚等的一种或者多种的混合物。

钠离子蓄电池的隔膜是能够容许电解液中的钠离子通过而电路中的电子不能通过的材料，其主要作用是分开正、负两极，以防止两极因接触而造成短路。常用的钠离子蓄电池隔膜包括无机玻璃纤维膜和其他有机多孔膜。

3. 钠离子蓄电池的工作原理

同锂离子蓄电池的工作原理类似，钠离子蓄电池的工作原理也是基于钠离子和电子的"摇椅式"迁移。在充电过程中，正极内发生氧化反应，钠离子从正极中脱出，进入电解液中，随后穿过隔膜迁移到负极；与此同时，电子离开正极，经过外部电路向负极迁移。充电后，负极呈富钠状态而正极处在贫钠状态。此时，电能被转换成化学能并存储在钠离子蓄电池当中。在放电过程中，钠离子和电子的迁移方向与充电过程刚好相反，并重新回到正极材料中，实现化学能到电能的转化。放电时，大量的电子流过电路形成电流，就能为外界供电。

4. 钠离子蓄电池的特点

钠离子蓄电池的特点主要包括以下几个方面：

1）相比锂离子蓄电池，钠离子蓄电池不需要使用锂、钴等高价稀有金属。

2）电解质材料主要是钠盐，它们在自然界中含量非常丰富，是"取之不尽"的物质。

3）钠离子蓄电池的工作机制与锂离子蓄电池相同，可以沿用现有的生产工序和设备，不需要额外的设备再投资。

4）钠离子蓄电池的电化学性能相对稳定、热稳定性较好，安全运行表现比锂离子蓄电池更好。

5）钠离子蓄电池具有较好的充放电倍率性能，能够适应响应型储能和规模供电。

6）钠离子蓄电池应用领域广泛，未来有望应用于储能和动力两个领域，包括两轮车和电动汽车等方面。

7）钠离子蓄电池集流体可以使用铝箔，极耳可以使用铝极耳。相比于锂离子蓄电池的铜集流体和镍极耳，铝极耳和集流体更加轻便且便宜。

> 📝 **学习笔记**：查询相关资料，请阐述钠离子蓄电池的发展现状。
>
> _____
>
> _____

🔌 **知识拓展**

固态电池——动力蓄电池新突破

2024 年 4 月，重庆太蓝新能源对外宣布在固态电池技术领域取得重大突破，成功研发出世界首块车规级单体容量 120A·h、实测能量密度高达 720W·h/kg 的超高能量密度体型化全固态锂金属电池。这一成果刷新了体型化锂电池单体容量和最高能量密度的行业纪录。

4月10日，据中国科学院青岛生物能源与过程研究所消息，该研究所先进储能材料与技术研究组解决了硫化物全固态电池叠层工艺的行业痛点及瓶颈问题，打通了硫化物全固态电池的大型车载电池制作工艺的最后一道难关，在硫化物软包电池叠片技术上取得关键性突破。

7月23日，中国科学技术大学开发出一种用于全固态电池的新型硫化物固态电解质，该材料在具有硫化物固态电解质固有优势的同时，相较其他硫化物固态电解质，成本更加低廉、更适合商业化。

8月7日，比亚迪提出一项全固态电池发明专利申请。专利摘要显示，该电池为交错层叠的结构形式，负极片与正极片之间包括固态电解质层。电池的最外层设计为陶瓷层，利用陶瓷层自身良好的刚性和硬度，使电池在等静压过程中承受较大的压力时，能保证均匀的受力，使得压面平整，不易使外包装膜破裂，且在后续的拘束加压过程中不会使电池撕裂，电池将具有良好的首效和循环性能。

10月18日，在2024奇瑞全球创新大会上，奇瑞正式公布鲲鹏电池品牌。鲲鹏电池支持最大6C快充，单体蓄电池循环寿命超3000次，首次采用多截面吸能设计技术，支持1s快速定向泄压。奇瑞研发的全固态电池，目标是2026年全固态电池上车（定向运营），2027年批量上市，纯电续驶里程有望突破1500km。

11月5日，国家知识产权局官网公布，华为申请的固态电池专利通过初步审查。该专利名称为"掺杂硫化物材料及其制备方法、锂离子电池"。此次发明专利的背景是，硫化物固态电解质采用的材料与金属锂负极之间的电化学稳定窗口较窄，电池充放电过程中金属锂负极与硫化物电解质的界面副反应严重。华为本次专利发明的掺杂硫化物材料，对金属锂具有较佳的稳定性，可以作为硫化物固态电解质应用在锂离子电池中，使得锂离子电池具有较长的使用寿命。

我国固态电池产业化也正在不断取得新进展。

⚒ 任务实施

【安全及注意事项】

1）作业前应确保高压电路处于断开状态。
2）应穿戴好绝缘手套并铺设好绝缘垫。
3）施工前工位要达到新能源汽车检测安全工位要求。
4）着装应整洁规范，遵守相关规程。
5）任务完成后工具应放回原位，严禁随意摆放。

📅 我的预测：请想一想，本任务实施过程中可能会遇到哪些困难？我的解决办法有哪些？

_____

_____

【操作过程】

查询资料，认知丰田 Mirai 燃料电池系统组成构件，并填写工作任务单。

学　院		专　业		班　级	
姓　名		学　号		日　期	
指导教师					

<table>
<tr><td rowspan="4">作业前
准备记录</td><td colspan="5">作业前高压电路是否处于断开状态：是□　否□
是否穿戴好绝缘手套并铺设好绝缘垫：是□　否□
操作工位是否符合安全要求：是□　否□
着装是否整洁规范，是否阅读相关规程：是□　否□</td></tr>
<tr><td>工具资料</td><td>名　称</td><td>规　格</td><td colspan="2">备　注</td></tr>
<tr><td>工具清单</td><td></td><td></td><td colspan="2"></td></tr>
<tr><td>资料清单</td><td></td><td></td><td colspan="2"></td></tr>
</table>

<table>
<tr><td rowspan="6">制订计划</td><td colspan="2">请根据相关工艺流程制订实施计划</td></tr>
<tr><td>序号</td><td></td></tr>
<tr><td>1</td><td></td></tr>
<tr><td>2</td><td></td></tr>
<tr><td>3</td><td></td></tr>
<tr><td>4</td><td></td></tr>
<tr><td>5</td><td></td></tr>
</table>

Mirai 燃料电池系统构件	构件名称及参数
	名称：_____ 作用：_____ 最大功率：_____ 功率密度：_____
	名称：_____ 压力：_____ 材料：_____
	名称：_____ 作用：_____
	名称：_____ 作用：_____

（续）

Mirai 燃料电池系统构件	构件名称及参数
	名称： _____ 作用： _____
	名称： _____ 作用： _____
	名称： _____ 作用： _____ 额定转速： _____
	名称： _____ 作用： _____ 组成： _____
检查验收安装情况，确认 6S 管理	是否关闭车辆点火开关：是□　否□
	是否收起并整理防护四件套：是□　否□
	是否清洁防护用具并归位：是□　否□
	是否清洁整理仪器设备与工具：是□　否□
	是否清洁实训场地、收起警示牌、收起安全围栏：是□　否□

评价考核

在课程教学中进行职业素养和操作规范评分。

评分项	评分标准（扣分标准）	配分	扣分
一、作业准备			
场地准备	□ 未检查设置隔离栏（2分） □ 未设置安全警示牌（2分） □ 未检查灭火器压力值（水基、干粉）（2分） □ 未安装车辆挡块（2分） □ 未安装车外三件套或安装位置不正确（3分） □ 操作中翼子板布、格栅布自行脱落（2分） □ 车内三件套（转向盘套、座椅套、脚垫）少铺、未铺或撕裂（2分）	15分	

（续）

评分项	评分标准（扣分标准）	配分	扣分
人员安全	☐ 未检查绝缘手套密封性或检查时未密封（3分） ☐ 未检查绝缘手套的耐电压等级（2分） ☐ 未检查作业用抗酸碱手套、护目镜、安全帽外观损伤情况（6分） ☐ 未穿安全鞋（进入工位前提前穿好）（2分） ☐ 未检查确认档位（2分）	15分	
二、操作步骤			
Mirai 燃料电池系统构件认知	☐ 未正确识别 Mirai 燃料电池系统组件（3分） ☐ 未能正确认知燃料电池系统电池堆和储氢瓶（3分） ☐ 未能认知燃料电池系统的两个独立冷却系统（8分） ☐ 未正确查询燃料电池系统组件参数信息（10分） ☐ 未正确查询资料（6分）	30分	
三、团队协作、安全与 6S 管理			
团队协作	☐ 作业时未互相配合，分工不合理（5分） ☐ 未在规定时间内完成全部作业（3分） ☐ 配合时身体发生碰撞，语言发生争执（5分） ☐ 未佩戴抗酸碱手套（2分）	15分	
安全与 6S 管理	☐ 有影响安全操作的行为，包括但不限于以下内容：仪器、设备、工具、零件落地；不注意安全操作，随意放置工具、量具或造成其他安全隐患（5分） ☐ 地上有油污时未擦掉，未做废物分类环保处理（5分） ☐ 工具使用不当，由于野蛮操作，导致设备损坏，扣除该项所有分数（5分） ☐ 未清洁归还工具，或工具未清洁就放进工具箱（5分） ☐ 未清洁整理场地（5分）	25分	
总评分			
个人分析总结			

存在问题及改进措施

指导教师签字： 日期：

思考练习

一、填空题

1. 燃料电池（Fuel Cell）是燃料电池电动汽车的_____，其主要构成有_____、_____、_____等。燃料电池利用_____和_____在催化剂的作用下经电化学反应直接产生电能。

2. 与传统汽车和纯电动汽车相比，氢燃料电池汽车具有_____、_____、_____、_____、_____、_____的特点。

3. 氢燃料电池汽车的主要部件有_____、_____、_____、_____和_____等。

4. 超级电容器也称为双电层电容器，是一种通过_____来储能的电化学元件，但在储能过程中并不发生化学反应，而且储能过程是可逆的，可以反复充放电数十万次。

5. 钠离子蓄电池的内部结构主要由_____、_____、_____、_____ 4个部分组成。

6. 钠离子蓄电池的电解液一般是由_____、_____和_____等构成。

二、单选题

1. 以下属于轻型车辆和物料搬运车辆的主流先进技术的是（　　　）。
A. 直接甲醇燃料电池　　　　　　　　B. 碱性燃料电池
C. 质子交换膜燃料电池　　　　　　　D. 熔融碳酸盐燃料电池

2. 超级电容器中的酸性电解质多采用质量分数为（　　　）的硫酸水溶液作为电解质。
A. 90%　　　　　　B. 98%　　　　　　C. 63%　　　　　　D. 36%

3. 氢燃料电池的发电热效率可达（　　　）。
A. 60%~80%　　　　B. 15%~25%　　　　C. 30%~45%　　　　D. 40%~50%

4. 以下不属于超级电容器特性的是（　　　）。
A. 输出功率密度高　　　　　　　　　B. 比能量高
C. 极高的充放电循环寿命　　　　　　D. 储存寿命极长

5. 钠离子蓄电池的隔膜能够容许电解液中的钠离子通过，而电路中的（　　　）不能通过。
A. 原子　　　　　　B. 离子　　　　　　C. 电子　　　　　　D. 分子

三、思考题

1. 哪些动力蓄电池可能成为未来纯电动汽车的主要动力源？

2. 氢燃料电池、超级电容器、钠离子蓄电池都各自具有什么特点，分别应用于新能源汽车哪些场合？

3. 试对比分析各类动力蓄电池驱动的纯电动汽车。

4. 钠离子蓄电池的特点有哪些？

项目 4
动力蓄电池系统认知与检修

　　新能源汽车使用过程中，要使动力蓄电池工作在合理的电压、电流和温度范围内，就需要对纯电动汽车上的动力蓄电池进行有效管理。动力蓄电池只有在优良的蓄电池管理系统支持下才能充分发挥能效。实践证明，先进的蓄电池管理系统能够提高蓄电池工作效率 30% 以上。对于镍氢蓄电池和锂离子蓄电池，有效管理尤其需要，如果管理不善，不仅可能会显著缩短动力蓄电池的使用寿命，还可能引起着火等严重安全事故。因此，蓄电池管理系统（Battery Management System，BMS）成为新能源汽车的必备装置。

　　我国蓄电池管理系统的发展趋势主要体现在技术、市场和竞争 3 个方面。在技术上 BMS 相关软件算法不断优化，逐步朝着高集成化、高精度估算、智能化的趋势发展；在市场上 BMS 需求量将随着新能源汽车市场提升而增大，储能市场需求随着产业发展也有待进一步提升，随着蓄电池管理系统生产企业数量越来越多以及技术要求的升级，新能源汽车行业或面临着新一轮变革。本项目主要包括动力蓄电池成组认知、蓄电池管理系统认知与检修、动力蓄电池状态检测与分析、动力蓄电池热管理系统认知与检修和动力蓄电池充电管理认知与检修。

项目目标

◆ 素养目标：

1. 培养学生的爱国主义精神和创新精神。
2. 培养学生的敬业精神，争做精益求精的"大国工匠"。
3. 培养学生具备从事汽车行业工作的职业素养。
4. 培养学生的团队协作精神。

◆ 知识目标：

1. 掌握动力蓄电池的结构组成、成组特点及部件安装位置。
2. 掌握动力蓄电池成组单体蓄电池串并联选用原则。
3. 掌握蓄电池管理系统（BMS）的功能。
4. 掌握动力蓄电池系统能量管理、均衡管理、热管理、安全及通信管理的主要功能及原理。
5. 掌握动力蓄电池系统的检测内容和工作模式。
6. 理解动力蓄电池的充电工作原理。

◆ 能力目标：

1. 能进行蓄电池组并联与串联的选用计算。
2. 能正确认知动力蓄电池系统的各组成部件。
3. 能进行蓄电池管理系统检测。
4. 具备动力蓄电池热管理系统、充电系统检修的能力。
5. 能分析动力蓄电池充电的基本组成电路。
6. 具备信息技术的应用能力和创新能力。

> 情境问题：一辆纯电动汽车的蓄电池管理系统损坏，需要进行更换。你能够完成这项任务吗？
>
> _____
>
> _____

任务 4.1   动力蓄电池成组认知

任务目标

1. 掌握动力蓄电池成组概念、成组特点。
2. 掌握动力蓄电池的结构组成及部件安装位置。

3. 掌握动力蓄电池成组单体蓄电池串并联选用原则。

 **任务导入**

一辆纯电动汽车，客户反映车辆无法行驶，经维修人员检查发现，仪表板上动力蓄电池故障指示灯点亮，读取故障码，显示"P118312 电池内部短路"故障。如果你是一名新入职的新能源汽车维护检测人员，现在车间主管安排你完成此任务，你应该如何处理呢？

> **证书标准对接：** 智能新能源汽车职业技能等级证书标准：新能源汽车动力驱动电机电池技术（初级）职业技能
> 5.1　动力电池检查保养
> 5.1.1　能拆装动力电池组
> 5.1.2　能检查动力电池组有无泄漏、磕碰
> 5.1.5　能检查并测量动力电池单体电池的规格、大小、性能是否一致
> 5.1.6　能检查和记录动力电池标签信息，并核对是否与原厂规格一致

知识准备

一、动力蓄电池成组技术发展

动力蓄电池成组技术的发展过程可分为 3 个阶段。

第一代蓄电池包，是异形蓄电池包，采用标准模块，但是成组效率比较低。异形蓄电池包如图 4-1-1 所示。

第二代蓄电池包，也是异形蓄电池包，为了提高成组效率，它选择了和蓄电池结构匹配的非标准模块，成组效率明显提升，以上两种蓄电池包都是用于基于传统乘用车平台改造设计的纯电动汽车。

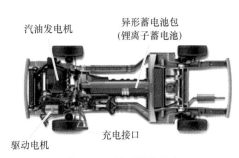

图 4-1-1　异形蓄电池包

第三代蓄电池包，分别应用了"刀片电池"技术（图 4-1-2）、590 标准大模块技术（图 4-1-3）和无模块技术（CTP），大多应用于纯电动汽车平台，这 3 种不同的发展趋势，有一个共同点，即都是平板式的蓄电池包，成组效率再次明显提升。采用模块设计，一方面是为了便于运输和维修，在车辆遇到问题的时候无须整体更换，只需要把问题蓄电池模块换掉即可；另一方面是为了安全，在蓄电池模块之间可以布置更多的加强筋等，给单体蓄电池多一层保护。

比亚迪"刀片电池"通过结构创新，在成组时可以跳过"模组"，大幅提高了体积利用率，最终达成在同样的空间内装入更多单体蓄电池的目标。相较传统蓄电池包，"刀片电池"

的体积利用率提升了 50% 以上，也就是说续驶里程可提升 50% 以上，达到了高能量密度三元锂离子蓄电池的同等水平。"刀片电池"的设计使得它在短路时产热少、散热快，并且在针刺试验中的表现非常优异。

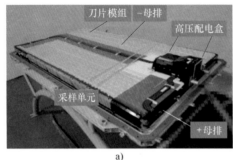

图 4-1-2 刀片电池技术

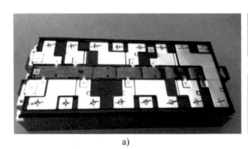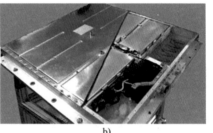

图 4-1-3 590 标准大模块技术

国内早期纯电动汽车是由传统燃油车改造而来，其底盘装载的动力蓄电池空间各不相同，这导致需求的蓄电池模块尺寸各不相同。

590 模块是大众基于纯电动汽车 MEB 平台开发推出的。有些车企根据自身情况和对应电池企业合作，认为 590 模块尺寸大，做成蓄电池包在其车型上空间利用率更高，成组效率更高，系统能量密度更大。590 标准模块的长度是 590mm，其所用的软包单体蓄电池长度一般为 550mm，宽度为 100mm，高度为 10mm 左右，这种单体蓄电池尺寸相对较大，需要的制造工艺，锂电设备的精细化、智能化水平较高，制造难度大。无论是 355、390 模块，还是 590 模块，它们的应用都是建立在平台的基础上，通过标准化生产来节约成本。

无模块技术（Cell to Pack，CTP）是指在去除模块这一层的情况下，直接把单体蓄电池布局在蓄电池包中，并不影响整车的技术指标，无模块技术在基本结构上改变了之前乘用车动力蓄电池的布局原理，如图 4-1-4 所示。CTP 的优点体现在 3 个方面：一是容量较高，由于减少了模块的外壳以及各种附加走线，同样体积的蓄电池包能够多 15%~20% 的体积来盛放单体蓄电池；二是可靠性高，去除不必要的组件后，零部件的整体数量可以减少 40%；三是价格便宜，制造工序少，制造成本低。

动力蓄电池生产商通过提升单体蓄电池容量、蓄电池模块结构迭代和蓄电池包结构设计，来推动蓄电池包能量密度提升和制造成本降低。

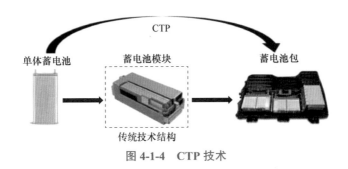

图 4-1-4　CTP 技术

> 📝 **学习笔记**：调研市面上 3 款纯电动汽车，它们的蓄电池包分别采用的哪种技术。
>
> _____
>
> _____

二、单体蓄电池一致性对蓄电池模块的影响

单体蓄电池的电压、容量、内阻、放电平台、恒流充电、循环寿命和自放电存在相异性，将导致由单体蓄电池组成的蓄电池模块在充放电过程中各单体蓄电池充放电速率不能同步，缩短整个蓄电池模块的使用寿命，所以蓄电池必须经过分容处理，使同一模块单体蓄电池具有一致性。

1. 电压不一致的影响

电压不一致会造成过充电和过放电，BMS 无法对动力蓄电池系统进行控制。若并联电路电压不一致，单体蓄电池互相间会进行充放电均衡，一直到电压一致为止，若电压差过大将熔断熔丝（PCB 板结构），熔丝允许电压差小于 0.6V。若串联模块间电压差过大，只能通过 BMS 主动均衡解决，严重时，需进行人工充放电或将故障单体蓄电池移除。图 4-1-5 所示为电压不一致，其中 2# 单体蓄电池存在过放电风险。

2. 容量不一致的影响

容量不一致是造成电压不一致的主要原因，在充放电过程中一定会造成过充电、过放电的风险。图 4-1-6 所示为容量不一致，其中 2# 单体蓄电池一定过充电、过放电。

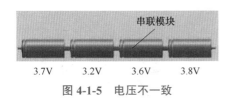

3.7V	3.2V	3.6V	3.8V

图 4-1-5　电压不一致

5A·h	4A·h	5A·h	5A·h

图 4-1-6　容量不一致

3. 带电量不一致的影响

带电量一致，即蓄电池实际容量一致，如带电量不一致，也会造成过充电、过放电的现象。图 4-1-7 所示为带电量不一致，连续放电时 4# 单体蓄电池会有过放电风险，连续充电时 1# 单体蓄电池会有过充电风险，4# 单体蓄电池充放电电阻大，温度高，将会影响动力蓄

电池热电特性。

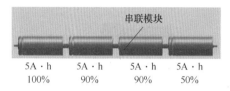 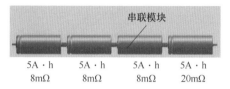

图 4-1-7 带电量不一致

> ✎ **学习笔记**：调研单体蓄电池串、并联成组作为一个整体对外工作时需要注意哪些问题。
>
> _____
>
> _____

三、动力蓄电池成组

1. 单体蓄电池

在当前主流的蓄电池包主要由单体蓄电池 - 蓄电池模块 - 蓄电池包 3 个层级构成。单体蓄电池是直接将化学能转化为电能的基本单元装置，是构成动力蓄电池的最小单元。

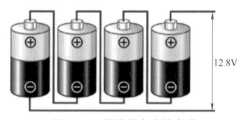

图 4-1-8 单体蓄电池的串联

（1）单体蓄电池的串联特性 以 n 个 32650 单体蓄电池串联为例，单体蓄电池的基本参数：型号为 32650，电压为 3.2V，容量为 5A・h，能量为 16W・h。单体蓄电池的串联如图 4-1-8 所示。

总电压为 n 个单体蓄电池电压之和：$U_总=3.2V \times n$。

串联时电流不变，总容量也保持不变，即总容量为单体蓄电池容量：$Q_总=5A・h$。

总能量为 n 个单体蓄电池能量之和：$W_总=16W・h \times n$。

（2）单体蓄电池的并联特性 以 n 个 32650 单体蓄电池并联为例，单体蓄电池的基电池的串并本参数：型号为 32650，电压为 3.2V，容量为 5A・h，能量为 16W・h，单体蓄电池的并联如图 4-1-9 所示。

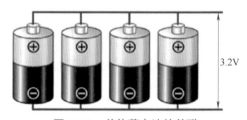

图 4-1-9 单体蓄电池的并联

并联时总电压为单个单体蓄电池电压：$U_总=3.2V$。

并联时电流叠加，总容量为 n 个单体蓄电池容量之和：$Q_总=5A・h \times n$。

总能量为 n 个单体蓄电池能量之和：$W_总=16W・h \times n$。

总之，无论是 n 个单体蓄电池串联还是 n 个单体蓄电池并联所构成的蓄电池模块，其性能特性可总结为总电压为 n 个串联单体蓄电池电压之和，总容量为 n 个并联单体蓄电池容量之和，总能量不管串联还是并联都等于所有单体蓄电池能量之和。

（3）动力蓄电池成组技术组成结构　在纯电动汽车和插电式混合动力电动汽车中，单体蓄电池难以满足电压需求，需要将若干个单体蓄电池通过串并联的方式组成蓄电池模块，再将若干个蓄电池模块通过串并联的方式组合成蓄电池包，动力蓄电池成组技术如图 4-1-10 所示。串联可以增加电压，但是容量不变；并联可以增加容量，但是电压不变。

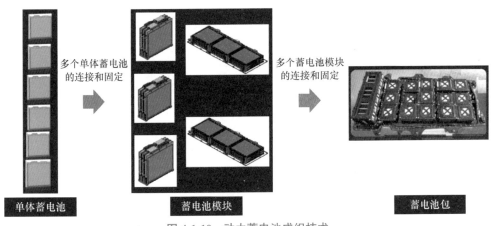

图 4-1-10　动力蓄电池成组技术

单体蓄电池的连接方式通常用 ××P××S 表示。例如：3P91S 表示由 3 个单体蓄电池并联成组，共有 91 组串联在一起；1P100S，表示共由 100 个单体蓄电池串联而成。如吉利几何 G6 纯电动汽车采用三元锂离子蓄电池，储能装置最小模块型号是 1P6S，蓄电池包的单体蓄电池数量是 96 个，蓄电池包采用了 1 并 96 串的组合方式，组成了车辆的动力蓄电池，如图 4-1-11 所示；比亚迪秦 EV500 纯电动汽车采用磷酸铁锂离子蓄电池，蓄电池包总电压为 500V，能量为 13kW·h，磷酸铁锂离子单体蓄电池电压为 3.2V，蓄电池包由 156 个单体蓄电池连接在一起。

图 4-1-11　吉利几何 G6 动力蓄电池

2. 蓄电池模块

（1）不同形状蓄电池模块的特点　在纯电动汽车、插电式混合动力电动汽车中，单体蓄电池串联以满足电压要求，并联以满足容量要求，串、并联连接方式往往同时存在构成系列模块。图 4-1-12 所示为不同类型的蓄电池模块。

关于蓄电池模块中单体蓄电池的选取，不同类型的电动汽车对其要求不一，蓄电池模块有圆柱形组合形式、方形组合形式以及软包组合形式，它们的特点见表 4-1-1。

a) 圆柱形蓄电池模块　　　　b) 方形蓄电池模块　　　　c) 软包蓄电池模块

图 4-1-12　不同类型蓄电池模块

表 4-1-1　不同类型蓄电池模块的特点

形状	圆柱形	方形	软包
安全性	安全阀双重保护，PTC	泄气阀	外壳保护
耐压性	高	中	低
功率性能	好	较好	一般
组合体积	大	小	小
组合成本	高	低	低
形状	标准壳体	金属或塑料壳体，改变较难	可制成各种大小
散热性能	良好	一般	差
工艺性能	成熟，易于自动化生产	一般	一般
组合特点	体积大，散热表面大	体积小，工艺简单	工艺简单，机械强度低
应用领域	广泛，动力类及消费类	动力蓄电池	动力蓄电池

（2）蓄电池模块概念　将一个以上单体蓄电池按照串联、并联或混联方式组合，只有一对正负极输出端子，并作为电源使用的组合体称为蓄电池模块。蓄电池模块典型的连接方式有先并联后串联、先串联后并联、先并联后串联再并联，如图 4-1-13 所示。

先并联后串联：由于内阻差异、散热不均等都会影响并联后单体蓄电池的循环寿命。并联时，若单个单体蓄电池失效自动退出，除了容量降低，不影响使用。并联工艺较严格，如图 4-1-13a 所示。并联中某个单体蓄电池短路时，会造成并联电路电流非常大，通常应增加熔断保护技术。

先串联后并联：根据整组蓄电池模块容量先进行串联，最后进行并联，这样可降低大容量蓄电池模块的故障概率，如图 4-1-13b 所示。

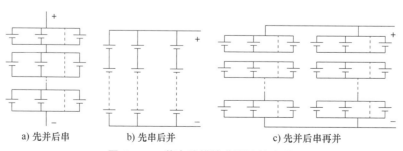

a) 先并后串　　　　b) 先串后并　　　　c) 先并后串再并

图 4-1-13　蓄电池模块典型连接方式

先并联后串联再并联：单体蓄电池先并联，再串联，最后再进行并联，能提高蓄电池模块容量，降低蓄电池模块故障率，如图4-1-13c所示。

（3）蓄电池模块的拓扑结构特点　从蓄电池模块连接的可靠性、单体蓄电池电压不一致性和蓄电池模块性能影响的角度分析，先并联后串联连接方式优于先串联后并联连接方式，但先串联后并联的拓扑结构有利于系统对各个单体蓄电池进行检测和管理。并联及串联的单体蓄电池要求种类、型号一致，容量、内阻、电压值差异不大于2%。一般情况下，单体蓄电池通过并联、串联组合后，容量会损失2%~5%，单体蓄电池数量越多，容量损失越多。不管蓄电池是软包还是圆柱形，都需要多串联组合，如果单体蓄电池一致性差，将会影响整组蓄电池容量，一组中容量最低的单体蓄电池决定了整组蓄电池的容量。

图4-1-14　蓄电池模块的固定

（4）蓄电池模块的固定　单体蓄电池的成组方式要充分考虑散热、轻量化及自适应蓄电池在充放电过程中膨胀的需求，一般采用两侧铝制短板加弹性钢带捆扎的方式，如图4-1-14所示。

（5）蓄电池模块的信号采集　帝豪EV450车型蓄电池模块信号采集部分采用柔性电路板，相对于传统采样线束的方案，柔性电路板集成度更高、更轻薄，如图4-1-15所示。柔性电路板上有细丝状的布线，称为采样熔断线，在汽车碰撞时，采样线束可能会因挤压而造成短路，进而引起采样线起火，这些细丝便会在采样线束短路时发生熔断并切断短路电路，确保整个线束的安全和蓄电池模块的安全。

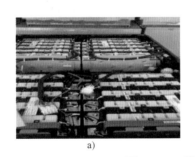
a)

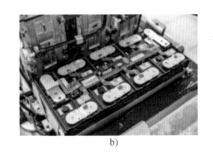
b)

图4-1-15　蓄电池模块的信号采集

（6）蓄电池模块汇流排　蓄电池模块常用的汇流排有：镍片、铜铝复合汇流排、铜汇流排、铝汇流排。高压电器的连接是整个蓄电池包组装中最核心的部分，必须保证主电路连接的可靠性和低内阻，一般采用铜汇流排而非铝汇流排，如图4-1-16所示。这是因为铝汇流排的硬度较低，在高温、高应力的情况下，铝会发生塌缩，并且塌缩之后不易回弹，一热一冷就会导致缝隙加大，接触电阻上升，带来

图4-1-16　蓄电池包主电路汇流排

安全隐患。铜汇流排还设计很多立体弯折，在受到振动或受热膨胀时，这些弯折会吸收长度的变化，避免将载荷转移到连接螺钉上。

3. 蓄电池包

（1）蓄电池模块之间的焊接　蓄电池包由若干蓄电池模块串联而成，帝豪 EV450 蓄电池包由 17 个蓄电池模块串联组成，如图 4-1-17 所示，1P6S 模块共 10 个，1P5S 模块共 7 个，蓄电池包容量为 150A·h，标称电压为 346V。

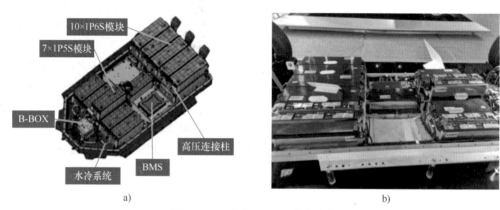

图 4-1-17　帝豪 EV450 蓄电池包

蓄电池模块内单体蓄电池之间的连接要能承受颠簸路面的振动冲击，通常采用激光焊接或超声波焊接，焊接的可靠性较好，但不易更换。

激光焊接是利用高能量密度的激光束作为热源的一种高效精密焊接方法，通过控制激光主要脉冲的宽度、能量、峰值功率和重复频率等参数，使工件熔化，形成特定的熔池，在每一个蓄电池模块极柱之间，用激光把铝制汇流排和极柱焊接在一起，保证可靠性。在汇流排上设计的凹陷的作用是用来吸收机械振动以及电击膨胀带来的应力，如图 4-1-18 所示。

图 4-1-18　蓄电池模块之间的焊接

（2）蓄电池包的组成　蓄电池包是能量存储装置，包括单体蓄电池或蓄电池模块，通常还包括动力蓄电池电子部件、高压电路、过流保护装置及其他外部系统的插口（如冷却系统、高压系统、低压辅助系统和通信系统等）。高于直流 60V 的蓄电池包，还包括手动切断功能，所有部件都应该被安装在常用防撞动力蓄电池箱内，如图 4-1-19 所示。

（3）蓄电池包的技术参数

动力蓄电池系统标称电压 = 单体蓄电池标称电压 × 单体蓄电池串联数量

动力蓄电池系统容量 = 单体蓄电池容量 × 单体蓄电池并联数量

动力蓄电池系统总能量 = 动力蓄电池系统标称电压 × 动力蓄电池系统容量

动力蓄电池系统质量比能量 = 动力蓄电池系统总能量 / 动力蓄电池系统质量

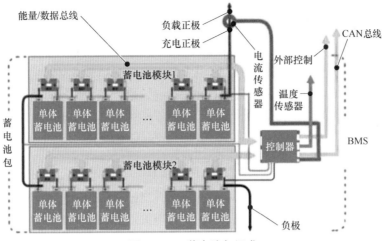

图 4-1-19　蓄电池包组成

✎ 学习笔记：调研市面上比亚迪 - 秦、特斯拉 Model S、吉利几何 G6、吉利帝豪 EV450、大众 ID4 等车辆动力蓄电池包的组成方式是什么，它们分别包含多少个单体蓄电池与蓄电池模块。

四、蓄电池包的轻量化设计

目前，纯电动汽车使用的动力蓄电池大多数是锂离子蓄电池，过重的动力蓄电池系统使纯电动汽车的续驶里程与传统燃油汽车相比明显不足。有数据表明，纯电动汽车质量减小 10% 能提高续驶里程 5.5%。因此，寻找高比能量动力蓄电池系统是目前研究的主要方向，也是实现纯电动汽车轻量化的主要途径。实现动力蓄电池系统轻量化可从 3 个途径着手，即提高单体蓄电池的能量密度、减小动力蓄电池系统配件的质量、优化动力蓄电池系统设计。

1．提高单体蓄电池的能量密度

（1）采用高容量正极材料　动力蓄电池正极材料的容量和电压是限制动力蓄电池能量密度最主要的因素，正极材料的质量占到单体蓄电池质量的 40%~45%，采用高负载电压和高容量的正极材料能够显著提升动力蓄电池的能量密度。

三元镍钴锰酸锂（NMC）材料可通过调配镍、钴、锰三者的比例，获得不同材料特性，目前三元锂离子蓄电池主要应用是 NMC811。一般来说三元材料中含镍比例越高，单位质量所贡献的能量越多，制备的蓄电池能量密度越高，但是蓄电池的循环性能和稳定性有所下降。镍钴铝酸锂（NCA）是另一种高镍三元材料，高含量的镍元素使得镍钴铝酸锂比容量较高，是最具发展前景的高能量密度锂离子蓄电池正极材料之一。镍钴铝酸锂的结构类似于三元锂 NMC811 体系，但掺铝后材料的稳定性和循环性能更好。虽然镍钴铝酸锂蓄电池有优越的蓄电池性能，但是生产技术门槛高。镍钴铝酸锂材料在制备技术上难度较大、材料生产成本高、生产设备要求特殊及蓄电池设计和制造难度较高，国内目前只有少数厂家进行小批量生产。

（2）采用高容量负极材料　在工业化的锂离子蓄电池中，负极的质量占到单体蓄电池质量的 15%~20%。石墨的理论比容量为 372mA·h/g，是常用负极材料，对蓄电池能量密度的提高有限。硅负极的理论比容量高达 4200mA·h/g，是石墨比容量的十多倍，成为高容量负极材料开发的热点。为解决纯硅负极材料的体积膨胀和循环性差的问题，一种方式是制备纳米硅材料，另一种方式是制备硅的复合材料（硅碳或者硅氧复合材料）。复合材料的优势在于各组分间能发挥各自的优良性能以实现协同效应，降低体积效应。

（3）提高极片中活性物质占比　一般单体蓄电池正负极极片的组分包括活性物质、导电剂和黏结剂。使导电剂和黏结剂比例降低，能提高活性物质的占比，从而提高单体蓄电池的能量。在蓄电池设计中，导电剂和黏结剂的优化至关重要，既要提高活性物质占比，又不能影响蓄电池的功率密度、极片的吸液能力、极片的柔韧性等。目前碳纳米管、碳纤维、石墨烯等导电剂的应用能够有效降低导电剂的比例，从传统的 3%~4% 降低至 0.59%~1%。

2. 减小动力蓄电池系统配件的质量

减小动力蓄电池系统配件的质量也能提升动力蓄电池系统的能量密度。动力蓄电池系统的主要配件是动力蓄电池箱，它对保护动力蓄电池的安全起关键作用。在减小动力蓄电池箱质量的过程中，可选取高强度、低密度的材料，既可保证其基本的物化性能，同时也减小了其质量，这样才能进行实际应用。

（1）高强度钢　高强度钢是指屈服强度为 210~550MPa 的钢材，而屈服强度超过550MPa 的钢材称为超高强度钢。在相同情况下，使用高强度钢可有效减薄零件厚度来实现轻量化。目前，纯电动汽车动力蓄电池箱主要采用 Q235 钢板。特斯拉 Model 3 车身底部的蓄电池包基本被超高强度钢包围，这样一方面保证车身结构的稳定性，另一方面保护蓄电池模块的安全，同时取消了专门用来保护蓄电池包的结构，从而达到结构减重的目的。

（2）铝合金　铝合金密度低、强度较高、冲击性好、塑形性好、耐腐蚀性好、易回收，可加工成各种型材，工业上广泛使用，使用量仅次于钢。但是铝合金的焊接工艺较差，材料价格较高，是钢材价格的三倍左右。因此，通过改善铝合金成型工艺和降低材料成本可促进动力蓄电池箱轻量化的发展。

（3）复合材料　复合材料是指由两种或两种以上的材料组合成的新材料，融合了每种材料的优势，具有质量小、强度与弹性模量大、耐腐蚀和耐磨等优点，在某些领域逐渐取代金属合金。复合材料按结构特点可分为夹层复合材料和纤维增强复合材料，其中应用最广的是纤维增强复合材料（如碳纤维与环氧树脂复合材料）。复合材料和一般钢件相比质量减小50% 以上，和铝合金相比质量减小 30% 以上，这对于动力蓄电池箱质量的轻量化有较为明显的效果。

3. 优化动力蓄电池系统设计

通过对动力蓄电池系统配件结构的合理设计，可以减少材料的使用，在配件安全性能不变的情况下达到轻量化的目的，如配件中空化、复合化、薄壁化等，还可通过单体蓄电池尺寸设计和重新排布等使动力蓄电池箱在体积不变的情况下放置更多数量的单体蓄电池，提高蓄电池系统能量密度。例如，大部分特斯拉 Model 车型的蓄电池包分为 16 个模块，而Model 3 长续航版的蓄电池包则只有 4 个模块。更少的模块意味着更少的蓄电池包内部隔断、蓄电池模块的 BMS、线束和散热管路插口，可以从电气部分和结构两个方面减重。

> 📝学习笔记：查询相关资料，说一说比亚迪"刀片电池"和宁德时代"麒麟电池"都采用了哪些蓄电池轻量化设计。
>
> _____
>
> _____

🗵 任务实施

【安全及注意事项】

1）作业前应确保高压电路处于断开状态。
2）应穿戴好绝缘手套并铺设好绝缘垫。
3）施工前工位要达到新能源汽车检测安全工位要求。
4）着装应整洁规范，遵守相关规程。
5）任务完成后工具应放回原位，严禁随意摆放。

> 📅 我的预测：请想一想，本任务实施过程中可能会遇到哪些困难？我的解决办法有哪些？
>
> _____
>
> _____

【操作过程】

请按照要求完成吉利几何 G6、大众 ID4、吉利帝豪 EV450、特斯拉 Model S 动力蓄电池成组技术与组成方式认知，并填写工作任务单。

学 院		专 业		班 级	
姓 名		学 号		日 期	
指导教师					

作业前 准备记录	作业前高压电路是否处于断开状态：是□ 否□ 是否穿戴好绝缘手套并铺设好绝缘垫：是□ 否□ 操作工位是否符合安全要求：是□ 否□ 着装是否整洁规范，是否阅读相关规程：是□ 否□			
	工具资料	名 称	规 格	备 注
	工具清单			
	资料清单			

（续）

制订计划	请根据相关工艺流程制订实施计划		
	序号		
	1		
	2		
	3		
	4		
	5		

步骤	操作方法及过程记录	操作示意图
吉利几何 G6 动力蓄电池	额定电压：_____ 单体蓄电池容量：_____ 标称电压：_____ 蓄电池模块连接方式：_____ 单体蓄电池数量：_____ 蓄电池模块数量：_____ 单体蓄电池供应商：_____ BMS 供应商：_____ 工作电压范围：_____ 总体积（L）：_____ 质量比能量（W·h/kg）：_____ 体积比能量（W·h/L）：_____	
大众 ID4 动力蓄电池	动力蓄电池固定螺栓工具：_____ 动力蓄电池固定螺栓拧紧力矩：_____ 额定电压：_____ 单体蓄电池容量：_____ 标称电压：_____ 蓄电池模块连接方式：_____ 单体蓄电池数量：_____ 蓄电池模块数量：_____ 单体蓄电池供应商：_____ BMS 供应商：_____ 工作电压范围：_____ 总体积（L）：_____ 质量比能量（W·h/kg）：_____ 体积比能量（W·h/L）：_____	

（续）

步骤	操作方法及过程记录	操作示意图
吉利帝豪 EV450 动力蓄电池	动力蓄电池固定螺栓工具：_____ 动力蓄电池固定螺栓拧紧力矩：_____ 额定电压：_____ 单体蓄电池容量：_____ 标称电压：_____ 蓄电池模块连接方式：_____ 单体蓄电池数量：_____ 蓄电池模块数量：_____ 单体蓄电池供应商：_____ BMS 供应商：_____ 工作电压范围：_____ 总体积（L）：_____ 质量比能量（W·h/kg）：_____ 体积比能量（W·h/L）：_____	
特斯拉 Model S 动力蓄电池	额定电压：_____ 单体蓄电池容量：_____ 标称电压：_____ 蓄电池模块连接方式：_____ 单体蓄电池数量：_____ 蓄电池模块数量：_____ 单体蓄电池供应商：_____ BMS 供应商：_____ 工作电压范围：_____ 总体积（L）：_____ 质量比能量（W·h/kg）：_____ 体积比能量（W·h/L）：_____	
检查验收安装 情况，确认 6S 管理	是否关闭车辆点火开关：是□　否□ 是否收起并整理防护四件套：是□　否□ 是否清洁防护用具并归位：是□　否□ 是否清洁整理仪器设备与工具：是□　否□ 是否清洁实训场地、收起警示牌、收起安全围栏：是□　否□	

评价考核

在课程教学中进行职业素养和操作规范评分。

评分项		评分标准（扣分标准）	配分	扣分
一、作业准备				
场地准备		□ 未检查设置隔离栏（2分） □ 未设置安全警示牌（2分） □ 未检查灭火器压力值（水基、干粉）（2分） □ 未安装车辆挡块（2分） □ 未安装车外三件套或安装位置不正确（3分） □ 操作中翼子板布、格栅布自行脱落（2分） □ 车内三件套（转向盘套、座椅套、脚垫）少铺、未铺或撕裂（2分）	15分	
人员安全		□ 未检查绝缘手套密封性或检查时未密封（3分） □ 未检查绝缘手套的耐电压等级（2分） □ 未检查作业用抗酸碱手套、护目镜、安全帽外观损伤情况（6分） □ 未穿安全鞋（进入工位前提前穿好）（2分） □ 未检查确认档位（2分）	15分	
二、操作步骤				
动力蓄电池成组认知		□ 未正确选用动力蓄电池固定螺栓工具（3分） □ 未能查阅并正确动力蓄电池固定螺栓拧紧力矩（3分） □ 未正确认知动力蓄电池高压插接器（8分） □ 未正确查询动力蓄电池各参数信息（10分） □ 未正确判断蓄电池模块连接方式（6分）	30分	
三、团队协作、安全与6S管理				
团队协作		□ 作业时未互相配合，分工不合理（5分） □ 未在规定时间内完成全部作业（3分） □ 配合时身体发生碰撞，语言发生争执（5分） □ 未佩戴抗酸碱手套（2分）	15分	
安全与6S管理		□ 有影响安全操作的行为，包括但不限于以下内容：仪器、设备、工具、零件落地；不注意安全操作，随意放置工具、量具或造成其他安全隐患（5分） □ 地上有油污时未擦掉，未做废物分类环保处理（5分） □ 工具使用不当，由于野蛮操作，导致设备损坏，扣除该项所有分数（5分） □ 未清洁归还工具，或工具未清洁就放进工具箱（5分） □ 未清洁整理场地（5分）	25分	
总评分				
个人分析总结				

存在问题及改进措施

指导教师签字：　　　　　　　　日期：

思考练习

一、填空题

1. ＿＿＿＿＿＿＿＿意味着更长的续驶里程。

2. 车辆作为交通工具，追求高速，所以动力蓄电池要求能为驱动电机提供＿＿＿＿＿＿，以满足车辆动力性的要求。

3. 开发和研制＿＿＿＿＿＿、＿＿＿＿＿＿的动力蓄电池是纯电动汽车发展的关键。

4. 动力蓄电池为纯电动汽车提供了高达＿＿＿＿＿＿以上的驱动供电电压，可能危及人身安全和车载电器的使用安全。

二、单选题

1. 动力蓄电池绝缘阻值要求大于（　　　）。

A. 500Ω/V　　　　　　B. 400Ω/V　　　　　　C. 200Ω/V　　　　　　D. 100Ω/V

2. 动力蓄电池主要是由（　　　）4部分组成。

A. 蓄电池模块、蓄电池管理系统、动力蓄电池箱、辅助元器件

B. 蓄电池模块、DC/DC变换器、车载充电机、其他元器件

C. 蓄电池管理系统、单体蓄电池、蓄电池模块、高压电线

D. 高压控制盒、车载充电机、单体蓄电池、DC/DC变换器

3. 帝豪EV450纯电动汽车动力蓄电池采用三元锂离子蓄电池，由10个1P6S蓄电池模块和7个1P5S蓄电池模块串联形成，共计（　　　）节单体蓄电池。

A. 92　　　　　　　　B. 93　　　　　　　　C. 94　　　　　　　　D. 95

4. EV160纯电动汽车磷酸铁锂离子蓄电池包组成方式是1P100S，即将（　　　）个磷酸铁锂离子单体蓄电池串联在一起。

A. 100　　　　　　　B. 95　　　　　　　　C. 101　　　　　　　D. 91

5. 某蓄电池模块由容量为3A·h，额定电压为3.7V的三元锂离子单体蓄电池组成，蓄电池模块输出电压为14.8V，容量为9A·h，则该蓄电池模块型号为（　　　）。

A. 2P3S　　　　　　B. 2P4S　　　　　　C. 3P3S　　　　　　D. 3P4S

三、思考题

1. 动力蓄电池成组技术经历了哪几个阶段？

2. 动力蓄电池成组的拓扑结构有哪些？

3. 蓄电池包的组成是什么？

任务4.2　蓄电池管理系统认知与检修

任务目标

1. 掌握蓄电池管理系统（BMS）的工作原理和主要功能。

2. 掌握BMS的分类。

 **任务导入**

一辆吉利纯电动汽车，仪表故障指示灯常亮，出现动力蓄电池温度过高、动力蓄电池性能下降故障。现在车间主管安排你完成此任务，你应该如何处理呢？

> 📋 **证书标准对接：** 智能新能源汽车职业技能等级证书标准：新能源汽车动力驱动电机电池技术（中级）职业技能
> 5.2 电池管理器检测维修
> 5.2.1 能检测电池管理器各端子电阻、电压
> 5.2.2 能检查、检测和拆装电池管理器及电缆
> 5.2.3 能检测电池管理器通信波形，分析是否正常

📖 **知识准备**

一、BMS 的作用

蓄电池管理系统（BMS）是连接动力蓄电池与整车控制器的纽带，BMS 的出现是为了解决动力蓄电池系统的安全性、可用性、易用性、使用寿命等关键问题，其主要作用是提高动力蓄电池的利用率，防止动力蓄电池出现过度充电和过度放电，延长动力蓄电池的使用寿命，监控动力蓄电池的状态。当纯电动汽车搭载性能较差的 BMS 时，会对动力蓄电池剩余电量的估计产生较大误差，驾驶人无法预测汽车还能行驶多少里程。不仅如此，在实际使用中，不同动力蓄电池储存的能量是有差异的，如果 BMS 性能较差，就容易出现动力蓄电池过放电或过充电这两种极度危险的状态，进而影响纯电动汽车的安全性。

优秀的 BMS 不仅对动力蓄电池的电压、电流、温度等监测得更为准确，还能准确地估算出动力蓄电池的 SOC 和 SOH，对动力蓄电池进行均衡以避免动力蓄电池过放电或过充电，同时提高能量的利用率，保证动力蓄电池安全、可靠地进行工作。

> 📝 **学习笔记：** 查阅相关资料，简述性能较差的 BMS 会导致哪些问题。
>
> _____
>
> _____

二、BMS 的结构及部件认识

1. BMS 的结构

BMS 硬件部分一般包括单体蓄电池监测电路（CSC）、蓄电池管理单元（BMU）、高压配电盒、电流传感器和热管理系统 5 个部分组成。BMS 的软件分别对主控模块和测量模块

的各功能单元编写软件程序，而后连接起来构成整个系统程序，如图 4-2-1 所示。

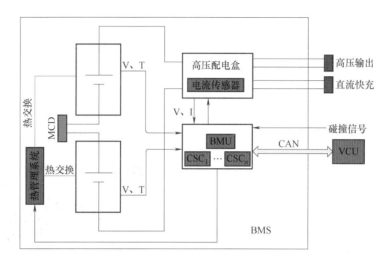

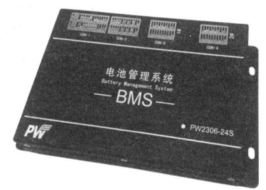

图 4-2-1　蓄电池管理系统（BMS）

2. 主要部件介绍

（1）蓄电池管理单元　蓄电池管理单元（Battery Management Unit，BMU）是蓄电池管理系统（BMS）的"大脑"，它的主要功能有：

1）实时接收 CSC 模块采集的单体蓄电池电压、温度、均衡等信息。

2）接收绝缘模块反馈的高压系统绝缘状态和电流情况。

3）控制 BMS 与网关控制器、整车进行通信。

4）控制 BMS 与直流充电桩进行通信。

5）控制接触器吸合或断开，控制充 / 放电电流和蓄电池热管理系统。

6）唤醒 BMS 的应答。

7）对蓄电池模块进行 SOC 和 SOH 的估算。

（2）CSC 模块　单体蓄电池监测电路（Cell Supervising Circuit，CSC）一般做成一个专用的集成数据采集模块，负责对蓄电池模块各单体蓄电池电压、温度和采样线的异样进行监测。为了达到动力蓄电池系统布线的最优化，各单体蓄电池的均衡电路也在这个模块中完成。一个蓄电池模块对应一个 CSC 模块，由于动力蓄电池由多个蓄电池模块组成，因此蓄电池管理系统也就需要有多个 CSC 模块。有些蓄电池管理系统将该模块称为蓄电池信息采集器（Battery Information Collector，BIC）。

（3）高压配电箱　充配电总成由车载充电机（OBC）、DC/DC 变换器以及高压配电箱（PDU）组成。其中高压配电箱主要为 DC/DC 变换器、电动压缩机以及 PTC 分配高压电源。高压配电箱内安装有直流充电正极、负极接触器，接触器烧结检测模块及漏电检测模块。漏电检测模块主要监控动力蓄电池高压母线正极端或负极端与车身搭铁之间的绝缘电阻值。若漏电检测模块检测到高压部件的绝缘电阻值低于 $500\,\Omega/V$，则绝缘检测模块通过动力 CAN 总线向 BMU 发送一个绝缘故障信号，BMU 做出限功率或断开接触器的控制策略，保障车辆安全、平稳运行。

（4）电流传感器　蓄电池管理系统通常采用的电流传感器主要是霍尔传感器，该传感器最初在日系混合动力汽车上使用较多，现在慢慢由智能的分流器完成电压和电流的采样，通过串行总线传输，甚至可以在里面实现蓄电池荷电状态（SOC）的估算。霍尔电流传感器套在高压母线上，如图 4-2-2 所示。霍尔传感器在参数测量过程中能实现主电路和单片机系统的隔离，安全性更高。

图 4-2-2　高压母线上嵌套霍尔电流传感器

（5）热管理系统　热管理系统是蓄电池管理系统重要的组成部分之一。如锂离子蓄电池理想的工作温度是 20~40℃，当工作温度低于 20℃时，随温度的降低，蓄电池内阻迅速增大，蓄电池的效率及可用于驱动的功率因而迅速降低，0℃时，这种低效率差别可达 30%，低于 –20℃时差别更大。工作温度大于 40℃时，锂离子蓄电池会加快老化，使用寿命下降。经验显示，工作温度每升高 10℃，蓄电池使用寿命减半。如果持续工作温度为 40℃，预期使用寿命为 8 年，那么持续工作温度为 50℃时，使用寿命只有 4 年。此外，热管理系统还要尽可能确保各单体蓄电池的均匀冷却，一般来说，同一位置单体蓄电池间的温差不得超过 5℃。

> 📝学习笔记：调研一款紧凑型纯电动轿车，要求其在新欧洲驾驶周期（NEDC）工况下续驶里程达到 400km。如果你作为一名助理工程师，应该如何匹配合理的 BMS？
>
> _____
>
> _____
>
> _____

三、BMS 的工作原理

蓄电池模块位于密封、屏蔽的动力蓄电池箱内部，通过可靠的高、低压插接件与整车的用电设备和控制系统进行连接。动力蓄电池系统内的 CSC 可实时采集各单体蓄电池的电压值、各温度传感器的温度值、动力蓄电池系统的总电压值和总电流值、动力蓄电池系统的绝缘电阻值等数据，并根据 BMU 中设定的值来判定动力蓄电池工作是否正常，对故障实时监控。此外动力蓄电池系统还通过 BMU 使用 CAN 总线在网关控制器与整车进行通信，进行充放电等综合管理。BMS 的工作原理如图 4-2-3 所示。

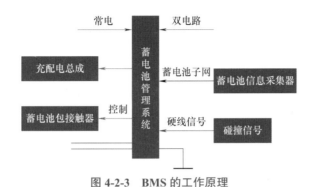

图 4-2-3　BMS 的工作原理

> 📝 学习笔记：查阅相关资料，简述 BMS 的工作原理。
>
> _____
>
> _____

四、BMS 的主要功能

BMS 的主要功能有数据采集、蓄电池状态计算、能量管理、功率限制、热管理、均衡控制与运行管理和通信功能。

（1）数据采集　蓄电池管理系统的所有算法都是以采集的动力蓄电池数据作为输入，采样速率、精度和前置滤波特性是影响动力蓄电池系统性能的重要指标，纯电动汽车 BMS 的数据采集速率一般要求大于 200Hz（10ms）。

（2）蓄电池状态计算　蓄电池状态计算包括蓄电池模块荷电状态（SOC）和健康状态（SOH）两方面。SOC 用来提示蓄电池模块剩余电量，是计算和估计纯电动汽车续驶里程的基础。SOH 是用来提示动力蓄电池技术状态、预计使用寿命等健康状态的参数。

（3）能量管理　能量管理主要包括以电流、电压、温度、SOC 和 SOH 为输入条件进行充电过程控制，以 SOC、SOH 和温度等参数为条件进行放电控制和功率控制。

（4）功率限制　功率限制包括监视动力蓄电池的电压、电流和温度是否超过正常范围，防止蓄电池模块过充电、过放电。

（5）热管理　热管理指将动力蓄电池温度控制在合理的范围内，保证蓄电池模块最佳的工作性能和延长动力蓄电池的使用寿命。热管理包括在动力蓄电池工作温度超高时进行冷却，低于适宜工作温度下限时进行动力蓄电池加热，使动力蓄电池处于适宜的工作温度范围内，并在动力蓄电池工作过程中保持单体蓄电池的温度均衡。对于大功率充放电和高温条件下使用的动力蓄电池，其热管理尤为必要。

（6）均衡控制与运行管理　由于单体蓄电池的一致性差异导致蓄电池模块的工作状态是由最差单体蓄电池决定的，因此在蓄电池模块各个单体蓄电池之间设置了均衡电路。

实施均衡控制是为了使各单体蓄电池充放电情况尽量一致，提高整个蓄电池模块的工作性能。

（7）通信功能　通过BMS能实现动力蓄电池参数和信息与车载设备或非车载设备进行通信，为充放电控制、整车控制提供数据依据。根据应用需要，数据交换可采用不同的通信方式，如模拟信号、PWM信号、CAN总线或I2C串行接口。

> 📝 **学习笔记**：查询资料，调研目前市场上主流车型所选用的BMS都是哪些企业生产的。
>
> _____
>
> _____

五、BMS 的种类

1. 集中式 BMS

对于集中式BMS，在单体蓄电池成组过程中，主控板与动力蓄电池的检测板安装在同一个地方，内部用导线连接成一个整体，这最大限度减少了硬件的数量，但增加了蓄电池模块中导线的数量。图4-2-4所示为集中式BMS的结构示意图和实物图。

a)　　　　　　　　　　　　　　　　b)

图 4-2-4　集中式 BMS 的结构示意图和实物图

（1）优点　集中式BMS的优点是材料的成本低，简化了对不同单体蓄电池参数的调整与改写，对参数的测量速度快、可靠性高，可以灵活计算，能根据不同的情况在中央处理器内修改软件，满足不同要求。

（2）缺点　集中式BMS的缺点是在串联单体蓄电池的电桩测量中存在共地、隔离、测量精度等问题。它可以对蓄电池模块进行信号采集，但不能检测到每个单体蓄电池，精度差，对信号处理要求高。集中式BMS线束比较多，不利于车辆轻量化发展。当蓄电池出现故障时只能替换整个蓄电池模块。

2. 分布式 BMS

分布式BMS有一个主控制器位于中央位置，还有多路分开的电路板监控、检测单体蓄电池的情况。分布式BMS可以减少电线的使用，一个蓄电池信息采集器可采集12~16个单体蓄电池信息，对动力蓄电池系统有更好的管控，因此被广泛运用。图4-2-5所示为分布式BMS的结构示意图和实物图。

（1）优点　分布式BMS结构的优点是减少了布线，便于电源系统的扩展，可以分散安装，通过 CAN 总线进行连接与信息通信，采集的数据可以就近处理、精度高，能更好地计算蓄电池的状态，利于建立标准化的电源管理系统。

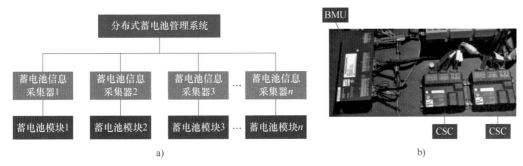

图 4-2-5　分布式 BMS 的结构示意图和实物图

（2）缺点　分布式 BMS 的缺点是软、硬件成本比较高，需要标定蓄电池信息采集器地址，蓄电池信息采集器灵活性比较差，数据由串行总线传输，系统巡回检测的速度受限制，数据的实时性不高。

> 📝 学习笔记：查询相关资料，简述 BMS 的类型及两种类型的优点和缺点。
>
> _____
>
> _____

☒ 任务实施

【安全及注意事项】
1）作业前应确保高压电路处于断开状态。
2）应穿戴好绝缘手套并铺设好绝缘垫。
3）施工前工位要达到新能源汽车检测安全工位要求。
4）着装应整洁规范，遵守相关规程。
5）任务完成后工具应放回原位，严禁随意摆放。

> 📅 我的预测：请想一想，本任务实施过程中可能会遇到哪些困难？我的解决办法有哪些？
>
> _____
>
> _____

【操作过程】
读取 BMS 系统相关数据流，并对数据流进行分析，完成任务工单。

学　院		专　业		班　级	
姓　名		学　号		日　期	
指导教师					

作业前 准备记录	作业前高压电路是否处于断开状态：是□　否□ 是否穿戴好绝缘手套并铺设好绝缘垫：是□　否□ 操作工位是否符合安全要求：是□　否□ 着装是否整洁规范，是否阅读相关规程：是□　否□

工具资料	名　　称	规　　格	备　　注
工具清单			
资料清单			

请根据相关工艺流程制订实施计划

序号	
1	
2	
3	
4	
5	

制订计划

操作步骤示意图	操作过程及内容	完成情况

1. BMS 数据流读取

操作步骤示意图	操作过程及内容	完成情况
	确认驻车制动	是否完成： 是□　否□
	1）踩下制动踏板，按下电源开关 2）检查仪表显示故障，故障灯情况记录：	是否完成： 是□　否□
	连接故障诊断仪	是否完成： 是□　否□
	用故障诊断仪读取故障码，故障码情况：	是否完成： 是□　否□

（续）

操作步骤示意图	操作过程及内容	完成情况
	读取 BMS 数据流，完成相关数据流的记录，小组分析数据流具体的含义	是否完成： 是□　否□

动力蓄电池总电压：	动力蓄电池可用容量：
动力蓄电池放电电流：	单体蓄电池最高电压：
动力蓄电池 SOC：	单体蓄电池最高电流：
主负接触器当前状态：	单体蓄电池最高温度：
主正接触器当前状态：	单体蓄电池最低温度：

2. BMS 结果分析

检查验收安装情况，确认 6S 管理	是否关闭车辆点火开关：是□　否□
	是否收起并整理防护四件套：是□　否□
	是否清洁防护用具并归位：是□　否□
	是否清洁整理仪器设备与工具：是□　否□
	是否清洁实训场地、收起警示牌、收起安全围栏：是□　否□

📖 评价考核

在课程教学中进行职业素养和操作规范评分。

评分项	评分标准（扣分标准）	配分	扣分
一、作业准备			
场地准备	□ 未检查设置隔离栏（2分） □ 未设置安全警示牌（2分） □ 未检查灭火器压力值（水基、干粉）（2分） □ 未安装车辆挡块（2分） □ 未安装车外三件套或安装位置不正确（3分） □ 操作中翼子板布、格栅布自行脱落（2分） □ 车内三件套（转向盘套、座椅套、脚垫）少铺、未铺或撕裂（2分）	15分	

（续）

评分项	评分标准（扣分标准）	配分	扣分
人员安全	□ 未检查绝缘手套密封性或检查时未密封（3分） □ 未检查绝缘手套的耐电压等级（2分） □ 未检查作业用抗酸碱手套、护目镜、安全帽外观损伤情况（6分） □ 未穿安全鞋（进入工位前提前穿好）（2分） □ 未检查确认档位（2分）	15分	
二、操作步骤			
BMS 数据流分析	□ 未正确查车辆驻车制动（4分） □ 未正确连接并使用故障诊断仪（8分） □ 未正确确认故障现象（8分） □ 未正确读取并分析故障码、数据流（10分）	30分	
三、团队协作、安全与 6S 管理			
团队协作	□ 作业时未互相配合，分工不合理（5分） □ 未在规定时间内完成全部作业（3分） □ 配合时身体发生碰撞，语言发生争执（5分） □ 未佩戴抗酸碱手套（2分）	15分	
安全与 6S 管理	□ 有影响安全操作的行为，包括但不限于以下内容：仪器、设备、工具、零件落地；不注意安全操作，随意放置工具、量具或造成其他安全隐患（5分） □ 地上有油污时未擦掉，未做废物分类环保处理（5分） □ 工具使用不当，由于野蛮操作，导致设备损坏，扣除该项所有分数（5分） □ 未清洁归还工具，或工具未清洁就放进工具箱（5分） □ 未清洁整理场地（5分）	25分	
总评分			
个人分析总结			

存在问题及改进措施

指导教师签字：　　　　　　　日期：

💡 思考练习

一、填空题

1. BMS 是连接＿＿＿＿＿＿与＿＿＿＿＿＿的纽带。

2. 优秀的 BMS 不仅对蓄电池模块的电压、电流、温度等监测得更为准确，还能准确地估计出蓄电池模块的＿＿＿＿＿＿和＿＿＿＿＿＿。

3. ＿＿＿＿＿＿是一个连接外部通信和内部通信的平台。

4. 充配电总成由＿＿＿＿＿＿、DC/DC 变换器以及＿＿＿＿＿＿组成。

5. ＿＿＿＿＿＿主要监控动力蓄电池高压母线正极端或负极端与车身搭铁之间的绝缘电阻值。

二、单选题

1. 若漏电检测模块检测到高压部件的绝缘电阻值低于（　　　），则绝缘检测模块通过动力 CAN 总线向 BMU 发送一个绝缘故障信号，BMU 做出限功率或断开接触器的控制策略，保障车辆安全、平稳运行。

A. 300Ω/V　　　　　B. 400Ω/V　　　　　C. 500Ω/V　　　　　D. 600Ω/V

2. 纯电动汽车 BMS 的数据采集速率一般要求大于（　　　）。

A. 100Hz　　　　　B. 200Hz　　　　　C. 300Hz　　　　　D. 400Hz

3. 分布式 BMS 中，一个蓄电池信息采集器可采集的单体蓄电池数量为（　　　）个。

A. 12~14　　　　　B. 12~16　　　　　C. 12~18　　　　　D. 14~16

4. 不属于分布式 BMS 结构的优点是（　　　）。

A. 减少了布线，便于电源系统的扩展，可以分散安装

B. 通过 CAN 总线进行连接与信息通信，采集的数据可以就近处理、精度高

C. 简化了对不同单体蓄电池参数的调整与改写，对参数的测量速度较快，可靠性高

D. 利于建立标准化的电源管理系统

三、判断题

1. 蓄电池状态包括蓄电池模块荷电状态（SOC）和健康状态（SOH）两方面。（　　　）

2. SOC 是用来提示蓄电池技术状态、预计使用寿命等健康状态的参数。（　　　）

3. 分布式 BMS 的优点是材料的成本低，可在 BMS 之间无限制地通信，安全管理便利，简化了对不同单体蓄电池参数的调整与改写。（　　　）

4. 功率限制包括监视动力蓄电池的电压、电流和温度是否超过正常范围，防止蓄电池模块过充电、过放电。（　　　）

5. 对于集成式 BMS，在单体蓄电池成组过程中，主控板与动力蓄电池的检测板被安装在同一个地方，内部用导线连接成一个整体。（　　　）

6. 集中式 BMS 有一个主控制器位于中央位置，还有多路分开的电路板监控、检测单体蓄电池的情况。（　　　）

四、简答题

1. 请简述 BMS 的主要功能。

2. 请简述 BMS 的热管理功能。

3. 请简述 BMS 的工作原理。

任务 4.3　动力蓄电池状态检测与分析

任务目标

1. 掌握动力蓄电池状态检测类型和方法。
2. 掌握动力蓄电池状态分析类型和方法。

任务导入

　　一辆吉利纯电动汽车，仪表板上动力蓄电池故障指示灯长亮，读取故障码显示"P118522 单体蓄电池电压不均衡故障"。车间主管安排你完成此任务，请你对纯电动汽车动力蓄电池性能进行检测，并完成不均衡故障诊断与排除。你应该如何处理呢？

> 　　**证书标准对接：** 智能新能源汽车职业技能等级证书标准：新能源汽车动力驱动电机电池技术（中级）职业技能
> 5.1　动力电池检测维修
> 5.1.2　能检查、检测和拆装电流传感器
> 5.1.3　能检测动力电池工作时温度，确认是否正常
> 5.1.4　能检查、检测和拆装动力电池温度传感器

知识准备

一、动力蓄电池状态检测

1. 单体蓄电池电压监测

　　单体蓄电池电压是蓄电池管理系统的重要控制参数，单体蓄电池电压测量精度对 SOC、SOH 的估算准确性至关重要。以磷酸铁锂离子（LFP）、三元锂离子（NCM）蓄电池为例，图 4-3-1 显示了 LFP、NCM 蓄电池的开路电压（OCV）以及电压每毫伏对应的 SOC 变化。从图中可以看到 NCM 蓄电池的 OCV 曲线的斜率相对陡峭，且 SOC 大多数范围内，每毫伏的电压变化对应的最大 SOC 率范围低于 0.4%（除了 SOC 为 60%~70% 时）。如果 NCM 蓄电池电压的测量精度为 10mV，那么通过 OCV 估计方法获得的 SOC 误差低于 4%。因此，对于 NCM 蓄电池而言，蓄电池电压的测量精度需要小于 10mV。但 LFP 蓄电池对应的 SOC 曲线的斜率相对平缓，并且在大多数范围内（除了 SOC<40% 和 SOC 为 65%~80% 时），蓄电压每毫伏的最大相应 SOC 变化率达到 4%。因此，LFP 蓄电池电压的采集精度要求很高，达到 1mV 左右。

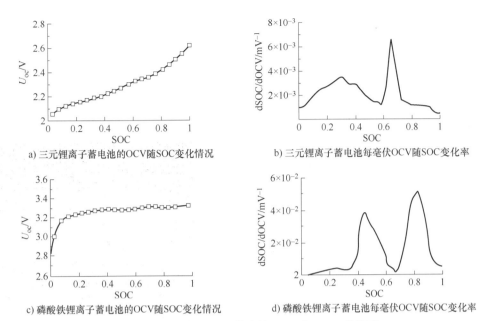

a) 三元锂离子蓄电池的OCV随SOC变化情况

b) 三元锂离子蓄电池每毫伏OCV随SOC变化率

c) 磷酸铁锂离子蓄电池的OCV随SOC变化情况

d) 磷酸铁锂离子蓄电池每毫伏OCV随SOC变化率

图 4-3-1　NCM、LFP 蓄电池 OCV 与 SOC 的关系

　　单体蓄电池电压检测按采样电路不同可分为继电器阵列法、恒流源法、隔离运放采集型号法、压 / 频转换电路采集法和线性光耦放大电路采集法。单体蓄电池电压采集原理如图 4-3-2 所示，将比串联单体蓄电池数量多 1 个的电压采集线连接到各单体蓄电池节点，当要测量第 M 块单体蓄电池的端电压时，由电压采集控制单元发出控制信号，驱动电路控制复用器（MUX）接入第 M 根和第 $M+1$ 根采集线，通过采样保留电路（SH）采集单体蓄电池端电压并输送到 A-D 转换器芯片，由 A-D 转换器芯片将单体蓄电池电压模拟信号转化成数字信号传送。图 4-3-3 所示为吉利帝豪 EV450 单体蓄电池电压采集信号线。

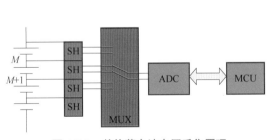

图 4-3-2　单体蓄电池电压采集原理

单体蓄电池电压采集信号线

图 4-3-3　吉利帝豪 EV450 单体蓄电池
电压采集信号线

　　单体蓄电池电压采集时延主要来自 A-D 转换器转换所需时间。通常对一个信号进行 8bits 的 A-D 转换大概需要 100μs，随转换数位的增大，电压采集的时延也随之增大。随着蓄电池管理系统技术的发展，一些半导体厂商面向蓄电池管理系统开发 CSC 专用的采集芯片，这些专用芯片可以测量 12~16 个串联通道的单体蓄电池电压，并提供温度测量端口。采

用专用集成芯片使得 CSC 模块电路不再需要光电耦合器或光隔离器，电路简化，电路板的尺寸更小，测量精度高，速度快；而且专用芯片通常配备串行通信总线，无须额外设计隔离通信，可靠性更高。

2. 动力蓄电池温度监测

动力蓄电池的工作温度不仅影响动力蓄电池的性能，而且关系到纯电动汽车使用的安全问题，因此准确采集温度参数显得尤为重要。目前采集温度使用的动力蓄电池温度传感器主要有热敏电阻、热电偶、集成温度传感器等，图 4-3-4 所示为动力蓄电池温度传感器。

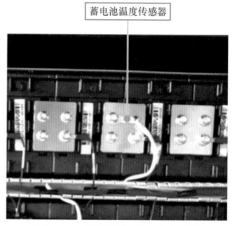

图 4-3-4　动力蓄电池温度传感器

（1）热敏电阻采集法　热敏电阻采集法的原理是利用热敏电阻阻值随温度的变化而变化的特性，用一个定值电阻和一个热敏电阻串联起来构成一个分压器，从而把温度的高低转化为电压信号，再通过 A-D 转换得到温度的数字信息。常用的是负温度系数热敏电阻（NTC），因热敏电阻成本低，广泛应用于电动汽车动力蓄电池温度采集，但相对而言其线性度不好，制造误差一般比较大。

（2）热电偶采集法　热电偶的工作原理是双金属体在不同温度下会产生不同的热电动势，通过采集这个电动势的值就可以得到温度的值。温度一定时，热电动势的值仅与材料有关，因此热电偶的准确度很高。但是由于热电动势都是毫伏等级的信号，需要放大，外部电路比较复杂。一般来说，金属的熔点都比较高，热电偶常用于高温的测量。

（3）集成温度传感器采集法　由于温度的测量在日常生产、生活中用得越来越多，半导体生产商们都推出了很多集成温度传感器。这些温度传感器虽然很多是基于热敏电阻式的，但都在生产的过程中进行了校正，所以精度可以媲美热电偶，而且直接输出数字量，很适合在数字系统中使用。

3. 动力蓄电池电流监测

蓄电池管理系统充放电总电流是重要的控制参数，动力蓄电池电流的检测需将电流转换成电压信号进行测量。目前纯电动汽车蓄电池管理系统电流检测主要有分流器和霍尔电流传感器两种方式。

（1）分流器　分流器实际上是一个阻值非常小的电阻，该电阻要求精度高，且具有低温度系数特性，精度不易受温度影响。分流器电流检测方法如图 4-3-5 所示，在动力蓄电池工作电路中串联一个分流器，当电流流过分流器时，会在分流器两端形成电压差，电流越大电压差越大，采集分流器两端电压差即可计算出电流值大小。分流器的主要指标是它的额定电流和标准化电压。额定电流是分流器允许通过的最大电流，标准化电压是分流器在通过额定电流时，其上产生的电压降。例如，标准化电压为 75mV，额定电流为 100A 的分流器，制造时将它的电阻值精确调整到 75mV/100A=0.75mΩ；50A 的分流器，制造时将它的电阻值精确调整到 75mV/50A=1.5mΩ。75mV 的电压较小，采集电压时通常先通过放大电路放大，再输入 A-D 转换器。

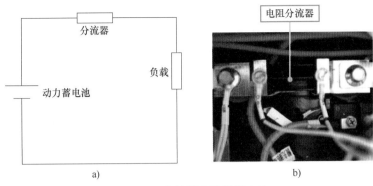

图 4-3-5 分流器电流检测方法

（2）霍尔电流传感器 霍尔电流传感器是利用霍尔效应原理来检测电流的一种电子元件，可以测量各种类型的电流。图 4-3-6 所示为用于纯电动汽车电流检测的霍尔电流传感器。霍尔电流传感器通过电磁场"感应"得到的电压信号通常较小，只有几毫伏，因此在输入 A-D 转换器前，同样需要放大电路来对信号电压进行放大，目前大部分的霍尔电流传感器已将放大电路集成到传感器内部，传感器输出电压信号可直接被利用。

图 4-3-6 霍尔电流传感器

4. 高压绝缘监测

根据 GB 18384—2020《电动汽车安全要求》，蓄电池管理系统（BMS）必须配备安全监测模块，对高压电路绝缘性进行在线监测。高压绝缘监测系统电路如图 4-3-7 所示。

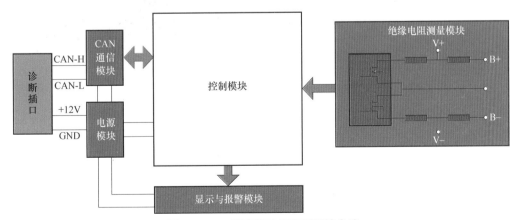

图 4-3-7 一种高压绝缘监测系统电路

该电路包括绝缘电阻测量模块、控制模块、显示与报警模块和 CAN 通信模块等。绝缘电阻测量模块测量高压母线绝缘性；控制模块处理绝缘电阻测量模块的信息，并根据测量结果发出相应的控制信息；显示与报警模块在系统出现绝缘故障时，警告驾驶人系统存在绝缘故障，应采取相应的保护措施；CAN 通信模块向整车控制器输出系统监测出的绝缘故障信息，用以优化整车控制策略。也有一些蓄电池管理系统（BMS）将控制模块、显示与报警模块、CAN 通信模块集成于 BMS 主控模块中。

5. 高压互锁监测

纯电动汽车上的高压部件应具有高压互锁装置，大部分纯电动汽车上的高压互锁监测功能由蓄电池管理系统（BMS）完成，也有部分车型由整车控制器（VCU）完成。纯电动汽车高压互锁装置主要功用如下：

1）确保高压上电前高压系统的完整性，提高高压系统的安全性。

2）运行过程中高压电路断开或者完整性受到破坏时，启动安全防护程序。

3）防止带电插拔高压插接器给高压端子造成的拉弧损坏。

高压互锁（High Voltage Interlock Loop，HVIL）就是用低压信号来监测高压电路电气连接完整性与控制功能完整性。

高压互锁通过在高压插接器、维修开关（MSD）、高压部件盒盖中集成的高压互锁检测插口等来完成连接状态监测，如图 4-3-8 所示。

当高压插接器等插接到位后，高压互锁插口闭合；当高压插接器断开后，高压互锁插口断开。高压插接器中的高压互锁插口与高压大电流插口在插接或者拔出时有时间差，如图 4-3-9 所示。高压插接器插入时，高压插口先接触，高压互锁插口闭合；拔出时，高压互锁插口先断开，高压插口后断开。这样确保高压插接器插拔时无高压，避免拉弧，从而对高压插接器的意外断开起到预判作用。

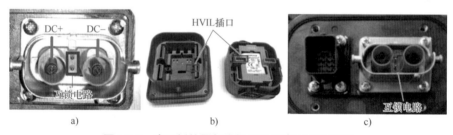

图 4-3-8　高压插接器与维修开关的高压互锁插口

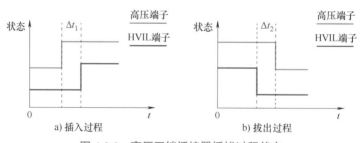

图 4-3-9　高压互锁插接器插拔过程状态

HVIL 检测电路，一般分为直流方案与 PWM 方案，如图 4-3-10 所示。在图 4-3-10a 中，外部施加一个直流电源在整个 HVIL 环路上面，通过检测 V_1、V_2 处的电压，来诊断高压插接器的连接状态。图 4-3-10b 中，引入了一个 PWM 控制开关，同样还是检测 V_1、V_2 处的信号电压，通过 PWM 控制开关，可以得到两组不同的 PWM 信号，两组 PWM 信号可以识别出更多的状态。

6. 碰撞信号监测

蓄电池管理系统应具备碰撞信号监测功能，能够识别整车发出的碰撞信号，这个碰撞信号是安全气囊发出的硬线信号或是来自 CAN 网络的碰撞信号，蓄电池管理系统监测到该信号后，将断开高压继电器，切断高压输出，如图 4-3-11a 所示。图 4-3-11b 所示为吉利帝豪 EV450 碰撞信号电路图。

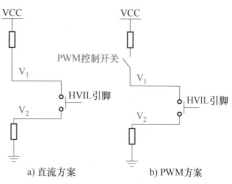

图 4-3-10　HVIL 检测电路

碰撞传感器信号传给安全气囊控制器（ACU），ACU 确认碰撞信号后，会在 20ms 内向总线发送"碰撞解锁和断电信号"，碰撞信号以 20ms 为一个周期，共发送 3s。BCM 和 BMS 连续收到 3 个以上的信号，就会分别执行解锁和断电功能。注意：在吉利帝豪 EV450 中，BMS 同时监测 ACU 输出的硬线碰撞信号与 VCU 的碰撞 CAN 信号，两个信号同时满足时，BMS 判断车辆发生碰撞并切断动力蓄电池高压输出。ACU 输出的子碰撞信号（硬线信号）电路故障（断路、搭铁或电源短路）均不会导致 BMS 控制动力蓄电池断电。

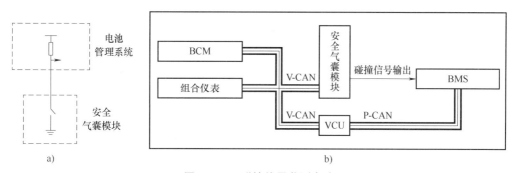

图 4-3-11　碰撞信号监测电路

7. 继电器状态监测

高压继电器又称为高压接触器，通过低压电路控制高压电路的通断。继电器烧蚀无法接合会造成系统无法正常充放电，继电器粘连不能断开会导致高压无法下电，存在重大安全隐患，因此蓄电池管理系统（BMS）必须具备继电器状态监测功能。继电器状态监测的方法大同小异，主要通过继电器前后的电压变化来识别继电器的通断状态，继电器状态监测电路如图 4-3-12 所示。

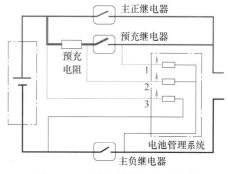

图 4-3-12　继电器状态监测电路

继电器触点开路检测时，高压供电系统没有上电，监测点3电压为动力蓄电池电压。执行上电操作时，主负继电器首先闭合，监测点2电压变为动力蓄电池电压，若为0V，说明主负继电器触点断开。接着预充继电器闭合，监测点1电压变为动力蓄电池电压，若为0V，说明预充继电器触点断开。之后主正继电器闭合，预充继电器断开，监测点1仍为动力蓄电池电压，若为0V，说明主正继电器触点开路。高压上电状态时，监测点1、2、3电压均为动力蓄电池电压。

继电器触点粘连检测时，执行下电操作，主正继电器首先打开，监测点1电压应降为0V，若保持动力蓄电池电压，则主正继电器粘连。主正继电器断开后，主负继电器断开，监测点2电压应降为0V，若没有降为0V，则主负极继电器粘连。

> 📝 **学习笔记**：调研市面上主流车型动力蓄电池状态检测主要包含哪些方面。
>
> _____
>
> _____

二、动力蓄电池状态分析

动力蓄电池状态分析是蓄电池管理系统的核心管理功能之一，对整个动力蓄电池的能量管理、续驶里程预测具有重要的意义。动力蓄电池状态分析包括动力蓄电池荷电状态（SOC）分析、健康状态（SOH）分析、功率状态（SOP）分析等，如图4-3-13所示。

1. SOC分析

SOC分析是动力蓄电池状态分析的关键之一。

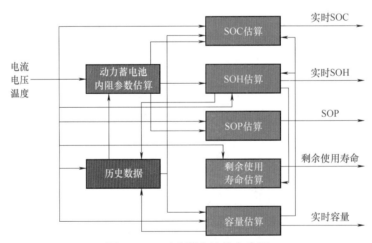

图 4-3-13　动力蓄电池状态分析

精确估算SOC，就必须精确计算出剩余电量和额定容量。广义剩余电量指所有可能发生的化学反应释放出来的电量，狭义剩余电量是指在限定温度和放电倍率下，蓄电池所能放出的电荷量，狭义剩余电量更能准确反映动力蓄电池的实际荷电状态。由于纯电动汽车动力蓄电池工作环境温度和放电倍率变化较大，而且剩余电量与工作温度和放电倍率呈非线性变化关系，这给SOC的精确估算带来了很大的难度。目前SOC的估算方法主要有开路电压法、容量积分法、蓄电池内阻法、卡尔曼滤波法、神经网络法等，其中开路电压法、容量积分法是最为经典的两种SOC计算法。

（1）开路电压法　开路电压法利用动力蓄电池开路电压（OCV）与剩余电量的对应关系来估算SOC，简称OCV法。这种方法虽然简单，但存在一定的不足。一是以工作电流为零时的电压作为开路电压，因此动力蓄电池充放电时无法测量开路电压，实际应用中，一般设定电流小于某限值时的电压作为开路电压，但这会影响估算精度。二是开路电压适用于动力蓄电池长时间处于静止状态，而动力蓄电池通常处于动态工作状态，由此产生的电压回弹会导致开路电压测量不准确。

（2）容量积分法　容量积分法是已知初始剩余电量条件下，通过对一段时间内流入流出动力蓄电池的电流进行积分，用初始剩余电量减去变化电量，从而获得当前剩余电量的方法。

容量积分法主要的不足：一是依赖初始剩余电量的准确性，若初始剩余电量估算不准，则估算荷电状态不准。二是存在累积误差问题，由于电流传感器精度不足、采样频率低、信号受干扰等，均可导致积分电流与实际值存在一定的误差。这一误差会逐步累积，越来越大，消除累积误差需对剩余电量估算值进行修正。较为有效的方法是对动力蓄电池进行完全放电后充电至饱满，实际中不能经常进行。三是容量积分法无法考虑动力蓄电池自放电导致的电荷损失。

（3）蓄电池内阻法　动力蓄电池内阻与剩余电量存在密切关系，蓄电池内阻法通过测量蓄电池内阻来估算SOC。动力蓄电池内阻有交流内阻和直流内阻之分，但由于交流内阻在开路状态下和充放电状态下差异大，而且受温度影响大，在实践中较少使用。直流内阻测量受时间影响，准确测量比较困难，在一些SOC估算方案中，将直流内阻法与容量积分法组合起来使用，以提高SOC估算的精度。

（4）卡尔曼滤波法　卡尔曼滤波法是利用系统的动态特性和输入输出数据，对系统的状态变量进行最小方差估计的方法。在动力蓄电池SOC估算中，动力蓄电池被看作一个系统，SOC是该系统的一个内部状态。卡尔曼滤波法优势在于适用于蓄电池的任何工作状态，可以修正系统的累积误差；有利于克服传感器精度不足带来的随机误差。卡尔曼滤波法不但可以给出SOC的估算值，还可以给出SOC的估算误差。卡尔曼滤波法的缺点在于蓄电池SOC估算精度越高，算法就越复杂，计算量越大，而且该方法对于温度、自放电率及放电倍率对剩余容量的影响考虑得不够全面。

（5）神经网络法　模糊逻辑推理和神经网络是人工智能领域的两个分支，模糊逻辑推理擅长定性分析和推理，具有较强的自然语言处理能力；神经网络具有很好的自组织、自学习能力。它们共同的特点是均采用并行处理，可从系统的输入、输出样本中获得系统输入、输出关系。动力蓄电池是高度非线性的系统，可利用模糊逻辑推理和神经网络的并行结构和学习能力估算SOC。

2. SOH分析

动力蓄电池经过长期运行，性能将不断衰减，精确地估算蓄电池健康状态（State of Health，SOH）是计算SOC、SOP等蓄电池状态参数的重要前提，只有精确估算蓄电池健康状态，才能避免蓄电池的过充电或过放电行为，延长蓄电池使用寿命，充分发挥蓄电池能力。蓄电池健康状态的评价指标非常多，实践应用中通常采用容量衰减与直流内阻作为评价蓄电池健康状态的指标。SOH 为 100% 时蓄电池健康状态好，为 0 时蓄电池需更换。采用容量衰减评价蓄电池健康状态时，SOH 定义为

$$SOH = \frac{C - C_{EOL}}{C_{BOL} - C_{EOL}} \times 100\%$$

式中，C_{EOL} 为动力蓄电池终止寿命时的容量，根据不同标准要求，一般容量衰减 20%~30% 时，达到终止寿命；C_{BOL} 为新动力蓄电池的容量；C 为当前动力蓄电池容量。

采用动力蓄电池直流内阻评价蓄电池健康状态时，SOH 定义为

$$SOH = \frac{R_{EOL} - R}{R_{EOL} - R_{BOL}} \times 100\%$$

式中，R_{EOL} 为动力蓄电池终止寿命时的内阻；R_{BOL} 为新动力蓄电池的内阻；R 为当前动力蓄电池的内阻。

由于动力蓄电池直流内阻与温度、荷电状态（SOC）等有关，通过内阻评价 SOH 时，往往采用一个内阻值是不准确的，通常应采用蓄电池的内阻谱曲线获得。

3. SOP 分析

对于纯电动汽车而言，SOP 是指某一时刻动力蓄电池可以提供给负载的最大功率。SOP 与动力蓄电池的工作温度、SOC 等有关。SOP 常常作为一个实时的控制参数由 BMS 提供给电机控制器及整车控制器。SOP 的数值单位是功率单位瓦特（W），有时也用电流单位安培（A）。目前很多 BMS 不但要评估动力蓄电池对外输出功率，还要评估动力蓄电池允许充电的最大功率。BMS 通过 CAN 总线将 SOP 信号发送到电机控制器和车载充电机，在进行能量回收和充电时，控制蓄电池的最大充电功率，以免损坏蓄电池。

> 📝 学习笔记：调研主流动力蓄电池所采用的动力蓄电池状态分析包括哪几项，决定动力蓄电池使用寿命和电量的参数是什么。
>
> _____
>
> _____
>
> _____

☒ 任务实施

【安全及注意事项】
1）作业前应确保高压电路处于断开状态。
2）应穿戴好绝缘手套并铺设好绝缘垫。
3）施工前工位要达到新能源汽车检测安全工位要求。
4）着装应整洁规范，遵守相关规程。
5）任务完成后工具应放回原位，严禁随意摆放。

📅 **我的预测**：请想一想，本任务实施过程中可能会遇到哪些困难？我的解决办法有哪些？

_____

_____

【操作过程】

请按照要求完成动力蓄电池供电检测任务，并填写工作任务单。

学　院		专　业		班　级	
姓　名		学　号		日　期	
指导教师					

作业前准备记录

作业前高压电路是否处于断开状态：是□　否□
是否穿戴好绝缘手套并铺设好绝缘垫：是□　否□
操作工位是否符合安全要求：是□　否□
着装是否整洁规范，是否阅读相关规程：是□　否□

工具资料	名　称	规　格	备　注
工具清单			
资料清单			

制订计划

请根据相关工艺流程制订实施计划

序号	
1	
2	
3	
4	
5	

操作步骤示意图	操作过程及内容	完成情况

1. 读取故障码、数据流

	操作过程及内容	完成情况
	将 OBD Ⅱ 测量线连接至 VCI 设备	是否完成：是□　否□
	连接车辆 OBD 诊断插座，VCI 设备电源指示灯亮起	是否完成：是□　否□

（续）

操作步骤示意图	操作过程及内容	完成情况		
	选择相应车型并读取故障码	故障码	含义	
	读取与故障相关数据流	数据流	含义	

2. 检查动力蓄电池电压

	关闭点火开关，钥匙安全存放	是否完成：是□ 否□		
	断开辅助蓄电池负极	是否完成：是□ 否□		
	测量辅助蓄电池电压	测量值	标准值	判断
		___V	___V	正常□ 异常□

3. 检查 BMS 供电电源熔断器 EF01 和 IF18 是否熔断

	把点火开关转至 OFF 档，拆下蓄电池负极	是否完成：是□ 否□		
	拔下熔断器 EF01	是否完成：是□ 否□		
	拔下熔断器 IF18	是否完成：是□ 否□		
	测量熔丝电阻值，判断熔丝是否损坏	正常□ 异常□		
		位置	测量值	标准值
		EF01	___Ω	___Ω
		IF18	___Ω	___Ω

（续）

操作步骤示意图	操作过程及内容	完成情况		
4. 检查 BMS 线束插接器侧电源电压				
	断开 BMS 线束插接器 CA69	是否完成：是□　否□		
	连接蓄电池负极	是否完成：是□　否□		
	测量线束插接器 CA69/（　　　）与搭铁间的电压	测量值 ___V	标准值 ___V	判断 正常□ 异常□
	将点火开关转至 ON 档	是否完成：是□　否□		
	测量线束插接器 CA69/（　　　）与搭铁间的电压	测量值 ___V	标准值 ___V	判断 正常□ 异常□
检查验收安装情况，确认 6S 管理	是否关闭车辆点火开关：是□　否□			
	是否收起并整理防护四件套：是□　否□			
	是否清洁防护用具并归位：是□　否□			
	是否清洁整理仪器设备与工具：是□　否□			
	是否清洁实训场地、收起警示牌、收起安全围栏：是□　否□			

评价考核

在课程教学中进行职业素养和操作规范评分。

评分项	评分标准（扣分标准）	配分	扣分
一、作业准备			
场地准备	□ 未检查设置隔离栏（2分） □ 未设置安全警示牌（2分） □ 未检查灭火器压力值（水基、干粉）（2分） □ 未安装车辆挡块（2分） □ 未安装车外三件套或安装位置不正确（3分） □ 操作中翼子板布、格栅布自行脱落（2分） □ 车内三件套（转向盘套、座椅套、脚垫）少铺、未铺或撕裂（2分）	15分	
人员安全	□ 未检查绝缘手套密封性或检查时未密封（3分） □ 未检查绝缘手套的耐电压等级（2分） □ 未检查作业用抗酸碱手套、护目镜、安全帽外观损伤情况（6分） □ 未穿安全鞋（进入工位前提前穿好）（2分） □ 未检查确认档位（2分）	15分	
二、操作步骤			
动力蓄电池 供电检测	□ 未正确使用故障诊断仪（3分） □ 未正确读取故障码、数据流（6分） □ 未正确检查辅助蓄电池电压（3分） □ 未正确检查BMS供电电源熔断器是否熔断（8分） □ 未检查BMS线束插接器侧电源电压（10分）	30分	
三、团队协作、安全与6S管理			
团队协作	□ 作业时未互相配合，分工不合理（5分） □ 未在规定时间内完成全部作业（3分） □ 配合时身体发生碰撞，语言发生争执（5分） □ 未佩戴抗酸碱手套（2分）	15分	
安全与6S管理	□ 有影响安全操作的行为，包括但不限于以下内容：仪器、设备、工具、零件落地；不注意安全操作，随意放置工具、量具或造成其他安全隐患（5分） □ 地上有油污时未擦掉，未做废物分类环保处理（5分） □ 工具使用不当，由于野蛮操作，导致设备损坏，扣除该项所有分数（5分） □ 未清洁归还工具，或工具未清洁就放进工具箱（5分） □ 未清洁整理场地（5分）	25分	
总评分			
个人分析总结			

存在问题及改进措施

指导教师签字：　　　　　　　日期：

思考练习

一、单选题

1. 吉利帝豪 EV450 BMS 每个动力蓄电池模块设有（　　　）个温度传感器。

A. 1　　　　　　　　　B. 2　　　　　　　　　C. 4　　　　　　　　　D. 8

2. 吉利帝豪 EV450 BMS 为（　　　）模式。

A. 集中式　　　　　　　B. 分布式　　　　　　　C. 半分布式

3. BMS 监测动力蓄电池剩余电量的指标是（　　　）。

A. SOC　　　　　　　　B. SOP　　　　　　　　C. SOH　　　　　　　　D. DOD

4. BMS 中用来反映动力蓄电池健康状态的指标是（　　　）。

A. SOC　　　　　　　　B. SOP　　　　　　　　C. SOH　　　　　　　　D. DOD

5. BMS 中的蓄电池温度传感器 NTC 电阻是指（　　　）。

A. 负温度系数热敏电阻　　　　　　　　B. 正温度系数热敏电阻

C. 普通碳膜电阻　　　　　　　　　　　D. 线绕电阻

6. 动力蓄电池开路电压与（　　　）因素无关。

A. 动力蓄电池正负极材料活性　　　　　B. 电解质

C. 温度条件　　　　　　　　　　　　　D. 动力蓄电池几何结构与尺寸

7. 动力蓄电池主要是由（　　　）四部分组成。

A. 蓄电池模块、蓄电池管理系统、动力蓄电池箱、辅助元器件

B. 蓄电池模块、DC/DC 变换器、车载充电机、其他元器件

C. 蓄电池管理系统、单体蓄电池、蓄电池模块、高压电线

D. 高压控制盒、车载充电机、单体蓄电池、DC/DC 变换器

8. 当纯电动汽车动力蓄电池电量接近（　　　）时，车辆将限速为 9km/h。

A. 30%　　　　　　　　B. 20%　　　　　　　　C. 10%　　　　　　　　D. 15%

9. 单体蓄电池电压过高会导致的故障是（　　　）。

A. 无法充电　　　　　　B. 断电保护　　　　　　C. 没有影响　　　　　　D. 都有可能

二、简答题

对比蓄电池管理系统不同 SOC 估算方法。

任务 4.4　动力蓄电池热管理系统认知与检修

任务目标

1. 掌握动力蓄电池热管理系统的功用与类型。

2. 掌握吉利帝豪 EV450 动力蓄电池热管理系统的组成和工作原理。

3. 掌握动力蓄电池热管理系统常见故障检修。

任务导入

一辆吉利纯电动汽车出现动力蓄电池温度过高的故障。你知道纯电动汽车为什么需要动力蓄电池热管理系统吗？你知道动力蓄电池热管理系统的类型和工作原理吗？你能对动力蓄电池热管理系统水泵、三通电磁阀不工作的故障进行诊断与排除吗？

> **证书标准对接：** 智能新能源汽车职业技能等级证书标准：新能源汽车动力驱动电机电池技术（中级）职业技能
>
> 6.4　动力电池系统性能检测
>
> 6.4.1　能使用解码器读取动力电池故障码及相关的数据流，并分析是否异常
>
> 6.4.2　能根据故障码，查阅诊断策略和电路图，分析该故障可能原因

知识准备

一、动力蓄电池热管理系统概述

纯电动汽车常用的锂离子蓄电池在充放电的过程中，动力蓄电池内部将发生复杂的化学反应。化学反应的过程大多伴随着大量热量的产生。此外，由于锂离子蓄电池具有一定的内阻，电流通过时也会产生部分的热量，而且这部分热量与工作电流呈二次曲线关系，热量随工作电流的增大而急剧增大，尤其是高倍率充放电时温升更加明显。

在环境温度较高的情况下或大倍率充放电时，动力蓄电池会产生大量热量导致极高的温度，此时需要对动力蓄电池进行散热降温，否则高温会引起动力蓄电池内部各种分解副反应，如 SEI 分解、负极与电解液反应、电解液分解等，从而使动力蓄电池容量和功率等性能下降、使用寿命缩短，严重时甚至会热失控，短时间内发生爆炸、起火燃烧，危害人员安全。

在低温环境下工作时，动力蓄电池由于温度过低，内部化学反应活性下降，而且随温度的降低，动力蓄电池的内阻会明显增大，动力蓄电池的可用容量会迅速衰减，低温大电流充电会使动力蓄电池容量发生不可逆衰退，甚至会使得负极附近的锂离子俘获电子生成金属锂，聚集的金属锂会形成锂枝晶，刺破隔膜而使正、负极发生短路，导致动力蓄电池损坏甚至发生爆炸或过温着火燃烧等严重安全事故。因此低温时需要对动力蓄电池进行加热，提高动力蓄电池的工作温度。

此外，纯电动汽车动力蓄电池通常由单体蓄电池组成的蓄电池模块构成，动力蓄电池箱内部温度场分布不均匀会使得各蓄电池模块、单体蓄电池温度不均匀而产生不均衡，长时间处于高温的动力蓄电池性能会快速衰退，从而降低动力蓄电池的整体性能和使用寿命。

大量研究表明，锂离子蓄电池理想的工作温度在 20~40℃，当锂离子蓄电池温度低于 0℃时，蓄电池的性能会下降 30%，-20℃时接近蓄电池的使用极限；当蓄电池温度高于

45℃时，蓄电池的工作性能和循环寿命迅速衰减，持续工作时温度上升10℃，蓄电池的循环寿命减少一半。

然而，纯电动汽车的实际使用环境温度通常为−35~5℃，而且工作环境复杂多变和苛刻，伴随振动、灰尘、雨水等，为了使动力蓄电池具有最佳的性能和使用寿命，需要通过动力蓄电池热管理系统对动力蓄电池的温度进行调节，低温加热、高温散热、均匀温度场、减少单体蓄电池温差，确保动力蓄电池工作在最适宜的温度范围，提高动力蓄电池系统的性能和效率，延长其使用寿命。一般要求单体蓄电池温差不超过5℃，温差超过5℃时，动力蓄电池的SOC差异大于10%。

为了确保动力蓄电池处于最佳工作温度状态，对动力蓄电池热管理系统要有以下基本功能要求：

1）要能准确测量和监测动力蓄电池的温度。

2）当动力蓄电池温度高于限值时，要能及时有效地进行散热降温，保持理想工作温度。

3）低温条件下要能快速加热，使动力蓄电池处于能正常运行的温度范围内。

4）确保动力蓄电池系统温度分布均匀，降低单体蓄电池间的温差，温差不得大于5℃。

> 📝 **学习笔记**：调研市面上3款纯电动汽车，它们的动力蓄电池热管理系统有什么功能。
>
> _____
>
> _____

二、动力蓄电池热管理系统类型

纯电动汽车动力蓄电池热管理系统基于单体蓄电池温度控制目标来对动力蓄电池温度进行热管理，主要内容包括动力蓄电池冷却、动力蓄电池加热、动力蓄电池保温和控制温度均衡。不同的动力蓄电池热理管理系统采取的冷却方式、加热方式、保温措施等不同。常见的动力蓄电池冷却方式有风冷、液冷和直冷；加热方式有电加热膜加热、PTC加热和液热。动力蓄电池热管理系统通常是多种冷却方式和加热方式的组合。现在人们正在研究利用相变材料（Phase Change Material，PCM）来进一步提高动力蓄电池热管理系统性能。PCM是一种能够利用自身的相变潜热吸收或释放热能的材料。采用PCM的热管理系统通过PCM在相变过程的潜热，在动力蓄电池升温时来吸收动力蓄电池的热，低温时对动力蓄电池起到保温作用。PCM可以防止动力蓄电池大电流充放电状态下温度过快升高，减少温度突变，如图4-4-1所示。

此外，动力蓄电池热管理系统通常不是独立的，是纯电动汽车整车热管理系统的一部分，为了更高效地对整车进行热管理，需将动力蓄电池热管理、动力系统的冷却、空调制冷系统、空调暖风系统等进行高效融合，协调工作，这使得纯电动汽车热管理系统相

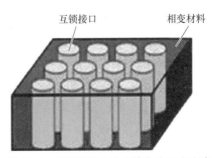

图4-4-1 PCM减小动力蓄电池温度突变

对传统车型要复杂很多。

1. 动力蓄电池冷却方式

动力蓄电池的冷却方式主要有风冷、液冷和直冷 3 种。风冷包括自然风冷和强制风冷 2 种。风冷是利用自然风或乘员舱内的制冷风流经动力蓄电池的表面进行对流换热的冷却方式。液冷一般使用独立的冷却液管路来冷却动力蓄电池，当然也可以利用此冷却液管路来加热动力蓄电池。直冷方式相当于给动力蓄电池安装了一台制冷空调，是直接利用制冷系统的蒸发器（制冷剂）对动力蓄电池进行冷却的方式，该方式不需要液体冷却管路。风冷和液冷过程中冷却工质都没有发生相变，直冷方式中冷却工质是制冷剂，制冷剂发生相变带走了大量热量。

表 4-4-1 是不同的冷却方式换热性能对比，从换热效率上来说，直冷效率是最高的，但综合考虑成本、可控性、与加热系统融合、结构、能耗各方面，目前液冷是纯电动汽车动力蓄电池主流的冷却方式。国内外主流的纯电动汽车几乎都采用液冷方式，如吉利几何 A、吉利帝豪 EV450、比亚迪秦 Pro EV450、北汽 EU5、特斯拉、通用 Volt 等。

表 4-4-1　不同的冷却方式换热性能对比

冷却方式	换热方式	换热系数 / (W/m² · K)	表面热流密度 / (W/cm²) （与环境温差 10℃ ）
自然风冷	空气自然对流	5~25	0.005~0.025
强制风冷	空气强制对流	25~100	0.025~0.15
液冷	液体强制对流	500~15000	0.5~1.5
直冷	相变	2500~25000	2.5~25

（1）风冷系统

1）自然风冷。采用自然冷却方式是以车外空气作为传热介质的被动散热形式，即汽车行驶过程中，直接让车外空气流过动力蓄电池箱体内部，通过空气与动力蓄电池、动力蓄电池箱体等导热部件之间的对流换热实现对动力蓄电池的冷却。这种方式的对流传热系数较小，为 5~25W/m² · K，虽然结构简单，不消耗额外的能量，成本低，但散热效果有限，仅用于早期容量小、能量密度低的动力蓄电池中，或作为现代动力蓄电池的辅助冷却手段，自然风冷方式如图 4-4-2 所示。

2）强制风冷。强制风冷属于主动冷却，是通过风机将空气引入动力蓄电池箱体内部，空气以一定的流速流过蓄电池模块的表面，将动力蓄电池产生的热量散入到环境空气中的冷却方式。强制风冷有两种方式，一是利用没有经过车内空调制冷系统降温的自然空气进行冷却，二是利用经过车内空调制冷系统降温的空气进行冷却（图 4-4-3）。

车外空气 ⟶ 动力蓄电池 ⟶ 车外

图 4-4-2　自然风冷方式

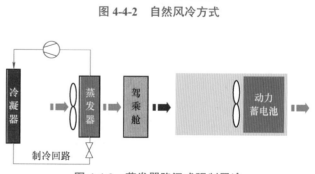

图 4-4-3　蒸发器降温式强制风冷

显然第一种方式的成本和能耗较低，但散热效率也较低。第二种方式的散热效率相对来说较高，但增加了成本和能耗。第一种方式主要应用于48V微混合动力汽车，第二种方式更多地用在纯电动乘用车和纯电动客车。强制风冷系统的典型代表有吉利帝豪 EV（2016 款）等，图 4-4-4 所示为动力蓄电池强制风冷系统。风冷系统结构比较简单，技术相对成熟，成本较低，但由于空气带走的热量有限，其换热效率不高，动力蓄电池内部温度均匀性不好，温差大，对动力蓄电池温度也难以实现比较精确的控制。因此强制风冷系统一般适用于续驶里程较短、整车质量较小的车型。

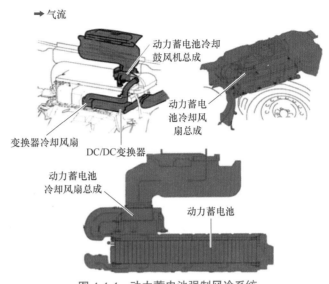

图 4-4-4 动力蓄电池强制风冷系统

强制风冷系统风道的布置对冷却效果起着至关重要的作用。风道主要分为串行风道和并行风道，如图 4-4-5 所示。串行结构简单，但阻力大；并行结构散热均匀性好，但结构较复杂，占用空间多。

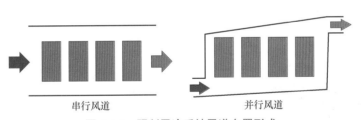

图 4-4-5 强制风冷系统风道布置形式

（2）液冷系统 随着纯电动汽车对动力蓄电池系统的功率要求越来越高，快充充电电流越来越大，伴随而来的就是对动力蓄电池冷却系统的要求也越来越高。动力蓄电池在大倍率充放电工况下，强制风冷已不能满足散热要求，散热效果更佳的液冷方式成了首选。液冷系统是指在动力蓄电池内部建立一套液体冷却管路，利用冷却液在管路中流动带走热量的冷却方式。为了强化液冷的散热效果，通常动力蓄电池液冷系统通过热交换器与整车空调制冷系统相结合，冷却液从动力蓄电池带走的热量通过热交换器传给整车制冷空调系统，最后通过整车空调系统将这部热量传递到环境空气中，如图 4-4-6 所示。

动力蓄电池液冷系统的核心部件是压缩机、热交换器和水泵。压缩机作为制冷的动力发起点，决定着整个系统的换热能力。热交换器是液冷系统的一个关键部件，它的作用是引入空调系统中的制冷剂，在膨胀阀节流后蒸发，吸收动力蓄电池冷却回路中冷却液的热量。此过程制冷剂通过热交换将冷却液的热量带走，热交换器换热量的大小也直接决定着动力蓄电池冷却液的温度。水泵转速则决定了管路内冷却液的流速，流速越快换热性能就会越好。液冷系统的冷却液分为可直接接触单体蓄电池的冷却液（硅油、蓖麻油等）和非接触单体蓄电池的冷却液（水和乙二醇混合液）两种，目前采用水和乙二醇混合溶液的比较多。

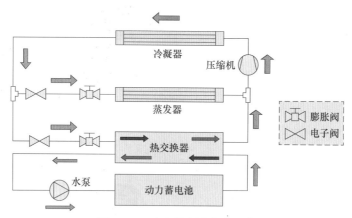

图 4-4-6　动力蓄电池液冷系统

　　不同厂家的热交换器基本结构大同小异，其换热器主体实际上就是由一个换热器和一个蒸发器组合而成，换热器有一进一出两个水管接口，蒸发器有一进一出两个制冷剂接口。换热器和蒸发器由一片片的板翅式换热片构成，换热器与蒸发器的板翅式换热片交替堆叠，形成三明治结构，如图 4-4-7 所示。冷却液和制冷剂分别在换热器和蒸发器内以对流的形式流动。对流过程中热量从冷却液转移到制冷剂上，实现换热。动力蓄电池冷却的效率由热交换器的功率大小（取决于换热器主体的板翅式换热片的数量和大小）、水泵功率的大小、冷却液流速、制冷系统的制冷量大小等因素决定。

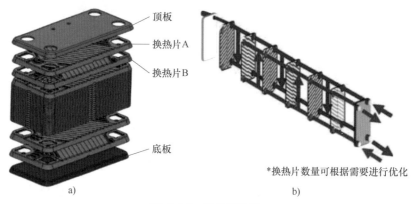

图 4-4-7　换热器结构

　　集成膨胀阀和电子控制阀的热交换器如图 4-4-8 所示。吉利帝豪 EV450 的热交换器还集成了动力蓄电池加热的换热器。

　　液冷方案冷却液流进蓄电池模块的内部，将动力蓄电池的热量带走，蓄电池模块内部的液冷管路设计形式比较有代表性的车型是通用 Volt 和特斯拉。通用 Volt 采用 288 节 45A·h 的层叠式锂离子蓄电池，并在单体蓄电池之间间隔布置了金属散热片（厚度为 1mm），散热片上刻有流道槽，冷却液可在流道槽内流动并带走热量，如图 4-4-9 所示。在低温环境下，加热线圈可以加热冷却液使动力蓄电池升温。

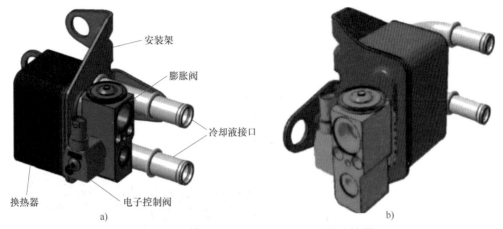

图 4-4-8 集成膨胀阀和电子控制阀的热交换器

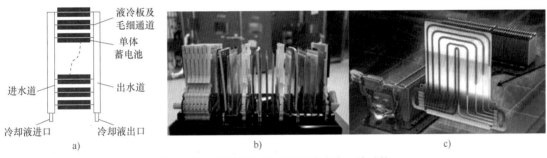

图 4-4-9 通用 Volt 蓄电池模块液冷系统结构

特斯拉 Model S 与通用 Volt 的并行流道不同，由于特斯拉 Model S 采用的是圆柱形 18650 锂离子蓄电池，特斯拉将冷却板安装于 18650 锂离子蓄电池的间隙，形成串行的冷却流道的设计形式，如图 4-4-10 所示。

虽然冷却板的设计布置难度较大且蛇形冷却板在一定程度上增加了液冷系统的压力损失，但是其冷却效果做得相当好，能实现整个动力蓄电池的温差在 ±2℃以内。

液冷系统中，蓄电池模块不仅仅要进行冷却，当温度过低时还需要对它进行加热。根据动力蓄电池温度的不同，热管理需求也不同。为此通常将上述的动力蓄电池液冷系统与散热器、加热器、逆变器、电机控制器、车载充电机、DC/DC 变换器的液体冷却管路组成综合的动力蓄电池热管理系统，如图 4-4-11 所示，图中电机控制器等高压部件负载未画出。当动力蓄电池处于不同温度时，热管理系统利用一个电子控制四通阀实现不同的控制模式。

模式一：当动力蓄电池温度偏高，但尚不需要通过热交换器进行降温时，四通阀 1 通道打开，2、3 通道关闭，冷却液在水泵的驱动下，经动力蓄电池、DC/DC 变换器、散热器、加热器（不工作）循环，利用散热器将热量传给车外空气降温。

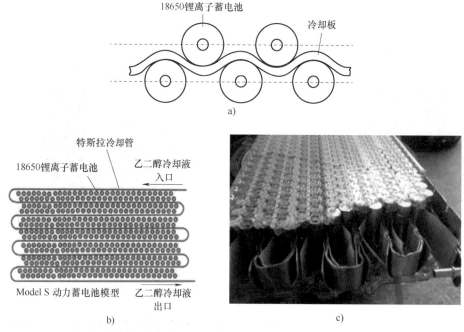

图 4-4-10　特斯拉蓄电池模块液冷系统结构

模式二：当动力蓄电池温度过高时，四通阀 2 通道打开，1、3 通道关闭，冷却液在水泵的驱动下，经动力蓄电池、DC/DC 变换器、热交换器、加热器（不工作）循环，将动力蓄电池、变换器的热量通过热交换器传给整车空调制冷系统（热管理系统控制空调制冷启动），利用制冷空调系统的低温加快动力蓄电池的降温。

模式三：当动力蓄电池温度偏低时，四通阀 3 通道打开，1、2 通道关闭，冷却液在水泵的驱动下，经动力蓄

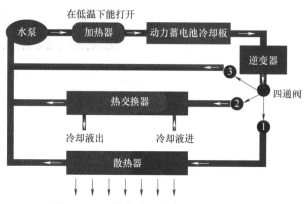

图 4-4-11　综合动力蓄电池热管理系统

电池、DC/DC 变换器、加热器（不工作）循环，利用逆变器、驱动电机、电机控制器等高压部件冷却时产生的热量给动力蓄电池加热，提高热管理系统的能效。

模式四：当动力蓄电池温度过低，单纯靠逆变器、驱动电机、电机控制器等高压部件冷却产生的热量无法让动力蓄电池快速升温；或者动力蓄电池温度过低，急需快速加热升温时，四通阀 3 通道打开，1、2 通道关闭，冷却液在水泵的驱动下，经动力蓄电池、加热器（启动工作）和逆变器、驱动电机、电机控制器等冷却管路循环，利用加热器快速给动力蓄电池加热，确保动力蓄电池快速升温到可靠、稳定的工作温度。

不同车型动力蓄电池热管理系统在控制模式的选择、管路的布置上会有所差异。

（3）直冷系统　直冷系统是利用整车制冷空调系统的制冷剂直接冷却动力蓄电池的，它主要由压缩机、冷凝器、蒸发器和节流装置组成，其组成与工作原理如图4-4-12所示。

直冷系统中的蒸发器即为动力蓄电池冷却板，安装在蓄电池模块底部并与蓄电池模块紧密贴合，制冷剂在冷却板（蒸发器）中蒸发直接将动力蓄电池系统产生的热量带走，从而实现更快、更有效的冷却过程。

直冷系统的散热效率是液冷系统的3~4倍，它能应对更大倍率的快充问题。但目前直冷系统并未广泛应用。

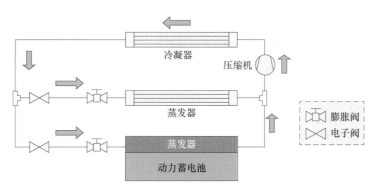

图 4-4-12　直冷系统组成与工作原理

宝马i3的直冷系统的冷却板（图4-4-13）与液冷系统相比，散热效率高、结构紧凑，避免了乙二醇冷却液在动力蓄电池箱内泄漏的风险。但它也存在明显的不足：一是直冷系统难以集成加热功能，只能在蓄电池模块中增加电加热丝来进行加热；二是直冷系统冷却板的散热均匀性不如液冷；三是对系统的气密性要求更高。

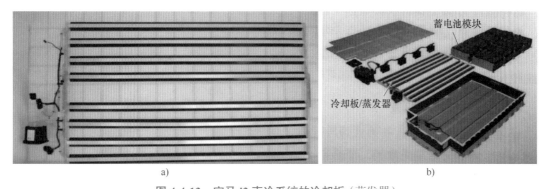

a)　　　　　　　　　　　b)

图 4-4-13　宝马 i3 直冷系统的冷却板（蒸发器）

2. 动力蓄电池加热方式

纯电动汽车的使用地域非常广，北方地区冬季的环境温度可低至-35℃左右，在如此低温的环境下，要保证动力蓄电池能正常工作，需要对动力蓄电池进行加热升温。目前常用的动力蓄电池加热方式有3种：电加热膜加热、PTC加热和液热，如图4-4-14所示。3种动力蓄电池加热方式的特性对比见表4-4-2。

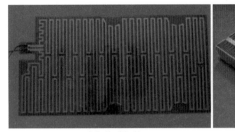

| a) 电加热膜加热 | b) PTC加热 | c) 液热 |

图 4-4-14　3 种常见加热方式

表 4-4-2　3 种动力蓄电池加热方式的特性对比

项目	电加热膜	PTC	液热
加热特点	恒功率加热	恒温加热	对流加热
厚度 /mm	0.3~2	5~8	集成在加热器
干烧温度 /℃	60~130	60~80	25~40
升温速率 /（℃ /min）	0.15~0.3	0.15~0.3	0.3~0.6
蓄电池温差 /℃	≈ 8	≈ 10	≤ 5

（1）电加热膜加热　电加热膜加热属于电阻加热方式，由金属加热电阻丝、绝缘包覆层、引出导线和插接器组成。电阻丝一般为镍镉合金和铁铬铝合金，绝缘包覆层一般为聚酰亚胺（PI）、硅胶和环氧树脂，这 3 种材料的包覆层都可以起到绝缘的作用，但又有各自不同的特点。聚酰亚胺电加热膜的厚度可以做到 0.3mm，具备耐腐蚀性，但缺点是容易被飞边刺穿从而导致绝缘失效；硅胶电加热膜不易被飞边刺穿，其厚度一般在 1.5mm 以上，但不耐磨也不耐电解液腐蚀；环氧树脂电加热膜不易被飞边刺穿，耐磨也耐腐蚀，厚度一般在 1.5mm 以上，但其硬度高、内应力大。

电加热膜可安装于单体蓄电池侧边、底部或 2 个单体蓄电池之间，常见的安装方式是安装在 2 个单体蓄电池之间，如图 4-4-15 所示。

电加热膜的高压电路由电加热膜、熔丝和继电器串联而成，整个高压电路与蓄电池系统的高压电路并联。此外，为了减少继电器粘连的风险，加热高压电路中使用了 2 个继电器，如图 4-4-16 所示。

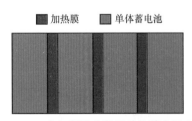

图 4-4-15　电加热膜安装于单体蓄电池之间

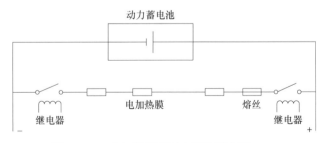

图 4-4-16　电加热膜高压电气连接电路

（2）PTC加热 PTC（Positive Temperature Coefficient）是指正温度系数材料，其电阻会随温度的升高而增大。当加热器温度升高时，其内阻增大引起加热功率减小，自身温度下降，当加热温度下降时，其内阻减小引起加热功率增大，自身温度升高。PTC加热器利用材料的这种特性可以达到恒温加热的效果。

PTC加热器由PTC元件、导热金属板和引出导线组成。PTC元件是PTC加热器的发热元件，被绝缘密封于导热金属板内部，通过引出导线串入加热高压电路。导热金属板起导热、均热和提高结构强度的作用，导热金属板的厚度就是PTC加热器的厚度，一般情况下PTC加热器的厚度在8mm左右，因厚度太大，不适宜安装在单体蓄电池之间，所以PTC加热器一般安装在蓄电池模块的底部或侧面。PTC加热器的电气电路常采取单块PTC并联后与继电器串联，并入高压电路的连接方式，如图4-4-17所示。

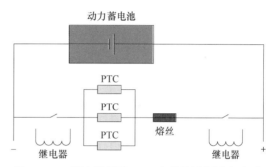

图4-4-17 蓄电池模块PTC加热器高压电气电路

（3）液热 液热采用加热液体流经动力蓄电池表面对动力蓄电池进行加热的方式，是主流纯电动汽车动力蓄电池加热的主要方式。加热液体的方式有电阻丝和PTC两种，目前比较常用的是PTC加热。动力蓄电池PTC加热器可以采用独立设置或与整车空调制热系统的PTC加热器共用的方式。独立设置时，PTC加热器可以串入或并入液冷系统回路，共用液体回路，图4-4-18所示。

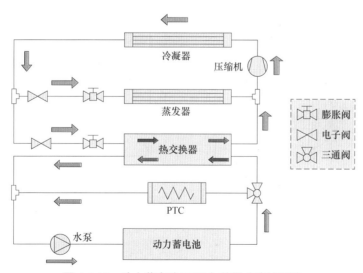

图4-4-18 动力蓄电池PTC加热器式液热系统

与整车空调制热系统共用PTC加热器时，整车空调制热PTC加热器常采用换热器方式对液冷回路液体进行加热，不共用液体回路。吉利帝豪EV450采用的就是换热器方式，吉利帝豪EV450动力蓄电池加热系统与整车空调制热系统共用PTC加热器，空调制热液体回路在热交换器中通过换热器与动力蓄电池加热液体回路完成传热，从而给动力蓄电池加热。

整车 PTC 加热器液体回路与动力蓄电池加热液体回路是各自独立的。

液热系统的主要工作参数是流入动力蓄电池的冷却液入口温度和流量。通常冷却液入口温度在 40~60℃ 范围内，冷却液流量为 10L/min。

> 📝 **学习笔记**：调研动力蓄电池热管理系统加热系统与冷却系统各自的原理，并调研主流车型所用的冷却方式与加热方式。

三、吉利帝豪 EV450 动力蓄电池热管理系统

吉利帝豪 EV450 热管理系统工作原理

1. 整车热管理系统组成与工作原理

吉利帝豪 EV450 整车热管理系统分为 3 个部分：乘员舱热管理、动力蓄电池系统热管理、电驱动系统热管理，如图 4-4-19 所示。整车热管理系统包括一个制冷系统（R134a）和 3 个冷却液回路（水和乙二醇）。

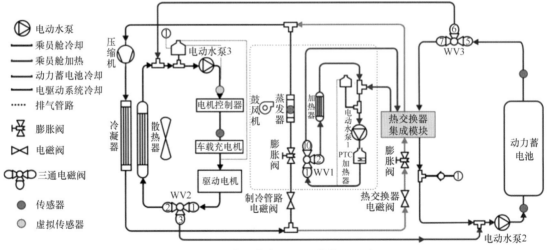

图 4-4-19　吉利帝豪 EV450 热管理系统

制冷系统有 2 个制冷回路，一个制冷回路是压缩机—冷凝器—制冷管路电磁阀—膨胀阀—空调箱内蒸发器—压缩机，用于乘员舱空调制冷，该回路由制冷管路电磁阀控制；另一个制冷回路是压缩机—冷凝器—热交换器电磁阀—膨胀阀—热交换器换热片（蒸发器）—压缩机，通过热交换器给动力蓄电池降温，该回路由热交换器电磁阀控制。

3 个冷却液回路分别为电驱动系统冷却液回路、动力蓄电池冷却液回路和 PTC 加热冷却液回路。电驱动系统冷却液回路是驱动电机水泵（电动水泵 3）—电机控制器—车载

充电机—驱动电机—三通电磁阀（WV2）—散热器—驱动电机水泵（电动水泵3），用于电驱动系统冷却。动力蓄电池冷却液回路是动力蓄电池水泵（电动水泵2）—动力蓄电池冷却管道—三通电磁阀（WV3）—热交换器换热片—动力蓄电池水泵（电动水泵2），用于动力蓄电池的热管理。其中电驱动系统冷却液回路与动力蓄电池冷却液回路通过三通电磁阀控制可相互连通，故共用一个膨胀罐。PTC加热冷却液回路与电驱动系统冷却液回路、动力蓄电池冷却液回路均不连通，单独使用动力蓄电池、电驱动回路膨胀罐，如图4-4-20所示。

　　PTC加热冷却液回路由两个循环回路组成，一个循环回路是PTC加热水泵（电动水泵1）—PTC加热器—三通电磁阀（WV1）—空调箱内加热器—PTC加热水泵（电动水泵1），用于乘员舱空调制热；另一个循环回路是PTC加热水泵（电动水泵1）—PTC加热器—三通电磁阀（WV1）—热交换器换热片—PTC加热水泵（电动水泵1），用于给动力蓄电池加热。PTC加热冷却液回路的两个循环回路由三通电磁阀（WV1）控制。

a)　　　　　　　　　　　　　　　　　　　　b)

图4-4-20　两个冷却液回路膨胀罐

　　（1）乘员舱热管理　乘员舱热管理和传统汽车一样，包括空调制冷与制热。不同的是，由于纯电动汽车没有发动机，制冷系统采用电动空调压缩机，制热系统采用PTC电加热实现，如图4-4-21所示。

　　与传统汽车一样，帝豪EV450乘员舱制冷使用的是R134a制冷剂，由于没有发动机，其制冷系统采用电动涡旋式压缩机、平行流式冷凝器、层叠式蒸发器和H形膨胀阀。在H形膨胀阀的前端有一个两通电磁阀（制冷电磁阀），在乘员舱不需要制冷时电磁阀关闭，切断制冷剂回路。图4-4-22所示为帝豪EV450的乘员舱制冷与采暖系统部件位置，图4-4-23所示为制冷空调管路控制电磁阀电路。

　　因为缺少发动机，乘员舱制热依靠PTC电加热来实现。需要制热时，热管理控制器控制PTC加热器（HVH）工作，控制三通电磁阀（WV1）1、2号管路接通，PTC加热水泵（电动水泵1）驱使经PTC加热后的冷却液流进空调系统风道中的加热器，实现采暖。制冷空调系统的控制为控制面板+热管理控制器（A/C空调控制器）的形式，空调控制面板采集按键信息，将信息通过LIN总线传给热管理控制器（A/C空调控制器），由热管理控制器完成对整车乘员舱制冷空调系统的运行管理。

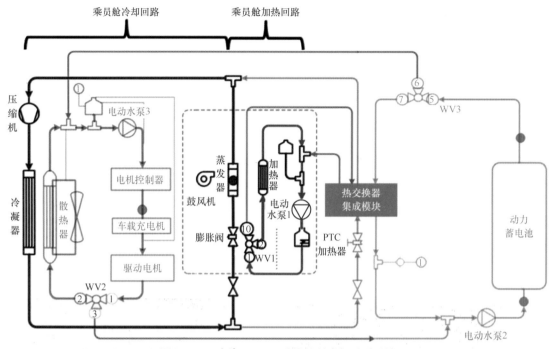

图 4-4-21　帝豪 EV450 乘员舱制冷与采暖系统

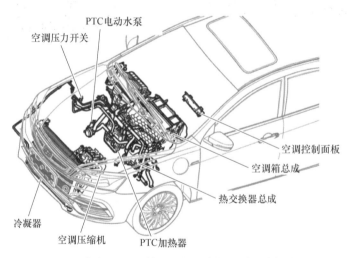

图 4-4-22　帝豪 EV450 的乘员舱制冷与采暖系统部件位置

（2）电驱动系统热管理　驱动电机转子高速旋转会产生高温，热量通过机体传递，如果不加以降温，驱动电机无法正常工作，所以驱动电机机体内设置有冷却液道，通过冷却液的循环与外界进行热交换，能将驱动电机的工作温度保持在一定范围内，防止驱动电机过热。车载充电机工作时将高压交流电转化成高压直流电，其转化过程中会产生大量的热量，因此车载充电机内部也有冷却液道，通过冷却液的循环降低车载充电机的工作温度。电机控制器与 DC/DC 变换器总成不但控制驱动电机的高压三相供电，还要将动力蓄电池的高压直流电转化成低压直流电为辅助蓄电池充电。在此过程中会产生热量，需要通过冷却液循环散热。

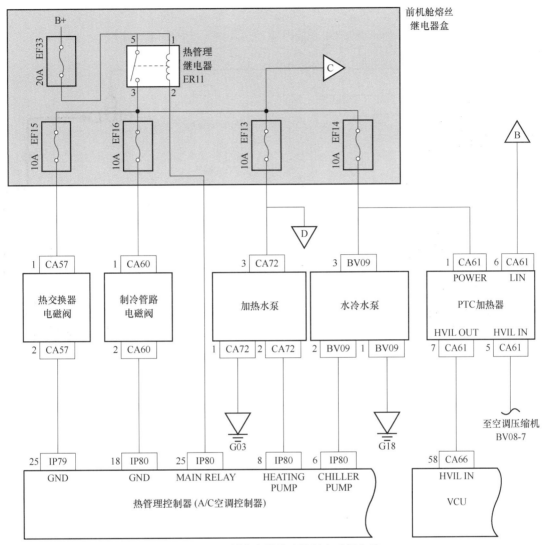

图 4-4-23　制冷空调管路控制电磁阀电路

　　电驱动系统热管理的作用是通过冷却液循环散热为驱动电机、车载充电机、电机控制器这三大部件进行散热冷却。电驱动系统热管理主要包括驱动电机水泵（电动水泵 3）、冷却液回路、三通电磁阀（WV2）等，如图 4-4-24 所示。

　　散热部件的进水顺序为散热器出水—电机控制器与 DC/DC 变换器—车载充电机—驱动电机，驱动电机流出的较高温度冷却液通过散热器与空气进行热交换降温，经过降温的冷却液再流经散热部件，达到冷却的目的。行驶状态下，在动力蓄电池温度高于 -10℃，动力蓄电池有加热需求时，电驱动系统的冷却液可为动力蓄电池加热，减少动力蓄电池加热的电耗。当系统冷却液温度高时，膨胀的冷却液可通过电动水泵 3 出口和车载充电机出口膨胀管流入膨胀罐，当系统冷却液温度低时，膨胀罐冷却液经电动水泵 3 入口流进系统，确保系统可正常散热。

　　图 4-4-25 所示为帝豪 EV450 的电驱动热管理系统部件位置，图 4-4-26 所示为帝豪 EV450

的电驱动热管理系统控制电气原理，图 4-4-27 所示为帝豪 EV450 的电驱动热管理系统冷却风扇控制电路，图 4-4-28 为帝豪 EV450 的电驱动热管理系统冷却水泵电路。

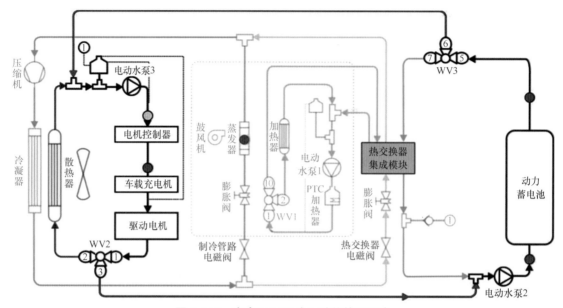

图 4-4-24　帝豪 EV450 电驱动热管理系统

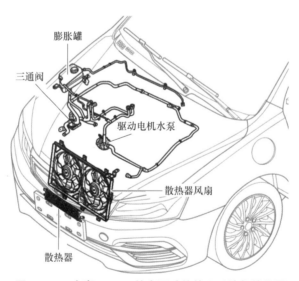

图 4-4-25　帝豪 EV450 的电驱动热管理系统部件位置

（3）动力蓄电池热管理系统　动力蓄电池散热器风扇系统负责对动力蓄电池进行冷却和加热，确保动力蓄电池在最佳的温度范围内工作。帝豪 EV450 动力蓄电池热管理系统采用液冷与 PTC 电加热式液热系统相结合，液冷利用整车乘员舱制冷系统进行降温。

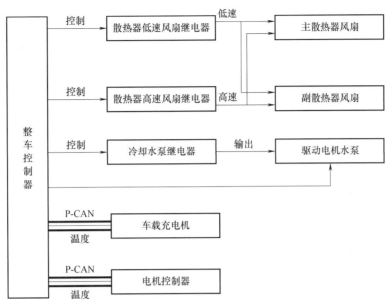

图 4-4-26　帝豪 EV450 的电驱动热管理系统控制电气原理

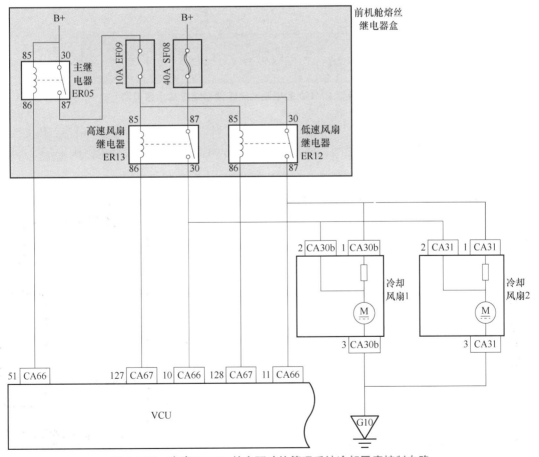

图 4-4-27　帝豪 EV450 的电驱动热管理系统冷却风扇控制电路

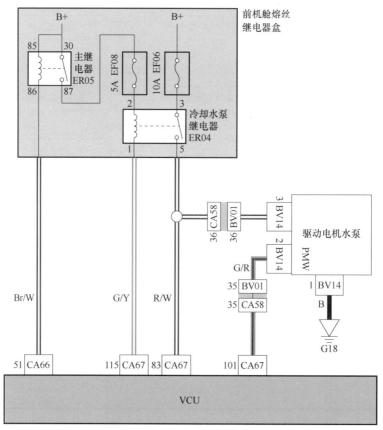

图 4-4-28　帝豪 EV450 的电驱动热管理系统冷却水泵电路

　　帝豪 EV450 的动力蓄电池热管理冷却回路如图 4-4-29 所示，包括压缩机、冷凝器、热交换器集成模块、膨胀阀、热交换器电磁阀、动力蓄电池水泵（电动水泵 2）、三通电磁阀（WV3）等。

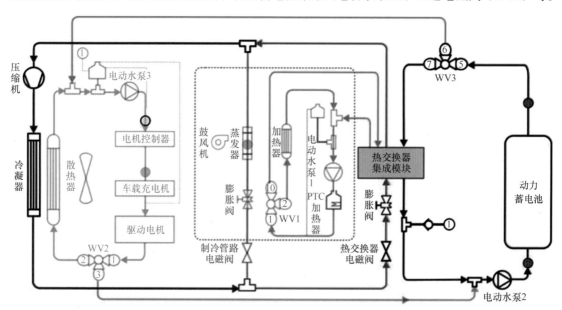

图 4-4-29　帝豪 EV450 的动力蓄电池热管理冷却回路

当动力蓄电池热管理系统监测到单体蓄电池温度超过限值，需要启动制冷系统对动力蓄电池进行降温时，热管理控制器控制热交换器电磁阀打开，启动电动空调压缩机进行制冷，同时控制三通电磁阀（WV3）的5、7管路接通，电动水泵2使动力蓄电池中吸热的高温冷却液流向热交换器，在热交换器中进行热交换，将热量传给制冷系统。热管理系统随时根据动力蓄电池温度状态的变化调节制冷量和电动水泵2的转速，精确控制动力蓄电池的温度。

帝豪EV450的动力蓄电池PTC加热回路如图4-4-30所示，低温状态下，主要利用PTC加热回路进行加热。动力蓄电池PTC加热回路主要包括PTC加热器、PTC水泵（电动水泵1）、三通电磁阀（WV1、WV3）、动力蓄电池水泵（电动水泵2）和热交换器集成模块。

当动力蓄电池最低温度小于-10℃时，热管理控制器控制三通电磁阀（WV1）的1、10管路接通，三通电磁阀（WV3）的5、7管路接通，启动PTC加热器并控制电动水泵2、电动水泵1驱动动力蓄电池回路与PTC回路的冷却液在热交换器中传递热量，给动力蓄电池加热，并随时根据动力蓄电池温度的变化调整电动水泵转速和PTC加热功率，精确控制动力蓄电池温度。

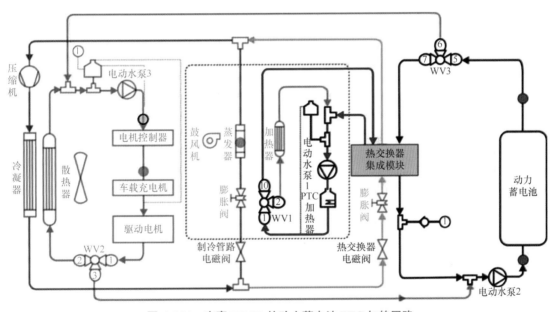

图4-4-30　帝豪EV450的动力蓄电池PTC加热回路

图4-4-31所示为帝豪EV450的动力蓄电池PTC加热回路电路。当动力蓄电池加热回路中冷却液因温度高而膨胀时，可通过一个单向阀由管路流进电驱动回路膨胀罐；当温度低时，冷却液由电驱动回路经三通电磁阀流回动力蓄电池回路，确保动力蓄电池回路中的冷却液稳定流动。

为了降低动力蓄电池加热的电耗，帝豪EV450将电驱动冷却系统与动力蓄电池加热回路结合，充分利用电驱动的热量给动力蓄电池加热，如图4-4-32所示。

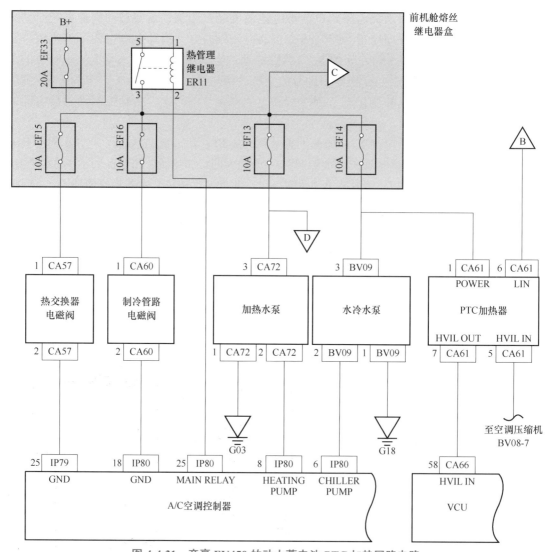

图 4-4-31　帝豪 EV450 的动力蓄电池 PTC 加热回路电路

当动力蓄电池有加热需求时（动力蓄电池最低温度高于 −10℃），热管理控制器控制 PTC 不启动，三通电磁阀（WV2）的 1、3 管路接通、三通电磁阀（WV3）的 5、6 管路接通，动力蓄电池回路与电驱动冷却回路相通，启动电动水泵 3 和电动水泵 2，促使电驱动回路的高温冷却液流向动力蓄电池，对动力蓄电池进行加热，同时利用动力蓄电池回路的低温冷却液对电驱动系统进行冷却。

2. 吉利帝豪 EV450 热管理系统控制策略

1）车辆在交流充电、直流充电、智能充电、行车过程中（包括车速为 0）都可以启动热管理对动力蓄电池加热或冷却。

① 当动力蓄电池有冷却需求时，热管理控制器启动压缩机，动力蓄电池回路通过热交换器与空调回路进行换热，利用空调制冷回路给动力蓄电池降温。

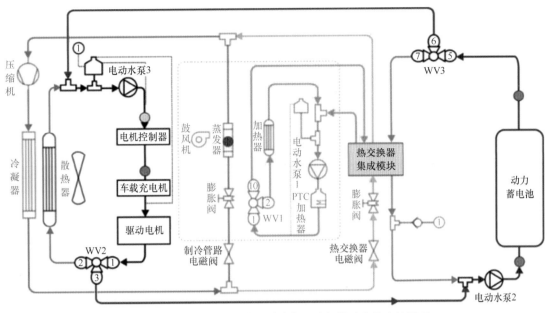

图 4-4-32 帝豪 EV450 电驱动冷却回路加热动力蓄电池原理

② 当动力蓄电池有加热需求时（动力蓄电池最低温度低于 –10℃，且暖风开启），PTC 加热器起动，动力蓄电池回路通过热交换器集成模块与 PTC 回路进行换热，利用 PTC 加热回路给动力蓄电池加热。

③ 当动力蓄电池有加热需求时（动力蓄电池最低温度高于 –10℃），PTC 不启动，利用电驱动回路加热动力蓄电池回路。

2）动力蓄电池冷却控制策略。当动力蓄电池需要冷却时，BMS 根据单体蓄电池最高温度发送热管理控制信号，包括"冷却""匀热""关闭"3 种模式，见表 4-4-3、表 4-4-4。

表 4-4-3 动力蓄电池冷却控制策略

	放电模式	快充模式	慢充模式
冷却开启条件	$T \geqslant 38℃$	$T \geqslant 32℃$	$T \geqslant 38℃$
冷却关闭条件	$T \leqslant 32℃$	$T \leqslant 28℃$	$T \leqslant 32℃$

表 4-4-4 动力蓄电池匀热控制策略（冷却）

	匀热开启条件	匀热关闭条件
冷却关闭后	$T_{avg} \geqslant 25℃$，冷却液温度与动力蓄电池最高温差 $\geqslant 14℃$	动力蓄电池最高温度在持续 10min 之内不变化
加热关闭后	$\Delta T \geqslant 12℃$，冷却液温度与动力蓄电池最高温差 $\geqslant 14℃$	
默认状态	$\Delta T \geqslant 12℃$，冷却液温度与动力蓄电池最高温差 $\geqslant 14℃$	

① 动力蓄电池在放电模式与慢充模式下，单体蓄电池温度 $\geqslant 38℃$时，动力蓄电池冷却系统启动工作；当单体蓄电池温度 $\leqslant 32℃$时，动力蓄电池冷却系统停止工作。

② 动力蓄电池在快充模式下，单体蓄电池温度 $\geqslant 32℃$时，动力蓄电池冷却系统启动工

作；当单体蓄电池温度 ≤ 28℃时，动力蓄电池冷却系统停止工作。

③ 动力蓄电池冷却系统关闭后，若动力蓄电池平均温度 ≥ 25℃，且冷却液温度与动力蓄电池最高温度差 ≥ 14℃，开启匀热模式。若动力蓄电池最高温度持续 10min 不变，匀热模式关闭，重启动力蓄电池冷却系统。

3）动力蓄电池加热控制策略。当动力蓄电池要加热时，热管理系统发送热管理控制信号，包括"加热""匀热""关闭"3 种模式，见表 4-4-5、表 4-4-6。

表 4-4-5　动力蓄电池 PTC 加热控制策略

	放电模式	快充模式	慢充模式
PTC 加热开启条件	大多数 SOC 范围，$T \leq -20℃$	$-20℃ < T \leq 20℃$（电压 ≤ 4.148V） $-20℃ < T \leq 5℃$（电压 ≥ 4.148V）	$-20℃ < T \leq 1℃$
PTC 加热关闭条件	大多数 SOC 范围，$T \geq -18℃$	$T \geq 21℃$（电压 ≤ 4.148V） $T \geq 7℃$（电压 ≥ 4.148V）	$T \geq 20℃$

表 4-4-6　动力蓄电池匀热控制策略（加热）

	匀热开启条件	匀热关闭条件
冷却关闭后	$T_{avg} \geq 25℃$，冷却液温度与动力蓄电池最高温差 ≥ 14℃	动力蓄电池最高温度在持续 10min 之内不变化
加热关闭后	$\Delta T \geq 12℃$，冷却液温度与动力蓄电池最高温差 ≥ 14℃	
默认状态	$\Delta T \geq 12℃$，冷却液温度与动力蓄电池最高温差 ≥ 14℃	

① 动力蓄电池在放电模式下，单体蓄电池温度 ≤ -20℃时，动力蓄电池加热系统启动工作；当单体蓄电池温度 ≥ -18℃时，动力蓄电池 PTC 加热系统停止工作。

② 动力蓄电池在快充模式下，单体蓄电池温度 -20℃ < T ≤ 20℃，电压 ≤ 4.148V 时，动力蓄电池 PTC 加热系统启动工作，当单体蓄电池温度 ≥ 21℃时，动力蓄电池 PTC 加热系统停止工作；单体蓄电池温度 -20℃ < T ≤ 5℃，电压 ≥ 4.148V 时，动力蓄电池 PTC 加热系统启动工作，当单体蓄电池温度 ≥ 7℃时，动力蓄电池 PTC 加热系统停止工作。

③ 动力蓄电池在慢充模式下，单体蓄电池温度 -20℃ < T ≤ 1℃时，动力蓄电池 PTC 加热系统启动工作，当单体蓄电池温度 ≥ 20℃时，动力蓄电池加热系统停止工作。

④ 动力蓄电池加热启动后，若动力蓄电池温度的变化量 ≥ 12℃，冷却液温度与动力蓄电池最高温度差 ≥ 14℃，则动力蓄电池 PTC 加热系统关闭，水泵继续运转，开启匀热模式。若动力蓄电池最高温度持续 10min 不变，匀热模式关闭，重启动力蓄电池 PTC 加热系统。

4）动力蓄电池温度监测由 BMS 完成，BMS 根据单体蓄电池温度判定动力蓄电池是否启动冷却，并发送冷却请求给 VCU，VCU 转发 BMS 上述信号至热管理控制器。动力蓄电池进行快充及慢充时，VCU 直接转发 BMS 的热管理请求。

5）行车状态下，VCU 接收到 BMS 发送的加热需求后，需要根据当前动力蓄电池温度、暖风状态、车速等条件再次进行逻辑判断，从而发送不同热管理请求至热管理控制器。

6）车辆处于 ON 档非充电状态下时，当单体蓄电池温度超过上限值 55℃，车辆不进行动力蓄电池冷却。一般情况下，压缩机和动力蓄电池水泵（电动水泵 2）、PTC 加热水泵（电动水泵 1）由热管理控制器控制，冷却风扇、电动水泵 3 由 VCU 控制。但是，当空调面板有给 VCU 发送压缩机开机请求和功率请求时，冷却风扇做低速运转。当空调面板给 VCU 发送风扇高速请求时，VCU 控制冷却风扇高速运转。

> 📝 **学习笔记：** 查阅资料分析帝豪 EV450 热管理系统中动力蓄电池冷却回路、动力蓄电池加热回路、电驱动冷却回路的工作原理。
>
> _____
>
> _____

👥 小课堂

吉利纯电动汽车的动力蓄电池热管理系统经历了四代发展。第一代帝豪 EV（2016 款）动力蓄电池采用自然风冷被动散热，只有一套针对电驱动系统的热管理系统。

第二代帝豪 EV300（2017 年量产）首次加装动力蓄电池热管理管路，吉利 ITCS 1.0（电池智能温控管理系统），具备"动力蓄电池低温预热功能"，可有效实现低温预热和高温冷却，提升动力蓄电池的充放电效率，保证帝豪 EV300 在 –20~50℃进行快速充电（充电电流根据环境温度和车辆温度自动调节）。

第三代帝豪 EV450（2018 年量产）在帝豪 EV300 基础上，对电驱动动力蓄电池散热管路和空调高低压管，进行了重新设计铺设，缩减四通阀和管路数量、降低自重，提升了可靠性。帝豪 EV450 的动力蓄电池热管理系统（ITCS 2.0）与电驱动冷却系统相结合，利用电驱动回路的冷却热量对动力蓄电池加热，提高了热管理的能效。同时它针对快充时单体蓄电池温度变化进行精准"热管理"，进一步提升了动力蓄电池的充电效率。

第四代帝豪、几何 A 等的动力蓄电池热管理系统发展到了 ITCS 3.0，它在 ITCS 2.0 的基础上进一步优化，实现了精准控制温度（伺服目标）并降低动力蓄电池非驱动用电耗。ITCS 3.0 可在 –30~55℃温度区间正常、高效充电；可确保动力蓄电池在最佳状态下恒温运行，避免动力蓄电池局部过热隐患；优化电驱动加热动力蓄电池的功能，减少 PTC 加热的电耗。新的整车热管理系统大幅度降低了整车非驱动电耗，实现续驶里程提升 4%。

☒ 任务实施

【安全及注意事项】

1）作业前应确保高压电路处于断开状态。

2）应穿戴好绝缘手套并铺设好绝缘垫。

3）施工前工位要达到新能源汽车检测安全工位要求。

4）着装应整洁规范，遵守相关规程。

5）任务完成后工具应放回原位，严禁随意摆放。

📅 **我的预测**：请想一想，本任务实施过程中可能会遇到哪些困难？我的解决办法有哪些？

_____

_____

【操作过程】

识别吉利帝豪 EV450 动力蓄电池热管理系统部件位置及工作状态，并填写工作任务单。

学　院		专　业		班　级	
姓　名		学　号		日　期	
指导教师					

作业前准备记录

作业前高压电路是否处于断开状态：是□　否□
是否穿戴好绝缘手套并铺设好绝缘垫：是□　否□
操作工位是否符合安全要求：是□　否□
着装是否整洁规范，是否阅读相关规程：是□　否□

工具资料	名　称	规　格	备　注
工具清单			
资料清单			

制订计划

请根据相关工艺流程制订实施计划

序号	
1	
2	
3	
4	
5	

操作步骤示意图	操作过程及内容	完成情况

1. 检查辅助蓄电池电压

	操作过程及内容	完成情况		
	关闭点火开关，拔下钥匙安全存放	是否完成：是□　否□		
	断开辅助蓄电池负极	是否完成：是□　否□		
	测量辅助蓄电池电压	测量值	标准值	判断
		____V	____V	正常□ 异常□

（续）

操作步骤示意图	操作过程及内容	完成情况		

2. 检查 PTC 加热水泵供电电压

操作步骤示意图	操作过程及内容	完成情况		
	断开加热水泵线束插接器 CA72	是否完成：是□ 否□		
	打开点火开关，车辆上电	是否完成：是□ 否□		
	测量线束插接器 CA72/（ ）与搭铁间的电压	测量值	标准值	判断
		＿＿＿V	＿＿＿V	正常□ 异常□
	空调开启制热功能	是否完成：是□ 否□		
	测量线束插接器 CA72/（ ）与搭铁间的电压	测量值	标准值	判断
		＿＿＿V	＿＿＿V	正常□ 异常□

3. 检测三通电磁阀供电电压

操作步骤示意图	操作过程及内容	完成情况		
	断开热交换器电磁阀线束插接器 CA56	是否完成：是□ 否□		
	打开点火开关，车辆上电	是否完成：是□ 否□		
	测量线束插接器 CA56/（ ）与搭铁间的电压	测量值	标准值	判断
		＿＿＿V	＿＿＿V	正常□ 异常□

（续）

操作步骤示意图	操作过程及内容	完成情况		
	空调开启制热功能	是否完成：是□　否□		
	测量线束插接器 CA56/（　）与搭铁间的电压	测量值	标准值	判断
		＿＿＿V	＿＿＿V	正常□ 异常□

4. 检测热交换器电磁阀供电电压

操作步骤示意图	操作过程及内容	完成情况		
	断开热交换器电磁阀线束插接器 CA57	是否完成：是□　否□		
	打开点火开关，车辆上电	是否完成：是□　否□		
	测量线束插接器 CA57/（　）与搭铁间的电压	测量值	标准值	判断
		＿＿＿V	＿＿＿V	正常□ 异常□
	空调开启制热功能	是否完成：是□　否□		
	测量线束插接器 CA57/（　）与搭铁间的电压	测量值	标准值	判断
		＿＿＿V	＿＿＿V	正常□ 异常□
检查验收安装情况，确认 6S 管理	是否关闭车辆点火开关：是□　否□			
	是否收起并整理防护四件套：是□　否□			
	是否清洁防护用具并归位：是□　否□			
	是否清洁整理仪器设备与工具：是□　否□			
	是否清洁实训场地、收起警示牌、收起安全围栏：是□　否□			

评价考核

在课程教学中进行职业素养和操作规范评分。

评分项	评分标准（扣分标准）	配分	扣分
一、作业准备			
场地准备	□ 未检查设置隔离栏（2分） □ 未设置安全警示牌（2分） □ 未检查灭火器压力值（水基、干粉）（2分） □ 未安装车辆挡块（2分） □ 未安装车外三件套或安装位置不正确（3分） □ 操作中翼子板布、格栅布自行脱落（2分） □ 车内三件套（转向盘套、座椅套、脚垫）少铺、未铺或撕裂（2分）	15分	
人员安全	□ 未检查绝缘手套密封性或检查时未密封（3分） □ 未检查绝缘手套的耐电压等级（2分） □ 未检查作业用抗酸碱手套、护目镜、安全帽外观损伤情况（6分） □ 未穿安全鞋（进入工位前提前穿好）（2分） □ 未检查确认档位（2分）	15分	
二、操作步骤			
动力蓄电池热管理系统部件位置及工作状态检查	□ 未正确识别热管理系统部件（3分） □ 未正确检查辅助蓄电池电压（3分） □ 未正确检查PTC加热水泵供电电压（8分） □ 未正确检测三通电磁阀供电电压（10分） □ 未正确检测热交换器电磁阀供电电压（6分）	30分	
三、团队协作、安全与6S管理			
团队协作	□ 作业时未互相配合，分工不合理（5分） □ 未在规定时间内完成全部作业（3分） □ 配合时身体发生碰撞，语言发生争执（5分） □ 未佩戴抗酸碱手套（2分）	15分	
安全与6S管理	□ 有影响安全操作的行为，包括但不限于以下内容：仪器、设备、工具、零件落地；不注意安全操作，随意放置工具、量具或造成其他安全隐患（5分） □ 地上有油污时未擦掉，未做废物分类环保处理（5分） □ 工具使用不当，由于野蛮操作，导致设备损坏，扣除该项所有分数（5分） □ 未清洁归还工具，或工具未清洁就放进工具箱（5分） □ 未清洁整理场地（5分）	25分	
	总评分		
	个人分析总结		

存在问题及改进措施

指导教师签字： 日期：

思考练习

一、选择题

1. 高温引起的动力蓄电池内部分解副反应有（　　　）。

A. SE 膜分解　　　　　　　　　　　　B. 负极与电解液反应

C. 电解质分解　　　　　　　　　　　　D. 生成金属锂

2. 锂离子蓄电池理想的工作温度为（　　　）。

A. −10~0℃　　　　B. 0~20℃　　　　C. 20~40℃　　　　D. 40~60℃

3. 一般要求单体蓄电池温差不超过（　　　）。

A. 3℃　　　　　B. 5℃　　　　　　C. 10℃　　　　　D. 20℃

4. 吉利帝豪 EV450 动力蓄电池热管理系统以（　　　）为控制目标。

A. 动力蓄电池入口温度　　　　　　　B. 动力蓄电池出口温度

C. 散热器出口温度　　　　　　　　　D. 单体蓄电池温度

5. 主流纯电动汽车动力蓄电池的冷却方式为（　　　）。

A. 风冷　　　　　B. 液冷　　　　　　C. 直冷　　　　　D. 热管

6. 动力蓄电池热量通过（　　　）传给制冷系统。

A. PTC 加热器　　B. 热交换器　　　　C. 散热器　　　　D. 蒸发器

7. 吉利帝豪 EV450 电驱动冷却水泵由（　　　）控制。

A. A/C 空调控制器　　　　　　　　　B. VCU

C. BCM　　　　　　　　　　　　　　D. BMS

8. 散热效率最高的冷却方式是（　　　）。

A. 自然风冷　　　B. 强制风冷　　　　C. 液冷　　　　　D. 直冷

9. 吉利帝豪 EV450 三通阀采用（　　　）控制。

A. 开关　　　　　B. 继电器　　　　　C. PWM　　　　　D. LIN 总线

10. 吉利帝豪 EV450 热交换电磁阀由（　　　）控制。

A. A/C 空调控制器　　　　　　　　　B. BMS

C. VCU　　　　　　　　　　　　　　D. DC/DC 变换器

二、判断题

1. 磷酸铁锂离子蓄电池相比三元系锂离子蓄电池，正极材料更容易发生分解反应，从而释氧过程中会更加快速地发生热失控。（　　　）

2. 实际车辆运行中发生危险的概率很低，一是因为整车系统装配有熔丝和蓄电池管理系统（BMS），二是因为动力蓄电池能承受短时间的大电流冲击。（　　　）

3. 通常选用三元系锂离子蓄电池作为汽车的动力蓄电池，其有着比能量高、使用安全、循环寿命较高、自放电率低、可长时间储存等优势。（　　　）

三、简答题

1. 简述动力蓄电池热管理的 4 种工作模式。

2. 请简述动力蓄电池冷却系统的基本构成。

任务 4.5　动力蓄电池充电管理认知与检修

任务目标

1. 掌握纯电动汽车充电系统的结构。
2. 掌握纯电动汽车交流、直流充电系统的结构和原理。
3. 掌握纯电动汽车常见充电方式。

任务导入

一位客户想要购买一辆纯电动汽车，他来到4S店想要了解纯电动汽车的充电系统。作为一名销售顾问，请你为客户介绍纯电动汽车充电系统的基础知识。

> **证书标准对接：** 智能新能源汽车职业技能等级证书标准：新能源汽车动力驱动电机电池技术（中级）职业技能
>
> 5.3　车载充电系统检测维修
> 5.3.1　能拆装直流充电口前保护件、直流充电口、直流充电电缆和插接件
> 5.3.2　能拆装交流充电口前保护件、交流充电口、交流充电电缆和插接件
> 5.3.3　能检测互锁对地端对地电阻、电压
> 5.3.4　能检测高压控制盒线束导通性
> 5.3.5　能拆装、检查和检测车载充电机

知识准备

一、充电方式

纯电动汽车的充电方式可分为交流充电（交流慢充）、直流充电（直流快充）、蓄电池更换、无线充电和移动充电。

1. 交流充电方式

交流充电（交流慢充）是交流电220V进入车载充电机，经其转换后输出直流电，对动力蓄电池进行充电的方式。所以交流充电需要在纯电动汽车上装配车载充电机，车载充电机是将地面交流电网能量转换为直流电对动力蓄电池进行充电的装置。交流充电方式如图4-5-1所示。

交流充电方式的优点有：尽管充电时间较长，但因为所用功率和电流的额定值并不关键，因此充电桩安装成本比较低，可安装在车库内使用；可充分利用电力低谷时段进行充

电，降低充电成本；可提高充电效率和延长动力蓄电池的使用寿命。

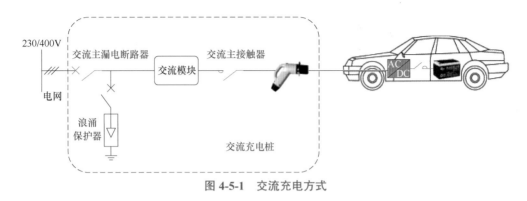

图 4-5-1　交流充电方式

2. 直流充电方式

直流充电又称快速充电或应急充电，是以较大电流为纯电动汽车进行短时充电的充电方式，一般充电电流为 150~400A。快速充电不同于常规充电所采用的恒流、恒压充电方式。该充电方式是以大电流对蓄电池进行恒流充电，力求在短时间内充入较大的电量，因此快速充电主要应用于大型充电站。直流充电方式是以直流电将电能通过专用直流充电口直接储存到动力蓄电池内，因此不经过车载充电机。图 4-5-2 所示为直流充电方式。

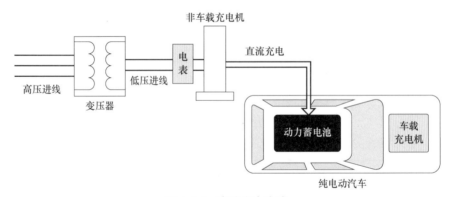

图 4-5-2　直流充电方式

3. 蓄电池更换方式

蓄电池更换方式指的是通过直接更换纯电动汽车的动力蓄电池来达到充电的目的。由于动力蓄电池质量较大，更换动力蓄电池的专业化要求较高，因此须配备专业人员并借助专业机械来快速完成动力蓄电池的更换、充电和维护。图 4-5-3 所示为蓄电池更换方式。

动力蓄电池快速更换的优点：解决了充电时间长、续驶里程短的难题；提高了车辆的使用效率，方便用户的使用；更换下来的动力蓄电池可以在低谷时段进行充电，降低了充电成本，提高了车辆运行的经济性；便于动力蓄电池的维护、管理，提高了动力蓄电池的使用寿命；有利于废旧动力蓄电池的集中回收和再利用。动力蓄电池快速更换的缺点：建设换电站和购买备用动力蓄电池成本较高，对于动力蓄电池与纯电动汽车的标准化、纯电动汽车的设计改进、充电站的建设和管理以及动力蓄电池的流通管理等有严格的要求。

a) b)

图4-5-3 蓄电池更换方式

4. 无线充电方式

无线充电方式共有3种：电磁感应式充电、无线电波式充电和磁场共振式充电。

（1）电磁感应式充电 电磁感应是在一次绕组中通以一定频率的交流电，通过电磁感应在二次绕组中产生一定的电流，从而将能量从传输端转移到接收端，完成无线充电，如图4-5-4所示。

（2）无线电波式充电 无线电波式充电是借助于电磁场或电磁波进行能量传递的一种技术。最常用的载体就是耦合的电磁场。它主要是将变压器一次、二次绕组分置于车外和车内，通过高频磁场的耦合传输电能，如图4-5-5所示。

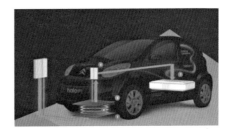

图4-5-4 电磁感应式充电 图4-5-5 无线电波式充电

（3）磁场共振式充电 磁场共振式充电技术主要是利用接收天线固有频率和发射场电磁频率相一致时会引起电磁共振，从而发生强电磁耦合的工作原理来实现电能的高效传输。磁场共振式充电如图4-5-6所示。

5. 移动充电方式

移动充电（MAC）方式是汽车在路上行驶时的充电，这样，纯电动汽车用户就不必再去寻找充电站、花费时间停车充电了。MAC系统埋设在指定路面之下，做成专用的纯电动车充电区域（专用充电车道），不需要额外的空间。移动充电方式可分为接触式和非接触式，非接触式充电技术使纯电动汽车可以在行驶过程中通过道路或护栏进行充电，如图4-5-7所示。

> 📝 学习笔记：调研市场上主流车型的充电方式及纯电动汽车客户喜欢选用的充电方式。
>
> _____
>
> _____

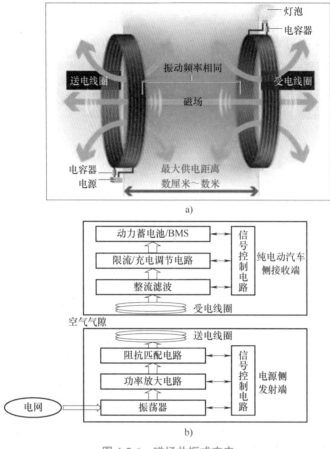

a)

b)

图 4-5-6 磁场共振式充电

二、充电系统的组成

纯电动汽车充电系统主要由充电桩、充电线束、车载充电机、高压控制盒、动力蓄电池、DC/DC 变换器、辅助蓄电池以及各种高压线束和低压控制线束等组成。图 4-5-8 所示为充电系统示意图。吉利帝豪 EV450 的车载充电系统由交流充电口、直流充电口、车载充电机及分线盒、蓄电池管理系统、电机控制器和动力蓄电池等组成，如图 4-5-9 所示。

图 4-5-7 移动充电方式

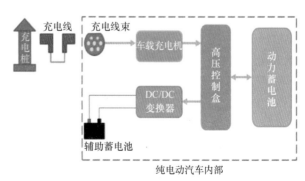

图 4-5-8 充电系统示意图

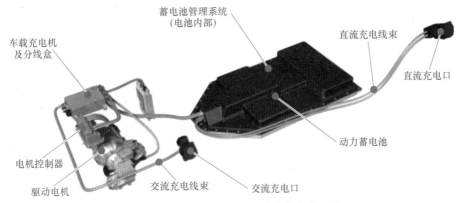

图 4-5-9　吉利帝豪 EV450 的车载充电系统

📝 学习笔记：调研市场上主流纯电动汽车充电系统的组成。

三、交流充电系统的结构与原理

纯电动汽车交流（慢充）充电系统主要由供电设备（交流充电桩或家用交流电源）、充电枪、慢充充电口、车载充电机、高压线束、高压控制盒、动力蓄电池、整车控制器（VCU）和低压控制线束等部件组成，如图 4-5-10 所示。

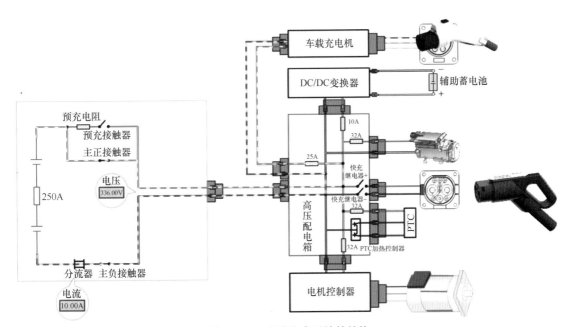

图 4-5-10　交流充电系统的结构

1. 交流充电插口

交流充电是指直接将电网电能输入给车辆车载充电机（OBC），通过OBC内部电路将交流电升压整流后给动力蓄电池充电。交流充电可以是AC 220V单相电或AC 380V三相电。图4-5-11所示为吉利EV450交流充电（慢充）插口。我国的交流充电插座采用的标准是GB/T 20234.2—2015，一共7个插口，交流充电插口见表4-5-1。

2. 交流充电过程

当交流充电枪插入交流充电插口时，OBC的低压插件输出12V电压到交流充电插口，并在充电插口与交流充

图4-5-11 交流充电（慢充）插口

电枪端的CC与PE的电阻相通，OBC会通过接通电阻后的电流大小变化了解充电枪的充电功率和充电电流。OBC的数据通过充配电总成的动力CAN总线与网关控制器进行交互，车身配电模块（BCM）控制继电器吸合，BMC、VCU、电机控制器等模块得到双路电，BMC将蓄电池当前状态通过动力CAN总线与充配电总成做信息交互，OBC输出一个占空比信号，从交流充电枪进来的交流电通过OBC进行升压整流后给动力蓄电池充电。图4-5-12所示为交流充电控制连接示意图。

表4-5-1 交流充电插口

插座形状	插口定义	
CP — CC N — L1 L3 — L2 PE	CC	充电连接确认
	CP	控制引导
	N	中线
	PE	保护搭铁
	L1	
	L2	交流电源
	L3	

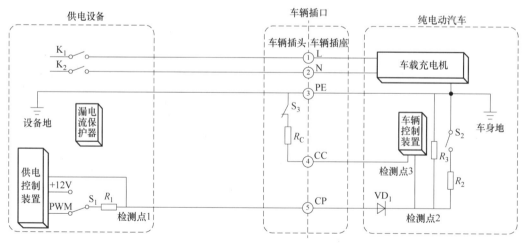

图4-5-12 交流充电控制连接示意图

> 📝**学习笔记**：分析不同车型交流充电系统的组成及充电原理。
> _____
> _____

四、直流充电系统

1. 直流充电口

直流充电系统由输入整流装置、输入控制装置、输出控制装置和充电管理装置组成，如图 4-5-13 所示。

直流充电是指直流充电桩将 AC 380V 电通过直流模块转换成 DC 500V 或 DC 750V 的直流电后，通过配电系统给动力蓄电池充电。图 4-5-14 所示为吉利 EV450 直流充电（快充）插口。我国的直流充电插座采用的标准是 GB/T 20234.3—2023，一共 9 个插口，见表 4-5-2。

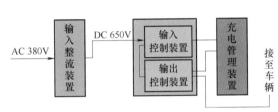

图 4-5-13 直流充电系统组成

图 4-5-14 直流充电（快充）插口

表 4-5-2 直流充电插口

插座形状	插口定义	
	CC1	充电连接确认，车辆对充电桩
	CC2	充电连接确认，车辆对充电桩
	S+	充电通信 CAN-H
	S−	充电通信 CAN-L
	DC+	直流电源正极
	DC−	直流电源负极
	A+	低压辅助电源正极
	A−	低压辅助电源负极
	PE	保护搭铁

2. 直流充电过程

将直流充电枪插入直流充电插口，直流充电枪端的 S+、S− 与 BMU 的充电 CAN 总线进行通信，直流充电插口 CC1 与 PE 上的 1kΩ 电阻检测直流充电枪已插入充电口，同时充电枪端的 CC2 与 PE 上的 1kΩ 电阻使仪表充电指示灯亮，提醒驾驶人"充电已连接，请稍后"。充电枪端的 A+、A– 辅助电源唤醒 BMU，即 BMU、VCU、电机控制器等模块得到双路电，BMU 将动力蓄电池当前状态通过充电 CAN 总线做信息交互，直流充电桩输出 DC 500V 的直流电，通过充配电总成中的接触器给动力蓄电池充电。

注意：直流充电在进入到直流充电确认之前，通过烧结检测模块分别对直流充电正极接触器、直流充电负极接触器进行烧结检测。当检测直流充电正极接触器时，烧结检测模块控制直流充电负极接触器吸合，检测光耦电子元件是否导通。若导通，则说明正极接触器烧结。检测负极接触器烧结过程同上。图 4-5-15 所示为直流充电控制连接示意图，图 4-5-16 所示为直流充电烧结检测原理示意图。

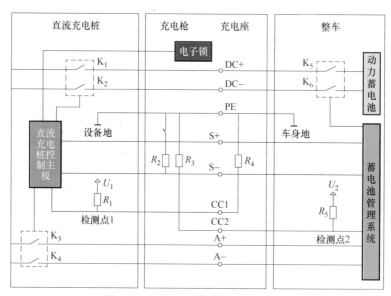

图 4-5-15　直流充电控制连接示意图

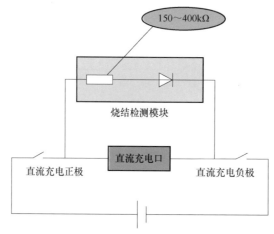

图 4-5-16　直流充电烧结检测原理示意图

📝 **学习笔记**：调研市面上比亚迪 - 秦、特斯拉 Model S、吉利几何 G6、吉利帝豪 EV450 等主流车型的直流充电方式及充电过程。

_____

_____

🔌 知识拓展

行业首个 6C 超快充磷酸铁锂电池

习近平总书记指出："当今世界制造业竞争激烈，要抢抓机遇，大力发展战略性新兴产业，实现弯道超车。"汽车产业是国民经济的重要支柱，动力蓄电池是新能源汽车的动力来源，是推动汽车产业弯道超车的关键。

2024 年 9 月 25 日，上汽通用汽车发布消息称，其携手宁德时代推出行业首个 6C 超快充磷酸铁锂电池。上汽通用汽车表示，新产品将于 2025 年起，在新升级的奥特能准 900V 高压电池架构上投入使用，解锁更高效便捷的快充体验。

该 6C 超快充磷酸铁锂电池，融合了电池领域多项原子级的快充科技，包括超电子网正极技术、第二代石墨快离子环技术、超高导电解液配方、纳米级超薄 SEI 固体电解质界面膜、优化的高孔隙率隔离膜等。

该 6C 超快充磷酸铁锂电池在超快充桩上，可实现充电 5min，续驶里程即可增加 200km 以上，大大缓解了纯电动汽车用户的续驶里程焦虑。

☒ 任务实施

【安全及注意事项】

1）作业前应确保高压电路处于断开状态。

2）应穿戴好绝缘手套并铺设好绝缘垫。

3）施工前工位要达到新能源汽车检测安全工位要求。

4）着装应整洁规范，遵守相关规程。

5）任务完成后工具应放回原位，严禁随意摆放。

📅 **我的预测**：请想一想，本任务实施过程中可能会遇到哪些困难？我的解决办法有哪些？

_____

_____

【操作过程】

请按照要求完成充电口总成检测任务，并填写工作任务单。

学　院		专　业		班　级	
姓　名		学　号		日　期	
指导教师					

<table>
<tr><td rowspan="3">作业前
准备记录</td><td colspan="5">作业前高压电路是否处于断开状态：是□　否□
是否穿戴好绝缘手套并铺设好绝缘垫：是□　否□
操作工位是否符合安全要求：是□　否□
着装是否整洁规范，是否阅读相关规程：是□　否□</td></tr>
<tr><td>工具资料</td><td>名　称</td><td>规　格</td><td colspan="2">备　注</td></tr>
<tr><td>工具清单</td><td></td><td></td><td colspan="2"></td></tr>
<tr><td rowspan="2"></td><td>资料清单</td><td></td><td></td><td colspan="2"></td></tr>
</table>

请根据相关工艺流程制订实施计划

制订计划	序号	
	1	
	2	
	3	
	4	
	5	

充电系统检查

操作步骤示意图	操作过程及内容	完成情况

1. 高压断电操作

		测量值	标准值	判断
		___V	≤ 5V	正常□ 异常□

1）断开辅助蓄电池负极，并包裹绝缘层
2）断开车载充电机侧动力蓄电池高压母线，并包裹绝缘层
3）等待放电 5min
4）用万用表验电，测得电压

是否完成：是□　否□

（续）

操作步骤示意图	操作过程及内容	完成情况	
2. 充电插口总成检测			
	检查充电插口是否能够正常开启、关闭	是否完成：是□ 否□	
	检测工具绝缘电阻表	检测档位	
	测量交流充电插口 L 对 PE 的电阻 实测值：_____ 标准值：≥ 20MΩ	是否正常：正常□ 异常□	
	测量交流充电插口 N 对 PE 的电阻。 实测值：_____ 标准值：≥ 20MΩ	是否正常：正常□ 异常□	
	测量直流充电插口 DC+ 对 PE 的电阻 实测值：_____ 标准值：≥ 20MΩ	是否正常：正常□ 异常□	
	测量直流充电插口 DC- 对 PE 的电阻 实测值：_____ 标准值：≥ 20MΩ	是否正常：正常□ 异常□	
检查验收安装情况，确认 6S 管理	是否关闭车辆点火开关：是□ 否□		
	是否收起并整理防护四件套：是□ 否□		
	是否清洁防护用具并归位：是□ 否□		
	是否清洁整理仪器设备与工具：是□ 否□		
	是否清洁实训场地、收起警示牌、收起安全围栏：是□ 否□		

评价考核

在课程教学中进行职业素养和操作规范评分。

评分项	评分标准（扣分标准）	配分	扣分
一、作业准备			
场地准备	□ 未检查设置隔离栏（2 分） □ 未设置安全警示牌（2 分） □ 未检查灭火器压力值（水基、干粉）（2 分） □ 未安装车辆挡块（2 分） □ 未安装车外三件套或安装位置不正确（3 分） □ 操作中翼子板布、格栅布自行脱落（2 分） □ 车内三件套（转向盘套、座椅套、脚垫）少铺、未铺或撕裂（2 分）	15 分	
人员安全	□ 未检查绝缘手套密封性或检查时未密封（3 分） □ 未检查绝缘手套的耐电压等级（2 分） □ 未检查作业用抗酸碱手套、护目镜、安全帽外观损伤情况（6 分） □ 未穿安全鞋（进入工位前提前穿好）（2 分） □ 未检查确认档位（2 分）	15 分	
二、操作步骤			
充电口总成检测	□ 未正确进行高压断电（5 分） □ 未正确选择绝缘测试仪档位（3 分） □ 未正确检查交流充电口是否有异物（5 分） □ 未正确检测交流充电口绝缘电阻（6 分） □ 未正确检查直流充电口是否有异物（5 分） □ 未正确检测直流充电口绝缘电阻（6 分）	30 分	
三、团队协作、安全与 6S 管理			
团队协作	□ 作业时未互相配合，分工不合理（5 分） □ 未在规定时间内完成全部作业（3 分） □ 配合时身体发生碰撞，语言发生争执（5 分） □ 未佩戴抗酸碱手套（2 分）	15 分	
安全与 6S 管理	□ 有影响安全操作的行为，包括但不限于以下内容：仪器、设备、工具、零件落地；不注意安全操作，随意放置工具、量具或造成其他安全隐患（5 分） □ 地上有油污时未擦掉，未做废物分类环保处理（5 分） □ 工具使用不当，由于野蛮操作，导致设备损坏，扣除该项所有分数（5 分） □ 未清洁归还工具，或工具未清洁就放进工具箱（5 分） □ 未清洁整理场地（5 分）	25 分	
总评分			
个人分析总结			

存在问题及改进措施

指导教师签字：　　　　　　　　　　　　　日期：

思考练习

一、填空题

1. 交流充电直接将电网电能输入给车辆_____。

2. 直流充电是指直流充电桩将 AC 380V 电通过直流模块转换成_____或_____的直流电后通过配电系统给动力蓄电池充电。

3. 交流充电插座有_____个插口，分别为_____、_____、_____、_____、_____、_____、_____。

4. 直流充电插座有_____个插口，分别为_____、_____、_____、_____、_____、_____、_____。

5. 在充电阶段，车辆向直流充电桩实时发送动力蓄电池充电需求的参数，充电桩会根据该参数实时调整充电_____和_____，并相互发送各自的状态信息。

6. 车辆会根据 BMS 是否达到充满状态或是收到充电桩发来的_____来判断是否结束充电。

7. 纯电动汽车在充电的过程中，若充电插口的温度持续攀升再次达到预设温度时，温控系统将自行切断电源，_____。

8. _____是指使用直流充电设备直接给纯电动汽车的动力蓄电池补充能量的方式。

二、选择题

1. 目前在售的新能源汽车的交流充电插口中，属于空脚端子的是（　　　）。

A. L2 和 L3　　　　B. L1 和 L2　　　　C. L1 和 L3　　　　D. CC 和 CP

2. 车载充电机简称（　　　）。

A. OBB　　　　B. OBC　　　　C. BOC　　　　D. CCB

3. 直流充电插口安装有（　　　）。

A. 湿度传感器　　B. 温度传感器　　C. 空气传感器　　D. 报警传感器

4. 在动力蓄电池的两端加载直流电压，以恒定大电流对动力蓄电池充电，动力蓄电池的电压逐渐缓慢地上升，上升到一定程度，动力蓄电池电压达到（　　　）。

A. 标称值　　　　B. 标准值　　　　C. 既定值　　　　D. 最高值

三、判断题

1. 在车辆充电插口连接确认阶段，应按下枪头按键，将直流充电枪插入直流充电插口内，再放开枪头按键。（　　　）

2. 非车载充电机（即直流充电桩）和纯电动汽车二者通过车辆直流充电插口相连。（　　　）

3. 充电桩在达到操作人员设定的充电结束条件，或者收到汽车发来的"车辆中止充电"报文时，会发送"充电桩中止充电"报文，并控制充电桩停止充电。（　　　）

四、简答题

1. 简述交流充电的定义。

2. 简述交流充电插座几个端子的作用。

3. 简述车载充电机的定义。

项目 **5**
动力蓄电池故障检修

　　动力蓄电池是新能源汽车的核心部件之一，由于其承载高压的特性，其质量直接关系到整车的安全性与可靠性。随着早期的新能源汽车逐渐进入较长使用周期，动力蓄电池的故障问题日益凸显，因此，对这些车辆的动力蓄电池进行有效的故障诊断和及时维修变得尤为关键。

　　在动力蓄电池系统中，故障的发生部位多种多样，涵盖了传感器故障、执行器故障（如接触器故障）以及部件故障（如单体蓄电池故障）等多个方面。每种故障类型都有其特定的诊断方法和处理流程，增加了故障诊断的难度。在动力蓄电池故障诊断过程中，维修人员不仅需要快速准确地找到故障，更要注重操作的安全性。

　　本项目主要介绍新能源汽车动力蓄电池的故障类型认知、单体蓄电池常见故障检修、动力蓄电池无法上高压电故障检修、蓄电池管理系统通信故障检修、动力蓄电池绝缘故障检修等。

项目目标

◆ 素养目标：

1. 培养学生的安全意识、敬业精神，争做精益求精的"大国工匠"。
2. 培养学生具备从事汽车行业工作的职业素养。
3. 培养学生的团队协作精神。

◆ 知识目标：

1. 掌握动力蓄电池的故障类型。
2. 掌握单体蓄电池常见故障检修的方法。
3. 掌握动力蓄电池无法上高压电故障检修。
4. 掌握蓄电池管理系统通信故障检修。
5. 掌握动力蓄电池绝缘故障检修。

◆ 能力目标：

1. 能正确认知动力蓄电池的各种故障类型。
2. 能正确检修单体蓄电池的常见故障。
3. 具备检修动力蓄电池无法上高压电故障的能力。
4. 具备检修蓄电池管理系统通信故障的能力。
5. 具备检修动力蓄电池绝缘故障的能力。
6. 具备信息技术的应用能力和创新能力。

> 情境问题：一辆纯电动汽车无法起动，用故障诊断仪检测显示是动力蓄电池故障，现在需要你进行检查并修复。你能够完成这项任务吗？
>
> _____
>
> _____

任务 5.1　动力蓄电池的故障类型认知

任务目标

1. 掌握动力蓄电池系统的故障类型。
2. 掌握动力蓄电池常见故障的处理方法。
3. 掌握动力蓄电池故障分析的方法。

🧹 任务导入

一辆吉利帝豪 EV450 纯电动汽车出现全车无电故障。你知道动力蓄电池系统的故障类型有哪些种类吗？如果你作为一名新入职新能源汽车维护检测人员，现在车间主管安排你对此车进行诊断和排故，你应该如何处理呢？

> 📖 **证书标准对接：**智能新能源汽车职业技能等级证书标准：新能源汽车动力驱动
> 电机电池技术（初级）职业技能
> 5.1 动力电池检查保养
> 5.1.1 能拆装动力电池组
> 5.1.2 能检查动力电池组有无泄漏、磕碰
> 5.1.5 能检查并测量动力电池单体电池的规格、大小、性能是否一致
> 5.1.6 能检查和记录动力电池标签信息，并核对是否与原厂规格一致
> 5.2 电池管理器检查保养
> 5.2.1 能读取动力电池管理系统故障码

📖 知识准备

动力蓄电池系统的故障是一个涉及多个层面的复杂过程，因为它不仅需要关注单体蓄电池的性能变化，还要考虑到整个动力蓄电池系统的协同工作状态。在这个系统中，电气、机械、热管理和控制等多个维度相互交织，任何一个环节的异常都可能导致故障的发生。动力蓄电池的故障主要可以按照故障发生的部位和故障的性质进行分类。

一、按故障发生的部位分类

1. 单体蓄电池故障

1）在蓄电池模块中有个别单体蓄电池 SOC 偏低或 SOC 偏高。

2）单体蓄电池容量不足和单体蓄电池内阻偏大。

3）单体蓄电池内部短路、单体蓄电池外部短路、单体蓄电池极性装反等。单体蓄电池故障现象、后果和处理方法见表 5-1-1。

2. 蓄电池管理系统故障

蓄电池管理系统对于保障蓄电池模块的安全及使用寿命、最大限度发挥动力蓄电池系统效能具有重要作用。

蓄电池管理系统故障包括 CAN 通信故障、总电压测量故障、单体蓄电池电压测量故障、温度测量故障、电流测量故障和冷却系统故障等。其故障现象、后果和处理方法见表 5-1-2。

表 5-1-1 单体蓄电池故障现象、后果和处理方法

故障部位	故障现象	故障后果	处理方法
单体蓄电池	单体蓄电池 SOC 偏低	蓄电池模块容量降低，纯电动汽车续驶里程变短	对单体蓄电池单独充电
	单体蓄电池 SOC 偏高		对单体蓄电池单独放电
	单体蓄电池容量不足	蓄电池模块充电不足、使用寿命减少，纯电动汽车续驶里程变短	更换单体蓄电池
	单体蓄电池内阻偏大		
	单体蓄电池过充电	动力蓄电池内部短路、动力蓄电池热失控，严重时会起火、爆炸	检查蓄电池管理系统
	单体蓄电池过放电		
	单体蓄电池内部短路	动力蓄电池热失控，严重时会起火、爆炸	更换单体蓄电池
	单体蓄电池外部短路		排除短路故障、更换单体蓄电池
	单体蓄电池极性装反		更换单体蓄电池

表 5-1-2 蓄电池管理系统故障现象、后果和处理方法

故障部位	故障现象	故障后果	处理方法
蓄电池管理系统	CAN 通信故障	无法监控纯电动汽车	检查 CAN 网络
	总电压测量故障	无法监控总电压	检查总电压测量模块
	单体蓄电池电压测量故障	无法监控单体蓄电池电压	检查单体蓄电池电压测量模块
	温度测量故障	无法监控动力蓄电池温度	检查动力蓄温度测量模块
	电流测量故障	无法监控动力蓄电池电流	检查动力蓄电流测量模块
	冷却系统故障	动力蓄电池温度偏高	检查冷却风扇及冷却水泵控制电路

3. 电路或插接器故障

电路或插接器故障的诊断对于确保行车安全和整车的可靠性同样重要。在纯电动汽车运行过程中，蓄电池模块的连接螺栓可能会出现松动，发生蓄电池模块虚接故障，极端情况下甚至造成动力蓄电池着火等安全事故。动力蓄电池箱和纯电动汽车的电气连接也是故障的高发点，插接器在经历长时间振动后容易产生虚接，出现烧蚀、接触不良等故障。电路、接触器故障现象、后果和处理方法见表 5-1-3。

表 5-1-3 电路、接触器故障现象、后果和处理方法

故障部位	故障现象	故障后果	处理方法
电路、接触器故障	正极接触器故障	纯电动汽车无法上电和行驶	检查正极接触器及电路
	负极接触器故障		检查负极接触器及电路
	蓄电池模块之间虚接	纯电动汽车动力不足、续驶里程变短	紧固动力蓄电池插接器

（续）

故障部位	故障现象	故障后果	处理方法
电路、接触器故障	蓄电池模块之间断路	纯电动汽车无法上电和行驶	检查动力蓄电池插接器
	快速熔断器断路		检查快速熔断器
	动力蓄电池插接器断路		检查动力蓄电池插接器
	动力蓄电池插接器虚接	插接器易烧蚀，纯电动汽车动力不足	检查动力蓄电池插接器
	动力蓄电池监控信号插接器虚接	无法监控纯电动汽车	检查监控信号插接器
	电源线短路	动力蓄电池热失控，严重时会起火、爆炸	检查电源线

学习笔记：请调研市面上 3 款纯电动汽车，在以上 3 种故障中，它们的动力蓄电池出现最多的是哪种故障。

_____

_____

二、按故障的性质分类

1. 电压类故障

（1）单体蓄电池电压高

1）故障现象：整车充满电静置后个别单体蓄电池电压明显偏高，其他单体蓄电池正常。

2）故障原因：采集误差；均衡管理单元（LMU）均衡功能差或失效；单体蓄电池容量低，充电时电压上升较快。

3）处理方法：个别单体蓄电池电压显示值较其余单体蓄电池偏高，测量单体蓄电池实际电压值并进行比对，若实际值较显示值低，且与其他单体蓄电池电压相同。则以实际值为标准通过 LMU 对单体蓄电池电压进行校准，若测量值与显示值相符，则人工对单体蓄电池进行放电均衡；检查电压采样线是否断裂、虚接；更换 LMU。

（2）单体蓄电池电压低

1）故障现象：整车充满电静置后，个别单体蓄电池电压明显偏低，其他单体蓄电池正常。

2）故障原因：采集误差；均衡管理单元（LMU）均衡功能差或失效；单体蓄电池自放电率大；单体蓄电池容量低，放电时电压下降较快。

3）处理方法：个别单体蓄电池电压显示值较其余单体蓄电池偏低，测量单体蓄电池实际电压值并进行比对，若实际值较显示值高，且与其他单体蓄电池电压相同，则以实际值为标准通过 LMU 对单体蓄电池电压进行校准，若测量值与显示值相符，则人工对单体蓄电池进行充电均衡；检查电压采样线是否断裂、虚接；更换 LMU；对故障单体蓄电池进行更换。

（3）存在电压差（动态电压差、静态电压差）

1）故障现象：充电时单体蓄电池电压迅速升至充电终止电压；踩加速踏板时，个别单体蓄电池电压比其他单体蓄电池电压下降迅速；踩制动踏板时，个别单体蓄电池电压比其他单体蓄电池电压上升迅速。

2）故障原因：连接单体蓄电池铜汇流排紧固螺母松动；连接面有污物；单体蓄电池自放电率大。单体蓄电池焊接连接铜汇流排开焊（造成该单体容量低）；个别单体蓄电池漏液。

3）处理方法：对螺母进行紧固；清除连接面异物；对单体蓄电池进行充放电均衡。对问题单体蓄电池进行更换。

（4）电压跳变

1）故障现象：车辆运行或充电时，单体蓄电池电压跳变。

2）故障原因：电压采集线连接点松动；LMU 故障。

3）处理方法：对连接点进行紧固；更换 LMU。

2. 温度类故障

（1）热管理故障

1）加热故障（加热片）。

① 故障现象：动力蓄电池充电时，若温度低于某一数值，加热功能不开启。

② 故障原因：加热继电器或 BMS 故障；加热片或继电器供电电路异常。

③ 处理方法：修复或更换加热继电器或 BMS；检查修复供电电路。

2）散热故障（冷却风扇）。

① 故障现象：动力蓄电池温度高于某数值后，冷却风扇未工作。

② 故障原因：冷却风扇继电器或 BMS 故障；冷却风扇或继电器供电电路异常。

③ 处理方法：修复或更换冷却风扇继电器或 BMS；检查修复供电电路。

（2）温度高

1）故障现象：动力蓄电池系统中某个或者某几个温度点偏高，运行或充电中达到报警阈值。

2）故障原因：温度传感器故障；BMS 故障；连接异常，局部发热；冷却风扇未开启，散热差；靠近驱动电机等热源；过充电。

3）处理方法：测量温度传感器电阻并与显示值进行比对，若实际值较显示值低，且与其他温度值相同，则以实际值为标准对 BMS 温度值进行校准；紧固连接点，清除连接点异物；确保冷却风扇开启；增加隔热材料，与热源进行隔离；暂停运行进行散热；立即停止充电；更换 BMS。

（3）温度低

1）故障现象：动力蓄电池系统中某个或者某几个温度点偏低，运行或充电中达到报警阈值。

2）故障原因：温度传感器故障；BMS 故障；局部加热片异常。

3）处理方法：测量温度传感器电阻并与显示值进行比对，若实际值较显示值高，且与其他温度值相同，则以实际值为标准对 BMS 温度值进行校准；检查修复加热片；更换BMS。

（4）温差　参照高低温排查方法，个别单体蓄电池发热差异大时更换单体蓄电池。

3. 充电故障

（1）直流充电故障

1）故障现象：充电无法起动，充电跳枪，充电结束后 SOC 不复位。

2）故障原因：动力蓄电池故障（电压、温度、绝缘等异常）；BMU 故障（充电模块或 CAN 异常）；充电继电器异常；CC1 对搭铁电阻异常、CC2 对搭铁电压异常、PE 搭铁异常。

3）处理方法：排除动力蓄电池故障；修复或更换失效部件；截存充电报文，分析故障原因。

（2）交流充电故障

1）故障原因：动力蓄电池故障（电压、温度、绝缘等异常）；BMS 故障（充电模块或 CAN 异常）；充电继电器异常；CC 对搭铁电阻异常、CP 对搭铁电压异常；PE 搭铁异常。

2）处理方法：排除动力蓄电池故障；修复或更换失效部件；截存充电报文，分析故障原因。

4. 绝缘故障

1）故障原因：动力蓄电池箱或插接器进水、单体蓄电池漏液、环境湿度大、绝缘故障误报、整车其他高压部件（控制器和压缩机等）绝缘不良。

2）处理方法：正极搭铁，如果电压或绝缘阻值小于规定值，则判定负极电路漏电；负极搭铁，如果电压低于规定值或绝缘阻值小于规定值，则判定正极电路漏电。根据其漏电电压值大小除以此时的单体蓄电池电压值就可以计算出漏电点位，然后根据不同情况分析处理。

5. 通信故障

1）LMU 通信故障或 BMS 通信故障现象：整车只有一个或几个 LMU 信息，或整车没有 BMS 信息。

2）故障原因：LMU 或 BMS 故障；LMU 或 BMS 供电电路或通信电路接触不良、故障；信号干扰。

3）处理方法：更换 LMU 或 BMS；检查修复供电电路、通信电路；检查屏蔽线，查找并消除干扰源。

6. SOC 异常

（1）SOC 不准确　若"充电的 SOC"+"剩余的 SOC"较实际显示值有偏差或者根据 SOC 与开路电压（OCV）的对应关系估算实际电量与 SOC 不对应，即认为 SOC 不准确。

$$充电电量 \div 额定容量 = 充电的 SOC$$

（2）SOC 不变化

1）故障原因：通信异常（数据缺失）；电流异常（霍尔式电流传感器及其输入输出电路）；BMS 故障；其他动力蓄电池故障报警。

2）处理方法：确保数据完整；修复或更换失效部件；消除所有动力蓄电池故障报警。

（3）SOC 下降快

1）故障原因：通信周期异常；电流异常（霍尔式电流传感器正向电流大、反馈电流小）；单体蓄电池电压偏低，下降快；BMS 故障；低温。

2）处理方法：更新 BMS 程序；修复或更换失效部件。

（4）SOC 下降慢

1）故障原因：通信周期异常；电流异常（霍尔式电流传感器正向电流小、反馈电流大）；BMS 故障。

2）处理方法：更新 BMS 程序；修复或更换失效部件。

（5）SOC 跳动　确认程序版本号是否正确。

7．电流异常

1）故障原因：霍尔式电流传感器及其输入输出电路异常。霍尔式电流传感器反装；直流充电时，如果 BMS 需求电压或电流为 0 时，充电机按最小输出能力输出。

2）处理方法：更新 BMS 程序；修复或更换失效部件。

> 📝 学习笔记：如何利用现有的技术和数据分析方法，提高对电压类、温度类、充电类等故障的识别准确性和响应速度？
>
> _____
>
> _____
>
> _____
>
> _____

☒ 任务实施

【安全及注意事项】

1）作业前应确保高压电路处于断开状态。

2）应穿戴好绝缘手套并铺设好绝缘垫。

3）施工前工位要达到新能源汽车检测安全工位要求。

4）着装应整洁规范，遵守相关规程。

5）任务完成后工具应放回原位，严禁随意摆放。

> 📅 我的预测：请想一想，本任务实施过程中可能会遇到哪些困难？我的解决办法有哪些？
>
> _____
>
> _____
>
> _____
>
> _____

【操作过程】

请按照要求完成新能源汽车动力蓄电池故障类型认知任务，并填写工作任务单。

学　院		专　业		班　级	
姓　名		学　号		日　期	
指导教师					

作业前 准备记录	作业前高压电路是否处于断开状态：是□　否□ 是否穿戴好绝缘手套并铺设好绝缘垫：是□　否□ 操作工位是否符合安全要求：是□　否□ 着装是否整洁规范，是否阅读相关规程：是□　否□			
	工具资料	名　称	规　格	备　注
	工具清单			
	资料清单			

制订计划	请根据相关工艺流程制订实施计划	
	序号	
	1	
	2	
	3	
	4	
	5	

操作步骤示意图	操作过程及内容	完成情况

1. 基本检查

	检测辅助蓄电池电压	测量值	标准值	判断
		＿＿＿V	＿＿＿V	正常□ 异常□

	1）检查高压部件及其插接器情况 2）检查低压部件及其插接器情况	是否正常：正常□　异常□

2. 故障现象确认

	踩下制动踏板，打开点火开关	是否完成：是□　否□
	1）观察仪表板 2）确认整车能否上电	显示	判断
			正常□　异常□
			正常□　异常□

（续）

操作步骤示意图	操作过程及内容	完成情况	
	确认交流慢充能否充电	能□　不能□	

3. 读取故障码、数据流

操作步骤示意图	操作过程及内容	完成情况	
	1）关闭点火开关 2）将 OBD Ⅱ 测量线连接至 VCI 设备 3）连接车辆 OBD 诊断座，VCI 设备电源指示灯亮起	是否完成：是□　否□	
	打开点火开关	是否完成：是□　否□	
	选择相应车型并读取故障码	故障码	含义
	读取与故障相关数据流	数据流名称	数据值

4. 故障范围分析

检查验收安装情况，确认 6S 管理	是否关闭车辆点火开关：是□　否□
	是否收起并整理防护四件套：是□　否□
	是否清洁防护用具并归位：是□　否□
	是否清洁整理仪器设备与工具：是□　否□

🖥 评价考核

在课程教学中进行职业素养和操作规范评分。

评分项	评分标准（扣分标准）	配分	扣分
一、作业准备			
场地准备	□ 未检查设置隔离栏（2分） □ 未设置安全警示牌（2分） □ 未检查灭火器压力值（水基、干粉）（2分） □ 未安装车辆挡块（2分） □ 未安装车外三件套或安装位置不正确（3分） □ 操作中翼子板布、格栅布自行脱落（2分） □ 车内三件套（转向盘套、座椅套、脚垫）少铺、未铺或撕裂（2分）	15分	
人员安全	□ 未检查绝缘手套密封性或检查时未密封（3分） □ 未检查绝缘手套的耐电压等级（2分） □ 未检查作业用抗酸碱手套、护目镜、安全帽外观损伤情况（6分） □ 未穿安全鞋（进入工位前提前穿好）（2分） □ 未检查确认档位（2分）	15分	
二、操作步骤			
动力蓄电池故障 类型认知	□ 未正确执行基本检查（4分） □ 未正确确认故障现象（4分） □ 未正确读取故障码（6分） □ 未正确读取数据流（6分） □ 未正确进行故障范围分析（10分）	30分	
三、团队协作、安全与6S管理			
团队协作	□ 作业时未互相配合，分工不合理（5分） □ 未在规定时间内完成全部作业（3分） □ 配合时身体发生碰撞，语言发生争执（5分） □ 未佩戴抗酸碱手套（2分）	15分	
安全与6S管理	□ 有影响安全操作的行为，包括但不限于以下内容：仪器、设备、工具、零件落地；不注意安全操作，随意放置工具、量具或造成其他安全隐患（5分） □ 地上有油污时未擦掉，未做废物分类环保处理（5分） □ 工具使用不当，由于野蛮操作，导致设备损坏，扣除该项所有分数（5分） □ 未清洁归还工具，或工具未清洁就放进工具箱（5分） □ 未清洁整理场地（5分）	25分	
总评分			
个人分析总结			

存在问题及改进措施

指导教师签字：　　　　　　　　日期：

思考练习

一、填空题

1. 动力蓄电池作为新能源汽车的核心部件，其质量直接关系到整车的_____与_____。

2. 在动力蓄电池系统中，故障的发生部位多种多样，包括传感器故障、执行器故障以及部件故障等，每种故障类型都有其特定的_____方法和处理流程。

3. 动力蓄电池的故障主要可以按照故障发生的部位和故障的_____进行分类。

4. 蓄电池管理系统故障包括_____、_____、_____、_____等，它对于保障蓄电池模块的安全及使用寿命、最大限度发挥动力蓄电池系统效能具有重要作用。

5. 动力蓄电池的故障检修需要注重操作的_____，确保维修人员的安全。

二、单选题

1. 动力蓄电池故障检修过程中，维修人员首先需要做的是（　　）。

A. 更换单体蓄电池　　　　　　　　B. 读取故障码

C. 进行外观检查　　　　　　　　　D. 直接进行充电尝试

2. 动力蓄电池的故障类型认知中，不属于按故障发生部位分类的是（　　）。

A. 单体蓄电池故障　　　　　　　　B. 蓄电池管理系统故障

C. 电路或插接器故障　　　　　　　D. 软件编程故障

3. 动力蓄电池的故障检修中，对于蓄电池管理系统故障的处理方法不包括（　　）。

A. 检查 CAN 网络　　　　　　　　B. 检查总电压测量模块

C. 检查单体蓄电池电压测量模块　　D. 更换单体蓄电池

4. 在动力蓄电池的故障检修中，如果发现单体蓄电池 SOC 偏低，应该采取的处理方法是（　　）。

A. 对单体蓄电池单独充电　　　　　B. 对单体蓄电池单独放电

C. 检查蓄电池管理系统　　　　　　D. 更换单体蓄电池

5. 动力蓄电池的故障检修任务中，不属于任务实施安全及注意事项的是（　　）。

A. 穿戴好绝缘手套　　　　　　　　B. 铺设好绝缘垫

C. 随意摆放工具　　　　　　　　　D. 遵守相关规程

三、简答题

1. 描述动力蓄电池故障检修的基本流程，并解释每个步骤的重要性。

2. 动力蓄电池的故障类型认知对于新能源汽车维护检测人员的意义是什么？

3. 在动力蓄电池故障检修中，如何确保维修人员的操作安全？

4. 针对动力蓄电池的故障检修，你认为哪些技术和方法可以提高检修效率和准确性？

任务 5.2　单体蓄电池常见故障检修

任务目标

1. 能叙述单体蓄电池常见故障的原因。
2. 能对单体蓄电池电压异常故障进行处理。
3. 能使用专用工具进行单体蓄电池电压过高故障诊断与排除。

任务导入

一辆吉利帝豪 EV450 纯电动汽车出现单体蓄电池电压过低、动力蓄电池性能下降的故障。如果你作为一名新能源汽车维护检测人员，你现在应该对单体蓄电池做哪些检测？

> 📋 **证书标准对接：** 智能新能源汽车职业技能等级证书标准：新能源汽车动力驱动电机电池技术（初级）职业技能
>
> 5.1　动力电池检查保养
> 5.1.1　能拆装动力电池组
> 5.1.2　能检查动力电池组有无泄漏、磕碰
> 5.1.3　能测量和校正动力电池单体电池的电压和容量，确认是否更换
> 5.1.4　能检查并更换单体电池
> 5.1.5　能检查并测量动力电池单体电池的规格、大小、性能是否一致
> 5.1.6　能检查和记录动力电池标签信息，并核对是否与原厂规格一致

知识准备

一、新能源汽车动力蓄电池单体蓄电池故障原因分析

单体蓄电池的故障模式可分为安全性故障和非安全性故障。

1. 单体蓄电池安全性故障分析

（1）单体蓄电池内部正负极短路　引起单体蓄电池内部短路的原因有很多，可能是由于单体蓄电池生产过程中的缺陷导致或是因为长期振动外力导致单体蓄电池变形。一旦发生严重内部短路，外部熔丝不起作用，肯定会发生冒烟或燃烧。如果遭遇到该情况，应第一时间通知车上人员逃生。目前电池厂家没有办法在出厂时 100% 将有可能发生内部短路的单体蓄电池筛选出来，只能在后期充分做好检测将发生内部短路的概率降低。

（2）单体蓄电池漏液　单体蓄电池漏液是非常危险的，也是非常常见的失效模式。纯电动汽车着火的事故很多都是因为单体蓄电池漏液造成的。单体蓄电池漏液的原因有：外力损伤；碰撞、安装不规范造成密封结构被破坏；焊接缺陷、封合胶量不足等制造原因造成密封性能不好等。单体蓄电池漏液后整个蓄电池包绝缘失效，单点绝缘失效问题不大，如果有两点或以上绝缘失效，会发生外部短路。从实际应用情况来看，与软包和塑壳单体蓄电池相比，金属壳单体蓄电池更容易发生漏液情况导致绝缘失效。

（3）单体蓄电池负极析锂　单体蓄电池使用不当，过充电、低温充电、大电流充电都会导致单体蓄电池负极析锂。国内大部分厂家生产的磷酸铁锂或三元锂离子蓄电池在0℃以下充电都会发生析锂；0℃以上，由于单体蓄电池的特性，只能小电流充电。发生负极析锂后，锂不可还原，导致单体蓄电池容量不可逆衰减。当析锂达到严重程度时，形成的锂枝晶，会刺穿隔膜发生内部短路，所以动力蓄电池在使用时应该严禁低温下充电。

（4）单体蓄电池胀气鼓胀　产生胀气的原因很多，主要是因为单体蓄电池内部发生副反应产生气体，最为典型的是与水发生的副反应。胀气问题可以通过在单体蓄电池生产过程严格控制水分避免。一旦发生单体蓄电池胀气就会发生漏液等情况。

以上几种失效模式是非常严重的问题，可能会造成人员伤亡。单体蓄电池使用1~2年没有问题，并不代表这个单体蓄电池以后没有问题，使用越久的单体蓄电池失效的风险越大。

2. 单体蓄电池非安全性故障分析

（1）容量一致性差　动力蓄电池的不一致性通常是指一组蓄电池模块内单体蓄电池的剩余容量差异过大、电压差异过大，引起纯电动汽车续驶能力变差。引起单体蓄电池一致性变差的原因是多方面的，包括单体蓄电池的生产制造工艺、单体蓄电池的存放时间、单体蓄电池充放电期间的温度差异、充放电电流大小等。目前的解决方法主要是通过提高单体蓄电池的生产制造工艺控制水平，从生产尽可能保证单体蓄电池的一致性，使用同一批次单体蓄电池进行配组。这种方法有一定效果，但无法根治，蓄电池模块使用一段时间后一致性差的问题还会出现，蓄电池模块发生不一致性问题后，如果不能及时处理，问题会更加严重，甚至会发生危险。

（2）自放电过大　单体蓄电池制造时混入的杂质造成的微短路引起的不可逆反应是造成个别单体蓄电池自放电偏大的最主要原因。大多蓄电池生产厂家对蓄电池的微小自放电都可忽略。由于单体蓄电池在长时间的充放电及搁置过程中，随环境条件发生化学反应，引起单体蓄电池自放电大，这使单体蓄电池电量降低，性能低下，不能满足使用需求。

（3）低温放电容量减少　随着温度的降低，电解液低温性能下降，参与反应不够，电解液电导率降低，会导致单体蓄电池电阻增大，电压平台降低，容量也降低。目前各厂家单体蓄电池在 -20℃下的放电容量基本是额定容量的 70%~75%。低温下单体蓄电池放电容量减少，且放电性能差，影响纯电动汽车的使用性能和续驶里程。

（4）单体蓄电池容量衰减　单体蓄电池容量衰减主要是由于活性锂离子的损失以及电极活性材料的损失。正极活性材料层状结构规整度下降，负极活性材料上沉积钝化膜，石墨化程度降低，隔膜孔隙率下降，会导致单体蓄电池电荷传递阻抗增大，脱嵌锂能力下降，从而导致容量的损失。容量衰减是单体蓄电池不可避免的问题，但是目前蓄电池厂家首要应该解决安全性失效问题和单体蓄电池一致性问题，在这个基础上再考虑增加单体蓄电池的循环寿命。

> ✎ 学习笔记：查询相关资料，说一说，当单体蓄电池发生安全性故障时，动力蓄电池系统应采取哪些紧急措施来保护车辆和乘客的安全？请提出可能的应急处理流程。
>
> _____
>
> _____

二、蓄电池模块单体蓄电池电压异常故障分析处理

1. 个别单体蓄电池电压异常故障处理流程

步骤 1：根据采集到的蓄电池数据流，确认异常单体蓄电池的编号，参考维修资料找到该单体蓄电池编号所对应的蓄电池模块。

步骤 2：检查蓄电池模块的采样线束是否有破损、插接器是否松动。若破损应更换线束；若采样线束正常，需进行下一步骤排查。

步骤 3：检查单体蓄电池监测电路（CSC）模块的采样功能是否正常，可更换新的 CSC 模块（需配好对应地址）或者相邻两块 CSC 模块对换。再通过诊断仪或上位机软件查看所有单体蓄电池的数据流；若单体蓄电池采样正常，则说明是 CSC 模块问题，更换即可；若单体蓄电池仍旧采样异常，则说明 CSC 模块功能正常，需进行下一步骤确认工作。

步骤 4：检查蓄电池模块内对应单体蓄电池的单体电压：可拔掉 CSC 模块端采样插接器，根据线标测量对应单体蓄电池的实际电压：若实际量取电压与采样值一致，则说明是蓄电池模块内单体蓄电池问题导致的异常，排查结束。

注意：万用表测量单体蓄电池实际电压时，注意佩戴绝缘手套，避免表笔短路。

2. 个别单体蓄电池电压异常故障处理

在确保蓄电池模块绝缘值正常，且单体蓄电池没有严重欠电压、过电压的前提条件下，可对相应单体蓄电池做补电或放电均衡处理，保证所有单体蓄电池电压平台基本一致，否则需要更换相对应电压平台的蓄电池模块。针对行车过程中出现的个别单体蓄电池电压异常，根据上述步骤处理完后随车采集 2~3 天单体蓄电池数据流，判断问题是否有效解决。

3. 整组单体蓄电池电压异常故障处理流程

步骤 1：确保全车 CAN 网络线束连接完好，包括 BMC 与 CSC 模块之间的蓄电池子网连接正常。

步骤 2：使用诊断仪或上位机软件确认整组单体蓄电池电压异常的模块号以及对照维修资料找到相对应的 CSC 模块。

步骤 3：若是整组单体蓄电池电压偏高或偏低导致的故障，则可通过对蓄电池模块正常充放电解决：若是单个蓄电池模块内所有单体蓄电池电压偏高或偏低，则可通过对该箱体单独充放电即可解决。

注意：蓄电池模块过充电或过放电且超过安全可控范围造成蓄电池模块内单体蓄电池异常的，处理后不能再次使用。

4. 一般情况下的单体蓄电池电压异常故障处理

某个或某几个单体蓄电池电压异常，一般情况下可能是 CSC 模块端的插接器引起的，

或是蓄电池模块有过充电、过放电现象，只需要按照上述步骤处理即可。单体蓄电池电压异常处理完后随车采集 2~3 天单体蓄电池数据流，判断问题是否解决。

5. 蓄电池模块单体蓄电池电压异常故障的其他原因

蓄电池模块单体蓄电池电压异常故障（过电压、欠电压、电压差过大）的原因主要有：插接器和线束松动或磨损、CSC 模块损坏、单体蓄电池自身差异等。另外故障原因还可能是由于电磁干扰导致数据收集、上传异常，可按照 CAN 总线干扰处理方案进行处理。

> 📝学习笔记：查询相关资料，说一说，如何通过定期的单体蓄电池检测和故障处理来预测和延长蓄电池模块的使用寿命？
>
> _____
>
> _____

三、单体蓄电池电压过高故障诊断与排除

动力蓄电池充满电后，左侧的蓄电池模块出现单体蓄电池电压偏高的情况。例如，磷酸铁锂离子蓄电池满电静置后单体蓄电池电压在 3.35V 左右，三元锂离子蓄电池满电静置后单体蓄电池电压在 3.90V 左右，若出现电压差在 30mV 以上就可以判断单体蓄电池电压过高故障。

单体蓄电池电压过高原因包括：①单体蓄电池监测电路（CSC）模块采集信号误差；② CSC 模块均衡功能差或失效；③单体蓄电池容量低（俗称单体蓄电池衰减），充电时蓄电池模块或单体蓄电池电压值上升快，特别是车辆在滑行、减速过程中更加明显。

1. 单体蓄电池电压过高处理方法

1）若单体蓄电池电压显示值相较其他的单体蓄电池电压值偏高，则测量单体蓄电池电压值，若实际值较显示值低，并且与其他的单体蓄电池电压相同，则以实际的测试值为标准对 CSC 模块单体蓄电池电压进行校准；若测量值与显示值相同，则人为对电压值偏高的单体蓄电池或蓄电池模块进行放电均衡。

2）检查 CSC 模块的电压采集样线是否断裂、虚接。

3）更换 CSC 模块。

2. 单体蓄电池电压低故障诊断与排除

满电静置后，单体蓄电池低于正常值。单体蓄电池电压低处理方法如下：

1）若单体蓄电池电压显示值相较其他的单体蓄电池电压值偏低，则测量单体蓄电池电压值，若实际值较显示值高，并且与其他的单体蓄电池电压相同，则以实际的测试值为标准对 CSC 模块单体蓄电池电压进行校准；若测量值与显示值相同，则人为对电压值偏低的单体蓄电池或蓄电池模块进行充电均衡。

2）检查 CSC 模块的电压采集线束是否断裂、虚接。

3）更换 CSC 模块。

4）对故障的单体蓄电池或蓄电池模块进行更换。步骤如下：

① 作业前准备（场地布置、防护装备检查穿戴、仪器设备检查、汽车防护三件套安装）。

② 记录车辆信息。

③ 确认故障现象，读取故障码和数据流，分析故障范围。

④ 制定故障检测步骤。

⑤ 实施故障检测与排除。

> 📝 学习笔记：查询相关资料，说一说，单体蓄电池检测在新能源汽车的整个生命周期中扮演什么角色？
>
> _____
>
> _____

☒ 任务实施

【安全及注意事项】

1）作业前应确保高压电路处于断开状态。

2）应穿戴好绝缘手套并铺设好绝缘垫。

3）施工前工位要达到新能源汽车检测安全工位要求。

4）着装应整洁规范，遵守相关规程。

5）任务完成后工具应放回原位，严禁随意摆放。

> 📅 我的预测：请想一想，本任务实施过程中可能会遇到哪些困难？我的解决办法有哪些？
>
> _____
>
> _____

【操作过程】

请按照要求完成单体蓄电池过放电故障排除任务，并填写工作任务单。

学　院		专　业		班　级	
姓　名		学　号		日　期	
指导教师					
作业前准备记录	作业前高压电路是否处于断开状态：是□　否□ 是否穿戴好绝缘手套并铺设好绝缘垫：是□　否□ 操作工位是否符合安全要求：是□　否□ 着装是否整洁规范，是否阅读相关规程：是□　否□				

工具资料	名　称	规　格	备　注
工具清单			
资料清单			

（续）

<table>
<tr><td rowspan="6">制订计划</td><td colspan="2">请根据相关工艺流程制订实施计划</td><td rowspan="2"></td></tr>
<tr><td>序号</td><td></td></tr>
<tr><td>1</td><td></td><td rowspan="4">单体蓄电池过
放电故障排除</td></tr>
<tr><td>2</td><td></td></tr>
<tr><td>3</td><td></td></tr>
<tr><td>4</td><td></td></tr>
</table>

序号	
5	

操作步骤示意图	操作过程及内容	完成情况
	起动蓄电池管理系统实训台架 现象：蓄电池故障灯点亮	是否完成：是□　否□
	1）单击放电按钮，设备显示系统 有故障：不允许执行放电操作 2）分析故障原因	是否完成：是□　否□
	1）单击考试按钮 2）单击读取数据流按钮 3）当前总电压_____V 4）查看当前单体蓄电池电压及温度 5）单击读故障码按钮 6）单击实训按钮查看当前蓄电池 SOC 为_____%	是否完成：是□　否□
	将万用表红、黑表笔分别接 BAT 1、 2、3、4、5、6、7、8、9、10、11、 12 正负极，测得电压分别为___V、 ___V、___V、___V、___V、 ___V、___V、___V、___V、 ___V、___V、___V	正常□　异常□，BAT____异 常，电压____V

（续）

操作步骤示意图	操作过程及内容	完成情况
	1）在实训台主界面，单击考试按钮，单击答题按钮，选择过放电 2）选择相应过放电的单体蓄电池 3）答题完毕，故障排除	是否完成：是□　否□
检查验收安装情况，确认 6S 管理	是否关闭车辆点火开关：是□　否□	
	是否收起并整理防护四件套：是□　否□	
	是否清洁防护用具并归位：是□　否□	
	是否清洁整理仪器设备与工具：是□　否□	

评价考核

在课程教学中进行职业素养和操作规范评分。

评分项		评分标准（扣分标准）	配分	扣分
一、作业准备				
场地准备		□ 未检查设置隔离栏（2分） □ 未设置安全警示牌（2分） □ 未检查灭火器压力值（水基、干粉）（2分） □ 未安装车辆挡块（2分） □ 未安装车外三件套或安装位置不正确（3分） □ 操作中翼子板布、格栅布自行脱落（2分） □ 车内三件套（转向盘套、座椅套、脚垫）少铺、未铺或撕裂（2分）	15分	
人员安全		□ 未检查绝缘手套密封性或检查时未密封（3分） □ 未检查绝缘手套的耐电压等级（2分） □ 未检查作业用抗酸碱手套、护目镜、安全帽外观损伤情况（6分） □ 未穿安全鞋（进入工位前提前穿好）（2分） □ 未检查确认档位（2分）	15分	

（续）

评分项	评分标准（扣分标准）	配分	扣分
二、操作步骤			
单体蓄电池过放电故障排除	□ 未正确使用蓄电池管理系统实训台架（4分） □ 未正确读取数据流（6分） □ 未正确测量各单体蓄电池电压（4分） □ 未正确判断过放电单体蓄电池位置（8分） □ 未正确排除故障（8分）	30分	
三、团队协作、安全与6S管理			
团队协作	□ 作业时未互相配合，分工不合理（5分） □ 未在规定时间内完成全部作业（3分） □ 配合时身体发生碰撞，语言发生争执（5分） □ 未佩戴抗酸碱手套（2分）	15分	
安全与6S管理	□ 有影响安全操作的行为，包括但不限于以下内容：仪器、设备、工具、零件落地；不注意安全操作，随意放置工具、量具或造成其他安全隐患（5分） □ 地上有油污时未擦掉，未做废物分类环保处理（5分） □ 工具使用不当，由于野蛮操作，导致设备损坏，扣除该项所有分数（5分） □ 未清洁归还工具，或工具未清洁就放进工具箱（5分） □ 未清洁整理场地（5分）	25分	
总评分			
个人分析总结			

存在问题及改进措施

指导教师签字：   日期：

💡 思考练习

一、填空题

1. 纯电动汽车动力蓄电池的基本要求之一是具有较大的_____，以提供更长的续驶里程。

2. 动力蓄电池在放电时需要转化为_____，以供纯电动汽车使用。

3. 单体蓄电池故障原因分析中，非安全性故障包括_____、_____、_____和_____。

4. 单体蓄电池测试的一般条件中，环境要求的温度为＿＿＿＿＿＿±5℃。

二、单选题

1. 单体蓄电池故障原因分析中，属于安全性故障的是（　　　）。

A. 容量一致性差　　　　　　　　　　B. 自放电过大

C. 单体蓄电池内部正负极短路　　　　D. 低温放电容量减少

2. 动力蓄电池的基本要求中，（　　　）是指蓄电池单位质量或单位体积所能输出的电能。

A. 比能量　　　　　　　　　　　　　B. 比功率

C. 充放电效率　　　　　　　　　　　D. 成本

三、思考题

1. 新能源汽车对动力蓄电池的基本要求有哪些？

2. 单体蓄电池发生安全性故障时，动力蓄电池系统应采取哪些紧急措施来保护车辆和乘客的安全？

任务5.3　动力蓄电池无法上高压电故障检修

任务目标

1. 掌握纯电动汽车高压上电与下电的基本定义和控制策略。
2. 掌握吉利帝豪EV450高压系统的结构和原理。
3. 掌握纯电动汽车无法上高压电故障诊断和排除的流程。

任务导入

一辆吉利帝豪EV450纯电动汽车出现无法上高压电的故障。如果你作为一名新入职新能源汽车维护检测人员，现在车间主管安排你完成此任务，你应该如何处理呢？

> **证书标准对接：** 智能新能源汽车职业技能等级证书标准：新能源汽车动力驱动电机电池技术（初级）职业技能
>
> 5.1　动力电池检查保养
>
> 5.1.8　能检查动力电池高压线束及接插件是否松动、引脚是否烧蚀
>
> 5.1.9　能检查高压部件是否有涉水痕迹
>
> 5.1.10　能测量动力电池壳体及电缆的绝缘电阻和漏电量
>
> 5.2　电池管理器检查保养
>
> 5.2.1　能读取动力电池管理系统故障码

📑 **知识准备**

一、纯电动汽车高压上电与下电的控制策略概述

1. 高压上电与下电的定义

高压上电是指纯电动汽车在接收到驾驶人的上电指令后，通过整车控制单元（VCU）、蓄电池管理系统（BMS）和电机控制器（MCU）等关键部件，按照既定的控制逻辑，在满足上电条件的前提下，由 VCU 或 BMS 控制动力蓄电池的主正极和主负极接触器闭合，从而实现动力蓄电池对高压电气系统的供电。

高压下电则是在接收到驾驶人的下电指令或系统检测到不满足上电条件时，VCU 或 BMS 控制动力蓄电池的主正和主负接触器断开，切断动力蓄电池对高压电气系统的供电。

2. 控制策略的关键点

纯电动汽车的高压系统设计需满足高效、安全和可靠的要求。在高压上电和下电的过程中，系统的控制策略需综合考虑电气部件的耐久性、驾驶人的操作指令以及系统的安全保护机制。

预充电过程：为避免在上电初期由于变频器中大电容充电导致的局部短路和大电流冲击，对于 60V 以上的高压系统，上电前应进行预充电，以减轻高压冲击。

接触器闭合与断开时间：在高压上下电过程中，接触器的闭合或断开动作要求在 20ms 内完成，以确保系统的快速响应和安全运行。

安全要求：在高压系统断开 1s 后，纯电动汽车的任何导电部分和可触及部分的搭铁电压峰值应小于 AC 42.4V 或 DC 60V，确保储存的能量不超过 20J，以满足高压安全标准。

3. 吉利帝豪 EV450 高压电气系统组成与工作原理

吉利帝豪 EV450 纯电动汽车的高压电气系统由多个关键组件构成，该系统的架构如图 5-3-1 所示，包括动力蓄电池、车载充电机及分线盒总成、压缩机、PTC 加热器、电机控制器及 DC/DC 变换器总成、驱动电机以及交直流充电插座等部分。动力蓄电池内部集成了高压分配单元（B-BOX），其中包含了主正接触器、主负接触器、主预充接触器、预充电阻、直流充电预充接触器、直流充电预充电阻和直流充电正极接触器等元件。

吉利帝豪 EV450 的蓄电池管理系统（BMS）采用了一种分布式的架构，包括蓄电池控制单元（BMU）和单体蓄电池监测电路（CSC）。这些关键组件均位于蓄电池组装的内部区域。蓄电池控制单元（BMU）负责收集各个蓄电池模块的电压、电流、温度以及整车绝缘等数据，并将其传输给整车控制单元（VCU）。同时，根据整车控制单元（VCU）的指令，蓄电池控制单元（BMU）也会对动力蓄电池系统进行相应的管理与调节。在每个蓄电池模块中，都配备了若干个单体蓄电池 CSC，它们的主要任务是监测每个独立的蓄电池模块的电压和温度状况。这些信息被收集后，会传输回蓄电池控制单元（BMU），并依据蓄电池控制单元（BMU）的指令进行蓄电池模块之间的均衡操作。

CA69 和 CA70 是 BMS 的低压插接器，如图 5-3-2 所示，详细的端子定义见表 5-3-1。

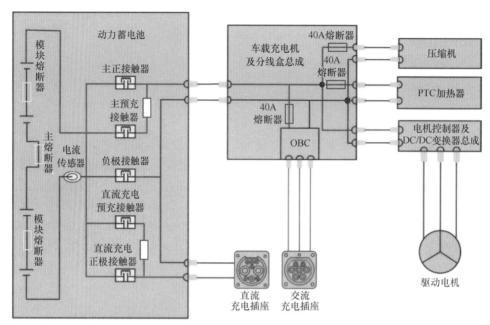

图 5-3-1 吉利帝豪 EV450 高压电气系统的架构

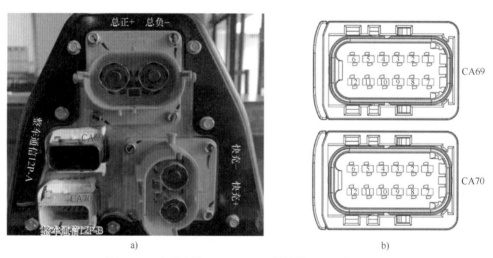

图 5-3-2 吉利帝豪 EV450 BMS 插接器 CA69 和 CA70

表 5-3-1 CA69 和 CA70 插接器端子定义

CA69 端子号	端子定义	颜色	CA70 端子号	端子定义	颜色
1	常电 12V	R/L（红/蓝）	1	快充 CCAN-H	O/L（橙/蓝）
2	电源地 GND	B（黑）	2	快充 CCAN-L	O/G（橙/绿）
3	整车 CAN-H	Gr/O（灰/橙）	3	快充 CC2	Br（棕）
4	整车 CAN-L	L/B（蓝/黑）	4	快充 wakeup	R（红）
6	Crosh 信号	L/R（蓝/红）	5	快充 wakeup GND	B/R（黑/红）
7	IG2	G/Y（绿/黄）	11	快充插座负极柱温度 +	B/Y（黑/黄）

（续）

CA69 端子号	端子定义	颜色	CA70 端子号	端子定义	颜色
9	快充插座正极柱温度 +	W/L（白／蓝）	12	快充插座负极柱温度 –	B/W（黑／白）
10	快充插座正极柱温度 –	G/Y（绿／黄）			
11	诊断插口 CAN-H	L/W（蓝／白）			
12	诊断插口 CAN-L	Gr（灰）			

4. 吉利帝豪 EV450 上下电控制策略

（1）吉利帝豪 EV450 上电过程　吉利帝豪 EV450 上下电控制涉及整车控制器（VCU）、蓄电池管理系统（BMS）、电力电子单元（PEU）、车身控制模块（BCM）、减速机控制器（TCU）、安全气囊控制器（ACU）、高压配电盒（B-BOX）、驱动电机、制动开关、电子换档开关等，如图 5-3-3 所示。

① 吉利帝豪 EV450 车型配备了先进的无钥匙进入和一键起动系统。该系统的核心是车身控制模块（BCM），它负责检测携带有效身份的遥控器（UID）在车辆周围的存在。一旦 BCM 检测到有效的遥控器，与之相应的遥控器会发出信号与车辆进行通信。接下来，BCM 会指挥解锁转向柱的电子锁（ESCL），并通过 CAN 总线系统与车辆的动力系统进行信息交换和认证。当驾驶人将一键点火开关调至 ACC 档

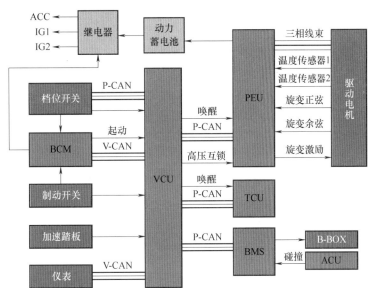

图 5-3-3　吉利帝豪 EV450 上电控制原理图

位时，BCM 通过 IP23/32 端子操作 ACC 继电器 IR03 闭合，从而为 ACC 档位的电器设备提供电源。随后，当驾驶人将点火开关调至 ON 档位，BCM 通过 IP23/15 端子和 IP23/31 端子控制 IG1 和 IG2 继电器闭合。IG1 继电器负责为整车控制器（VCU）供电，而 IG2 继电器则为蓄电池管理系统（BMS）、电力电子单元（PEU）等其他电控单元提供电力。在这些关键系统完成自检并确认无故障后，车辆便可以进入下一步起动程序。

② 当驾驶人踩下制动踏板并按下点火开关（ST 档）以请求上电时，车身控制模块（BCM）会向整车控制单元（VCU）发送起动信号。

③ VCU 随后通过动力 CAN（P-CAN）检查上电所需的各项条件是否得到满足，包括检查制动开关信号、电子换档开关信号、高压互锁信号、旋变传感器的正弦信号和激励信号、温度传感器信号、碰撞信号、动力蓄电池的电流和电压、整车漏电信号以及 P 位位置信号等是否正常。

④ 如果所有条件均符合要求，VCU 将通过动力 CAN 唤醒蓄电池管理系统（BMS）。BMS 首先控制负极接触器闭合，然后开始预充电程序。预充电过程中，首先闭合主预充继电器，并在车载充电机及分线盒总成输出高压电，同时串联预充电阻。

⑤ 当输出母线电压与动力蓄电池电压差值小于 50V 时，BMS 控制主正接触器闭合，并断开主预充接触器，完成上电过程。

⑥ 上电完成后，VCU 通过车辆控制总线（V-CAN）点亮仪表板上的"READY"指示灯。同时，VCU 向电力电子单元（PEU）发送指令，包括驱动电机使能信息、驱动电机模式信息（再生制动、正向驱动、反向驱动）以及相应模式下的驱动电机转矩。PEU 则向 VCU 上报驱动电机和电机控制器的各种参数及故障报警信息，主要包括驱动电机转速、驱动电机转矩、驱动电机电压和电流。至此，车辆已做好行驶准备。

（2）吉利帝豪 EV450 下电过程

① 当在上电状态下，BMS、VCU、PEU 等监测到有漏电、碰撞、高压互锁故障、旋变传感器故障等信号时，BMS 会控制主正接触器、负极接触器和分压接触器断开，从而使纯电动汽车下电。

② 当驾驶人希望下电时，再次按下起动按钮，BCM 会向 VCU 发送下电请求。

③ VCU 随后通过动力 CAN（P-CAN）让 PEU 切断驱动电机的驱动电源，并通过 P-CAN 向 BMS 发送指令。

④ 根据指令，BMS 控制主正接触器和负极接触器断开，完成纯电动汽车的下电过程。

> 📝 **学习笔记**：请提出一种创新的高压上电与下电控制策略，该策略应考虑如何在极端气候条件下保护高压系统、延长动力蓄电池使用寿命，并优化能效。
>
> _____
>
> _____

二、吉利帝豪 EV450 无法上电故障分析

根据吉利帝豪 EV450 纯电动汽车上下电控制策略，对吉利帝豪 EV450 无法上电的主要故障原因进行分析，主要原因有：低压供电故障、动力 CAN 通信故障、上电条件不满足故障等。

1. 低压供电故障

1）检查辅助蓄电池供电电压。吉利帝豪 EV450 所有控制器供电均由一个 12V 辅助蓄电池提供。辅助蓄电池电压过低，或供电电源正极、搭铁电路接触不良均可导致控制器工作不正常，从而无法上电。检测辅助蓄电池，电压应为 11~14V，电路电阻小于 1Ω。

2）检测 BCM 供电电源。

① 图 5-3-4 所示为 BCM 电源电路及插接器。断开辅助蓄电池负极 90s 以上，拆下 BCM 插接器 IP22a 和 IP20a；接上辅助蓄电池负极，用万用表测量 IP22a/14 端子与搭铁间电压，应为 11~14V，否则检查熔丝 F05 是否熔断和电路是否正常。

② 插上插接器 IP22a，将点火开关打至 ON 档，测量 IP20a/8 端子与搭铁、IP23/1 端子

与搭铁间电压，应为 11~14V，否则检查熔丝 F28、F19 是否熔断，熔丝 F28、F19 正常时，检查 F28、F19 熔丝和 IP23/1、IP23/15 控制电路电阻，应小于 1Ω。

③ 检查 IG1、IG2 继电器 IR02、IR05 是否工作正常。

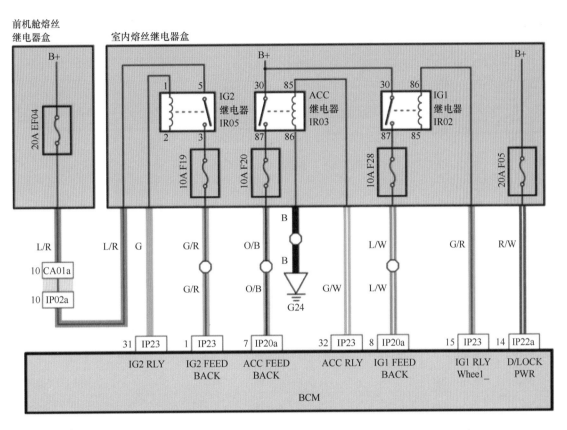

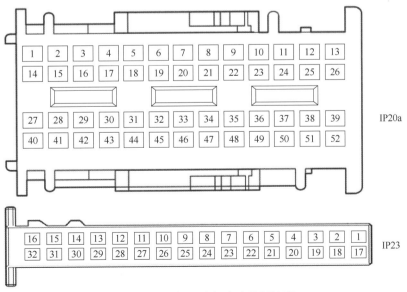

图 5-3-4 BCM 电源电路及插接器

3）检测 VCU 供电电源。图 5-3-5 所示为 VCU 的插接器 CA66、CA67，CA66、CA67 端子的定义分别见表 5-3-2 和表 5-3-3，图 5-3-6 所示为 VCU 电源电路。

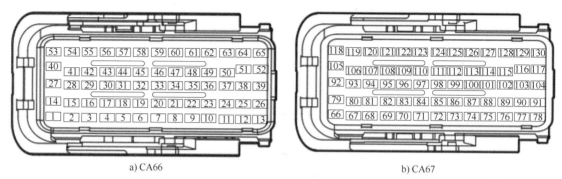

a) CA66   b) CA67

图 5-3-5　插接器 CA66、CA67

表 5-3-2　CA66 端子定义

端子号	端子定义	线色	端子号	端子定义	线色
1	GND	B（黑）	22	VCAN-L	L/W（蓝/白）
2	GND	B（黑）	23	VCAN-H	Gr（灰）
4	UDSCAN-H	L/R（蓝/红）	24	起动信号	W/L（白/蓝）
5	UDSCAN-L	Y/B（黄/黑）	25	主继电器电源反馈	Y（黄）
7	PCAN-L	L/B（蓝/黑）	26	GND	B（黑）
8	PCAN-H	Gr/O（灰/橙）	39	电源正极（反接保护）	Y（黄）
10	高速风扇电源反馈	W/B（白/黑）	50	IG1	R/B（红/黑）
11	低速风扇电源反馈	W（白）	51	主继电器控制	Br/W（棕/白）
12	常电	R（红）	52	电源正极（反接保护）	Y（黄）
15	变速器唤醒输出	R/G（红/绿）	54	GND	B（黑）
16	电机控制器唤醒输出	L/W（蓝/白）	58	高压互锁输出	Br/W（棕/白）
20	P 位指示灯信号输出	G/B（绿/黑）			

表 5-3-3　CA67 端子定义

端子号	端子定义	线色	端子号	端子定义	线色
76	高压互锁输入	Br（棕）	111	加速踏板信号 1	G/L（绿/蓝）
83	冷却水泵电源反馈	R/W（红/白）	112	加速踏板信号 2	G/W（绿/白）
86	制动开关 2（动断）	O（橙）	115	冷却水泵继电器控制	G/Y（绿/黄）
96	制动开关 1（动合）	Br（棕）	123	加速踏板搭铁 2	B/W（黑/白）
99	加速踏板电源 2	R/B（红黑）	124	加速踏板搭铁 1	B/L（黑/蓝）
100	加速踏板电源 1	R/L（红/蓝）	127	高速风扇继电器控制	P（粉）
101	水泵检测	G/R（绿/红）	128	低速风扇继电器控制	L/G（蓝/绿）

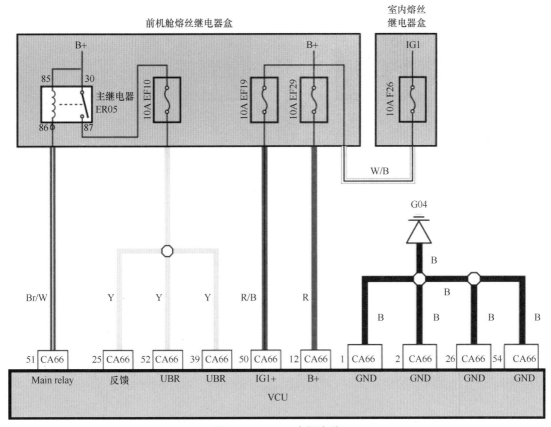

图 5-3-6 VCU 电源电路

VCU 供电电源电路检测步骤如下：

① 用诊断仪访问 VCU，检查是否输出诊断故障码（DTC），若有，根据输出 DTC 检修电路。

② 检查辅助蓄电池电压，应为 11~14V。

③ 检查 VCU 熔丝 EF19、EF29 是否熔断，EF19、EF29 电路是否有断路故障。

④ 检查 VCU 插接器 CA66 端子电压。将点火开关打至 OFF 档，断开 VCU 线束插接器 CA66，将点火开关打至 ON 档，用万用表直流 20V 档测量 CA66/12—CA66/1、CA66/50—CA66/1 电压，应为 11~14V。

⑤ 检查 VCU 插接器 CA66 搭铁端子导通性。将点火开关打至 OFF 档，测量 CA66/1、CA66/2、CA66/26、CA66/54 与车身搭铁电阻，应小于 1Ω。

4）检测 BMS 供电电源。

① 图 5-3-7 所示为 BMS 电源电路。断开辅助蓄电池负极 90s 以上，拆下 BMS 插接器 CA69，然后接上辅助蓄电池负极，用万用表检测 CA69/1 端子与搭铁间电压，应为 11~14V，否则检测熔丝 EF01 与 CA69/1 端子连接电路是否正常。

② 将点火开关打至 ON 档，测量 CA69/7 端子与搭铁间电压，应为 11~14V，否则检查熔丝 F18 与 CA69/7 端子连接电路是否正常；检测 CA69/2 端子与搭铁间电阻，应小于 1Ω。

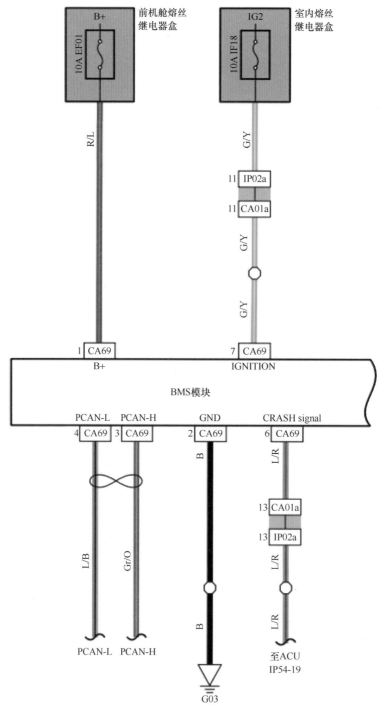

图 5-3-7　BMS 电源电路

5）检测 PEU 供电电源。

①PEU 供电电源电路如图 5-3-8 所示。断开辅助蓄电池负极 90s 以上，拆下 BV11 插接器，插上辅助蓄电池负极，测量 BV11/26 端子与 BV11/11 端子之间、BV12/1 端子与 BV34/1

端子之间的电压应为 11~14V，否则检查熔丝 EF32、AM02 及 PEU 搭铁电路是否正常。

② 将点火开关打至 ON 档，测量 BV11/25 端子与 BV11/11 端子之间的电压应为 11~14V，否则检查熔丝 F18 与 BV11/25 端子连接电路的电阻，应小于 1Ω。

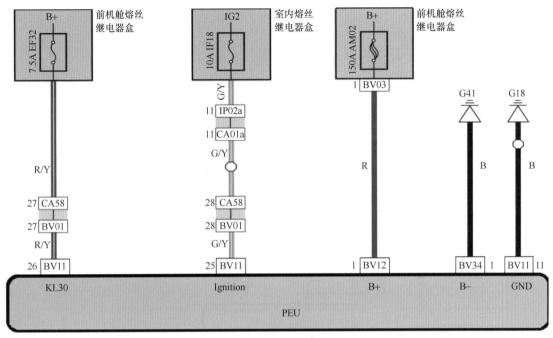

图 5-3-8　PEU 供电电源电路

2. 动力 CAN 通信故障

吉利帝豪 EV450 上电过程中，VCU 通过动力 CAN 与 BMS、PEU、TCU 和电子换档开关进行通信。VCU 与 BCM、仪表板通过 V-CAN 进行通信，故 CAN 通信电路故障均可导致车辆无法上电。CAN 总线可能的故障包括 CAN-H、CAN-L 断路、对搭铁或电源短路，CAN-H 和 CAN-L 短接等。

3. 上电条件不满足故障

上电条件不满足故障包括制动开关信号故障、电子换档开关信号故障、旋变传感器信号故障、高压系统绝缘性故障、接触器故障、高压互锁故障等。下面主要介绍制动开关信号故障和电子换档开关信号故障。

1）制动开关信号故障。为了确保车辆上电时的安全性，制动开关信号是帝豪 EV450 上电的条件之一，上电时要求驾驶人踩下制动踏板。吉利帝豪 EV450 制动开关由一个常闭开关和一个常开开关组成，踩下制动踏板，常闭开关打开，常开开关闭合，帝豪 EV450 制动开关电路如图 5-3-9 所示。常闭开关和常开开关分别连接到 VCU 的 CA67/86 端子和 CA67/96 端子，给 VCU 输入整车减速或制动信号，反映了驾驶人对整车制动性的需求。VCU 根据制动开关信号对驱动电机实施控制，此外制动开关信号还是 VCU 控制电机控制器实施能量回收控制的使能信号。断开 VCU 的 CA67/86 端子和 CA67/96 端子不影响整车上电控制。

制动开关的常开开关还连接到 BCM 的 IP21a/13 端子和电子稳定控制（ESC）系统的 CA20/30 端子。制动开关给 BCM 的制动信号用于控制整车上电，若没有该信号，车辆将出现无法上电的故障。制动开关给 ESC 系统的制动信号主要用于车身稳定控制，若没有该信号，ABS 故障指示灯将点亮。对制动开关进行检测的步骤如下：

① 将点火开关打至 ON 档，连接故障诊断仪，读取故障码，根据故障码信息进行排查。

② 检查制动开关熔丝 EF02 和 EF18 是否熔断。

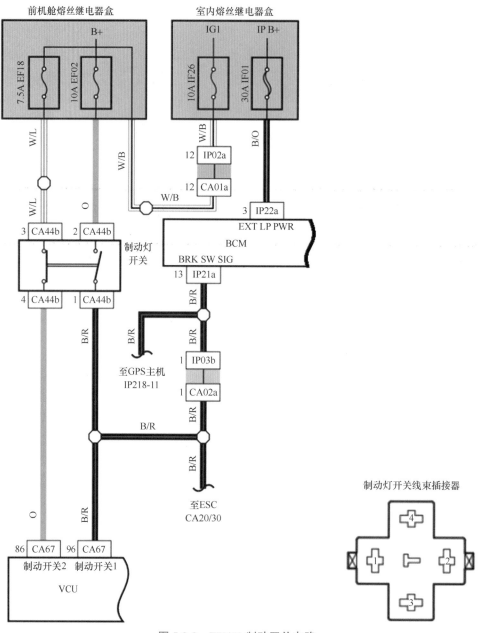

图 5-3-9　EV450 制动开关电路

③ 检查制动开关电路。将点火开关打至 OFF 档，断开辅助蓄电池负极，等待至少 90s，断开制动开关线束插接器 CA44，断开 VCU 线束插接器 CA67。连接辅助蓄电池负极，将点火开关打至 ON 档，测量线束插接器 CA44b/2 端子、CA44b/3 端子与车身搭铁间电压，应为 11~14V，否则检查 EF02 和 EF18 与制动开关的连接电路电阻，电阻应小于 1Ω；插入制动开关线束插接器 CA44，将点火开关打至 ON 档，测量 VCU 线束插接器 CA67/86 端子与车身搭铁间电压，应为 11~14V；测量 VCU 线束插接器 CA67/96 端子与车身搭铁间电压，未踩下制动踏板时为 0V，踩下制动踏板时应为 11~14V。

④ 检查制动开关与 VCU 之间的线束。将点火开关打至 OFF 档，断开辅助蓄电池负极至少 90s，断开 VCU 线束插接器 CA67 和制动开关线束插接器 CA44，测量 CA67/86 端子与 CA44b/4 端子、CA67/96 端子与 CA44b/1 端子之间的电阻，应小于 1Ω。

⑤ 检查制动开关线束是否对搭铁短路。将点火开关打至 OFF 档，断开辅助蓄电池负极至少 90s，断开 VCU 线束插接器 CA67 和制动开关线束插接器 CA44，测量 CA44b/1 端子与车身搭铁、CA44b/4 端子与车身搭铁之间的电阻，应大于 10kΩ。

⑥ 检查制动开关线束是否对电源短路。连接辅助蓄电池负极，将点火开关打至 ON 档，测量 CA44b/1 端子与车身搭铁、CA44b/4 端子与车身搭铁之间电压，应为 0V。

2）电子换档开关信号故障。吉利帝豪 EV450 电子换档开关（EGSM）是一个电子控制模块，其线束插接器编号为 IP53b。电子换档开关插接器 IP53b 的 1、2 端子分别通过 IF08、IF23 熔丝连接 B+ 和 IG1，给电子换档开关供电，IP53b/10 端子为搭铁线。电子换档开关插接器 IP53b 的 4、5 端子通过 P-CAN 与 VCU 通信。电子换档开关电路如图 5-3-10 所示。

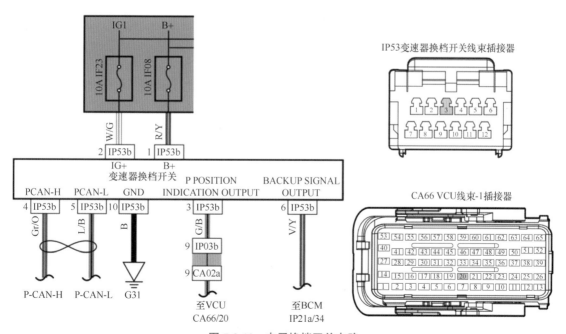

图 5-3-10　电子换档开关电路

当驾驶人将电子换档开关挂入 P 位时，IP53b/3 端子与 VCU 的插接器 CA66/20 端子连接，通过 LIN 总线向 VCU 输送驻车请求信号，VCU 结合当前驱动电机转速（来自 PEU）和轮速信号（来自 ESC），判断是否符合驻车条件。当符合驻车条件时，VCU 通过 CAN 总线向减速器控制器（TCU）发送驻车指令，TCU 控制减速器上的驻车电动机进入 P 位，锁止减速器。驻车完成后 TCU 将收到减速器驻车电动机位置传感器发出的 P 位位置信号，并将此信号反馈给 VCU，完成换档过程。当驾驶人操作电子换档器退出 P 位时，电子换档器通过 IP53b/3 端子将解除驻车请求信号发送给 VCU，VCU 结合当前驱动电机转速及转速情况判断是否满足解除驻车条件，当符合条件时，VCU 发送解除驻车指令到 TCU，TCU 根据解锁条件判断是否进行解锁，TCU 控制驻车电动机。解除驻车后，TCU 将收到减速器驻车电动机位置传感器发出的档位位置信号，并将此信号反馈给 VCU，完成换档过程。

IP53b/3 端子为驻车请求信号，其故障不影响车辆上电，但电子换档开关自身故障或通信故障将导致 VCU 无法从 TCU 获取 P 位位置信号，从而导致车辆无法上电。此外电子换档开关 IP53b/6 端子与 BCM 插接器 IP21a/34 端子连接，输出倒档信号给 BCM，用于打开倒车灯并起动倒车雷达。倒档信号故障不影响车辆上电。

对电子换档开关故障进行检测步骤如下：

① 连接故障诊断仪，检测 VCU 是否有电子换档开关故障码。

② 查看 VCU 数据流，看电子换档开关信号是否正常。

③ 检查辅助蓄电池电压，应为 11~14V。

④ 检查熔丝 IF23、IF08 是否熔断。

⑤ 电子换档开关供电电源检测。将点火开关打至 OFF 档，将辅助蓄电池负极拆下 90s 以上，断开变速杆线束插接器 IP53b，连接辅助蓄电池负极，测量 IP53b/1 端子与车身搭铁电压，应为 11~14V，否则检查 IP53b/1 端子与熔丝 IF08 间电路电阻，应小于 10Ω，将点火开关打至 ON 档，测量 IP53b/2 端子与车身搭铁电压，应为 11~14V，否则检查 IP53b/2 端子与熔丝 IF23 间电路电阻，应小于 1Ω。

⑥ 检查 VCU 与电子换档开关间电路。将点火开关打至 OFF 档，将辅助蓄电池负极拆下 90s 以上，断开变速杆线束插接器 IP53b，从 VCU 上断开线束插接器 CA66，测量 IP53b/3 与 CA66/20 之间电阻，应小于 1Ω。

⑦ 检查 BCM 与电子换档开关间电路。断开 BCM 插接器 IP21a，测量 IP53b/6 端子与 IP21a/34 端子之间电阻，应小于 1Ω。

⑧ 检查电子换档开关搭铁。测量 IP53b/10 端子与搭铁之间电阻，电阻应小于 1Ω。

⑨ 检测电子换档开关与 VCU 的 P-CAN 连接电路，应导通，电阻应小于 1Ω。

📝 学习笔记：如何通过远程诊断和数据分析，提前预测和预防潜在的故障，提高车辆的可靠性和用户的满意度？

_____

_____

☒ 任务实施

【安全及注意事项】

1）作业前应确保高压电路处于断开状态。

2）应穿戴好绝缘手套并铺设好绝缘垫。

3）施工前工位要达到新能源汽车检测安全工位要求。

4）着装应整洁规范，遵守相关规程。

5）任务完成后工具应放回原位，严禁随意摆放。

> 📅 我的预测：请想一想，本任务实施过程中可能会遇到哪些困难？我的解决办法有哪些？
>
> _____
>
> _____

【操作过程】

请按照要求完成新能源汽车动力蓄电池无法上高压电的故障诊断任务，并填写工作任务单。

学 院		专 业		班 级	
姓 名		学 号		日 期	
指导教师					

作业前 准备记录	作业前高压电路是否处于断开状态：是□ 否□ 是否穿戴好绝缘手套并铺设好绝缘垫：是□ 否□ 操作工位是否符合安全要求：是□ 否□ 着装是否整洁规范，是否阅读相关规程：是□ 否□			
	工具资料	名 称	规 格	备 注
	工具清单			
	资料清单			

制订计划	请根据相关工艺流程制订实施计划	
	序号	
	1	
	2	
	3	
	4	
	5	

（续）

操作步骤示意图	操作过程及内容	完成情况		

1. 基本检查

		测量值	标准值	判断
	检测辅助蓄电池电压	___V	___V	正常□ 异常□

| | 检查高压部件及其插接器情况 | 是否正常：正常□　异常□ | | |

| | 检查低压部件及其插接器情况 | 是否正常：正常□　异常□ | | |

2. 故障现象确认

	踩下制动踏板，打开点火开关	是否完成：是□　否□	
		显示	判断
	观察仪表板		正常□ 异常□
	确认整车能否上电	能□　不能□	

3. 读取故障码、数据流

	1）将 OBD Ⅱ 测量线连接至 VCI 设备 2）连接车辆 OBD 诊断座 VCI 设备，电源指示灯亮起 3）打开点火开关	是否完成：是□　否□	
	选择相应车型并扫描整车故障码	故障码	含义
		U111587	与 OBC 失去通信故障
	读取相关数据流	数据流名称	数据值
		BMS 数据流	
		VCU 数据流	

4. 检查 BCM 熔丝 IF19、IF20、IF28

	将点火开关打至 ON 档	是否完成：是□　否□	

（续）

操作步骤示意图	操作过程及内容	完成情况		
	用万用表测量熔丝 IF19 输出端与搭铁间的电压	测量值	标准值	判断
			11~14V	正常□ 异常□
	用万用表测量熔丝 IF20 输出端与搭铁间的电压	测量值	标准值	判断
			11~14V	正常□ 异常□
	用万用表测量熔丝 IF28 输出端与搭铁间的电压	测量值	标准值	判断
			11~14V	正常□ 异常□
	将点火开关打至 OFF 档，拔下熔丝 IF19、IF20、IF28	是否完成：是□ 否□		
	用万用表测量熔丝 IF19 电阻	测量值	标准值	判断
			<1Ω	正常□ 异常□
	用万用表测量熔丝 IF20 电阻	测量值	标准值	判断
			<1Ω	正常□ 异常□
	用万用表测量熔丝 IF28 电阻	测量值	标准值	判断
			<1Ω	正常□ 异常□

检测分析：

5. 检查 BCM 熔丝 IF19、IF20、IF28 电路

	断开 BCM 线束插接器 IP20a、IP23	是否完成：是□ 否□

（续）

操作步骤示意图	操作过程及内容	完成情况		
	用万用表测量熔丝 IF19 输出端与搭铁间的电阻	测量值	标准值	判断
			>10kΩ	正常☐ 异常☐
	用万用表测量熔丝 IF20 输出端与搭铁间的电阻	测量值	标准值	判断
			>10kΩ	正常☐ 异常☐
	用万用表测量熔丝 IF28 输出端与搭铁间的电阻	测量值	标准值	判断
			>10kΩ	正常☐ 异常☐

检测分析：

6. 检查 BCM 供电电压

操作步骤示意图	操作过程及内容	完成情况		
	断开 BCM 线束插接器 IP20a、IP23	是否完成：是☐　否☐		
	将点火开关打至 ON 档	是否完成：是☐　否☐		
IP20a 车身控制模块线束插接器 1	用万用表测量插接器端子 IP20a/7 与搭铁间的电压	测量值	标准值	判断
			11~14V	正常☐ 异常☐
IP23 车身控制模块线束插接器 4	用万用表测量插接器端子 IP20a/8 与搭铁间的电压	测量值	标准值	判断
			11~14V	正常☐ 异常☐
	用万用表测量插接器端子 IP23/1 与搭铁间的电压	测量值	标准值	判断
			11~14V	正常☐ 异常☐

检测分析：

7. 检查 BCM 搭铁端子是否导通

操作步骤示意图	操作过程及内容	完成情况		
	将点火开关打至 OFF 档	是否完成：是☐　否☐		

（续）

操作步骤示意图	操作过程及内容	完成情况		
	断开 BMC 线束插接器 IP22a	是否完成：是□ 否□		
	用万用表测量 IP22a/7 端子与搭铁间的电阻	测量值	标准值	判断
			<1Ω	正常□ 异常□
	用万用表测量 IP22a/9 端子与搭铁间的电阻	测量值	标准值	判断
			<1Ω	正常□ 异常□

检测分析：

8. 检查 VCU 供电电压

	将点火开关打至 OFF 档	是否完成：是□ 否□		
	断开 VCU 线束插接器 CA66	是否完成：是□ 否□		
	将点火开关打至 ON 档	是否完成：是□ 否□		
	用万用表测量 CA66/12 端子与搭铁间的电压	测量值	标准值	判断
			11~14V	正常□ 异常□
	用万用表测量 CA66/50 端子与搭铁间的电压	测量值	标准值	判断
			11~14V	正常□ 异常□

检测分析：

9. 检查 VCU 搭铁端子的导通性

	将点火开关打至 OFF 档	是否完成：是□ 否□		

（续）

操作步骤示意图	操作过程及内容	完成情况		
		测量值	标准值	判断
	用万用表测量 CA66/1 端子与搭铁间的电阻		<1 Ω	正常□ 异常□
		测量值	标准值	判断
	用万用表测量 CA66/2 端子与搭铁间的电阻		<1 Ω	正常□ 异常□
		测量值	标准值	判断
	用万用表测量 CA66/26 端子与搭铁间的电阻		<1 Ω	正常□ 异常□
		测量值	标准值	判断
	用万用表测量 CA66/54 端子与搭铁间的电阻		<1 Ω	正常□ 异常□

检测分析：

10. 检查 BCM 与 VCU 的通信 CAN 总线是否完整

	将点火开关打至 OFF 档	是否完成：是□　否□		
	连接 BCM 与 VCU 各线束插接器	是否完成：是□　否□		
		测量值	标准值	判断
	用万用表测量故障诊断口 6 号端子与 14 号端子间的电阻		55~63 Ω	正常□ 异常□

检测分析：

检查验收安装情况， 确认 6S 管理	是否关闭车辆点火开关：是□　否□
	是否收起并整理防护四件套：是□　否□
	是否清洁防护用具并归位：是□　否□
	是否清洁整理仪器设备与工具：是□　否□

📺 评价考核

在课程教学中进行职业素养和操作规范评分。

评分项	评分标准（扣分标准）	配分	扣分
一、作业准备			
场地准备	□ 未检查设置隔离栏（2分） □ 未设置安全警示牌（2分） □ 未检查灭火器压力值（水基、干粉）（2分） □ 未安装车辆挡块（2分） □ 未安装车外三件套或安装位置不正确（3分） □ 操作中翼子板布、格栅布自行脱落（2分） □ 车内三件套（转向盘套、座椅套、脚垫）少铺、未铺或撕裂（2分）	15分	
人员安全	□ 未检查绝缘手套密封性或检查时未密封（3分） □ 未检查绝缘手套的耐电压等级（2分） □ 未检查作业用抗酸碱手套、护目镜、安全帽外观损伤情况（6分） □ 未穿安全鞋（进入工位前提前穿好）（2分） □ 未检查确认档位（2分）	15分	
二、操作步骤			
无法上高压电故障	□ 未正确确认故障（3分） □ 未能连接解码仪并读取故障码和数据流（3分） □ 未正确检测BCM（8分） □ 未正确检测VCU（10分） □ 未正确检测BCM和VCU之间的通信（6分）	30分	
三、团队协作、安全与6S管理			
团队协作	□ 作业时未互相配合，分工不合理（5分） □ 未在规定时间内完成全部作业（3分） □ 配合时身体发生碰撞，语言发生争执（5分） □ 未佩戴抗酸碱手套（2分）	15分	
安全与6S管理	□ 有影响安全操作的行为，包括但不限于以下内容：仪器、设备、工具、零件落地；不注意安全操作，随意放置工具、量具或造成其他安全隐患（5分） □ 地上有油污时未擦掉，未做废物分类环保处理（5分） □ 工具使用不当，由于野蛮操作，导致设备损坏，扣除该项所有分数（5分） □ 未清洁归还工具，或工具未清洁就放进工具箱（5分） □ 未清洁整理场地（5分）	25分	
总评分			
个人分析总结			

存在问题及改进措施

指导教师签字：　　　　　　　　日期：

思考练习

一、填空题

1. 高压上电是指纯电动汽车在接收到驾驶人的上电指令后,通过整车控制单元(VCU)、蓄电池管理系统(BMS)和电机控制器(MCU)等关键部件,按照既定的控制逻辑,在满足上电条件的前提下,由 ____ 或 BMS 控制动力蓄电池的主正和主负接触器闭合,从而实现动力蓄电池对高压电气系统的供电。

2. 吉利帝豪 EV450 高压电气系统的结构中,动力蓄电池内部集成了高压分配单元(B-BOX),其中包含了主正接触器、主负接触器、主预充接触器、预充电阻、直流充电预充接触器、直流充电预充电阻和_____。

3. 在吉利帝豪 EV450 的上电过程中,当驾驶人踩下制动踏板,按下点火开关(ST 档),请求上电时,BCM 发送起动信号给 VCU,VCU 通过动力 CAN 检测是否满足上电条件,其中包括制动开关信号、电子换档开关信号、_____等是否正常。

4. 吉利帝豪 EV450 下电过程:上电状态下,BMS、VCU、PEU 等监测到_____、碰撞、高压互锁故障、旋变传感器故障等信号时,BMS 控制主正接触器、负极接触器和分压接触器断开,纯电动汽车下电。

5. 吉利帝豪 EV450 中,动力蓄电池、车载充电机及分线盒总成、压缩机、PTC 加热器、电机控制器及 DC/DC 变换器总成、驱动电机以及交直流充电插座等部分构成了高压电气系统的完整架构。其中,_____是用于在纯电动汽车进行快速充电时,对动力蓄电池进行加热以满足快速充电要求的设备。

二、选择题

1. 纯电动汽车高压上电与下电的控制策略中,预充电过程是为了减轻( )的影响。

A. 高压冲击　　　　B. 低压冲击　　　　C. 电流过载　　　　D. 电压波动

2. 吉利帝豪 EV450 高压电气系统蓄电池管理系统(BMS)的低压插接器为( )。

A. CA69 和 CA70　　　　　　　　B. CA68 和 CA71

C. CA67 和 CA72　　　　　　　　D. CA65 和 CA73

3. 在吉利帝豪 EV450 的上电过程中,VCU 通过( )总线与 BMS 进行通信。

A. 动力 CAN　　　　　　　　　　B. 车辆 CAN

C. 诊断 CAN　　　　　　　　　　D. 信息娱乐 CAN

4. 吉利帝豪 EV450 的高压电气系统下电过程中,当驾驶人再次按下起动按钮下电时,BCM 向( )单元请求下电。

A. VCU　　　　　B. BMS　　　　　C. MCU　　　　　D. TCU

5. 吉利帝豪 EV450 纯电动汽车的高压电气系统由多个关键组件构成,其中不包括( )。

A. 动力蓄电池　　　　　　　　　B. 车载充电机

C. 发动机电控单元　　　　　　　D. 驱动电机

6. 吉利帝豪 EV450 纯电动汽车的高压电气系统在下电状态下,BMS、VCU、PEU 等监测到( )信号时会控制纯电动汽车下电。

A. 漏电、碰撞　　　　　　　　　　　B. 高压互锁故障、旋变传感器故障

C. 制动开关信号、电子换档开关信号　　D. A 和 B

三、思考题

1. 简述纯电动汽车高压上电与下电的基本定义。

2. 描述吉利帝豪 EV450 高压电气系统的主要组成部分及其功能。

3. 阐述吉利帝豪 EV450 纯电动汽车无法上高压电故障诊断和排除的基本流程。

任务 5.4　蓄电池管理系统通信故障检修

◎ 任务目标

1. 能查阅维修手册，制订 BMS 供电及通信电路的检修计划。

2. 能通过小组合作执行维修手册标准，检修 BMS 电源及通信故障。

✎ 任务导入

张先生有一辆吉利帝豪 EV450 纯电动汽车，早上起来发现车辆无法行驶，经检查发现仪表板上亮起了动力蓄电池故障灯，送到维修店经过初步检查，读取故障码为 "U3472-87，动力 CAN 总线数据丢失"，初步判断为蓄电池管理系统电源故障或通信故障，现在车间主管安排你完成此任务，你应该如何检修呢？

> 📖 **证书标准对接：** 智能新能源汽车职业技能等级证书标准：新能源汽车动力驱动电机电池技术（初级）职业技能
>
> 5.2　电池管理器检查保养
>
> 5.2.1　能读取动力电池管理系统故障码
>
> 5.2.2　能检查电池管理器外观是否变形、是否有油液

📖 知识准备

对帝豪 EV450 蓄电池管理系统电路进行分析

吉利帝豪 EV450 蓄电池管理系统（BMS）采用集中式布局，BMS 集成主控模块（BMU）、从控模块（CSC）、绝缘监测模块、电流监测模块等，与高压配电盒（B-BOX）共同安装在动力蓄电池箱内。BMS 通过 2 个低压插接器 CA69、CA70 与外部电路连接，如图 5-4-1、图 5-4-2 所示。

（1）BMS 电源　从图 5-4-1 可以看出，BMS 的电源电路有两路。一路由辅助蓄电池通过熔丝 EF01（10A）给 CA69/1 端子供电，此为常电；另一路是 IG2 电源，是 BMS 的唤醒电源。为了节约电能，当动力蓄电池在一定时间内接收不到任何操作信息时，将进入休眠状态，若想唤醒 BMS，当把点火开关打到 ON 档或接收到充电唤醒信号时，车身控制模块（BCM）控制前机舱熔丝继电器盒中的 IG2 继电器闭合，通过 IF18（10A）熔丝给 CA69/7 端子供电，唤醒 BMS。常电与唤醒电源均通过 CA69/2 端子搭铁形成回路。

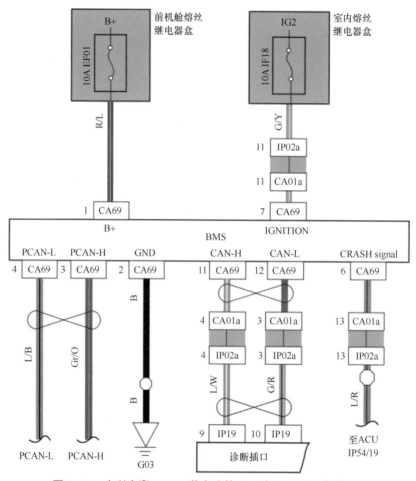

图 5-4-1　吉利帝豪 EV450 蓄电池管理系统（BMS）电路图 1

（2）CAN 总线　BMS 连接有 3 路 CAN 总线，分别是动力 CAN 总线、快充 CAN 总线和诊断插口通信 CAN 总线。BMS 通过 CA69/3（PCAN-H）端子、CA69/4（PCAN-L）端子与 VCU、电机控制器、车载充电机（OBC）、减速机控制器（TCU）等组成动力 CAN 网络，动力 CAN 网络的传输速度为 500kbit/s，120Ω 终端电阻分别在 BMS 和 PEU 内，如图 5-4-3 所示。

BMS 通过 CA70/1（CAN-H）端子、CA70/2（CAN-L）端子分别与直流充电插座 BV20/4 插口、BV20/5 插口连接构成快充 CAN 总线网络（图 5-4-2），直流充电时 BMS 与充电桩通过快充 CAN 总线进行通信。BMS 通过 CA69/11（CAN-H）端子、CA69/12（CAN-L）

端子分别与 OBD 诊断插口的 IP19/9、IP19/10 连接（图 5-4-1），实现 OBD 诊断 CAN 通信，该通信电路故障时，故障诊断仪与 BMS 无法通信。

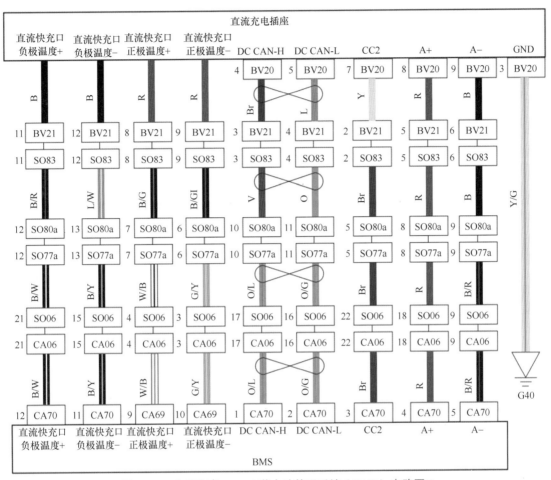

图 5-4-2　吉利帝豪 EV450 蓄电池管理系统（BMS）电路图 2

（3）碰撞信号线　BMS 通过 CA69/6 端子与安全气囊控制器（ACU）的 IP54/19 相连，监测车辆发生碰撞时，ACU 传送过来的硬线碰撞信号（PWM 信号）。

（4）直流快充唤醒电源信号　BMS 通过 CA70/4（A+）端子、CA70/5（A-）端子分别与直流充电插座 BV20/8 插口、BV20/9 插口连接，直流充电枪插入直流充电插座时，给 BMS 提供 12V 的工作电压，唤醒 BMS。

（5）CC2 直流快充连接确认信号线　BMS 通过 CA70/3 端子与直流充电插座 BV20/7 插口相连，BMS 通过该信号监测直流充电枪是否连接到车辆直流充电插座上。

（6）直流快充口温度传感器信号　直流充电插座上有 2 个温度传感器，分别是直流充电口正极温度传感器和负极温度传感器，用于监测直流快充时，充电器正、负极的温度。正极温度传感器由 BMS 的 CA69/9 端子、CA69/10 端子与直流充电插座 BV21/8 插口、BV21/9 插口相连。负极温度传感器由 BMS 的 CA70/11 端子、CA70/12 端子与直流充电插座 BV21/12 插口、BV21/11 插口相连。

（7）蓄电池管理系统（BMS）低压供电及通信电路 吉利帝豪 EV450 中 BMS 通过动力 CAN 总线与 VCU、OBC 等通信，通过直流快充 CAN 与直流充电桩进行通信（图 5-4-3）。CAN 总线通信故障将导致纯电动汽车无法上电、无法充电故障。CAN 总线通信故障常见原因如下：

1）CAN 总线对搭铁、对电源短路或 CAN 总线断路、端子退针、虚接等。在保证 BMS 供电电源正常的状态下，可用万用表检查 CAN 总线电路是否导通，是否对搭铁或对电源短路，必要时用示波器检测 CAN-H、CAN-L 信号波形判断 CAN 总线是否正常。

2）CAN 网络故障。

3）BMS 自身故障。

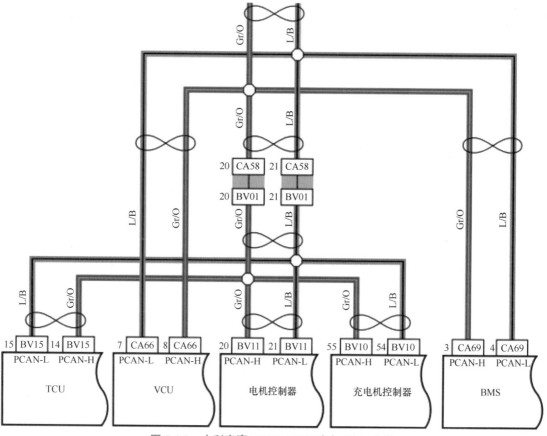

图 5-4-3 吉利帝豪 EV450 BMS 动力 CAN 总线

📝**学习笔记**：分析帝豪 EV450 蓄电池管理系统（BMS）在发生通信故障时可能出现的症状，并讨论如何通过诊断流程快速定位问题，以及采取哪些应对措施来最小化故障对车辆运行的影响。

🗶 任务实施

【安全及注意事项】

1）作业前应确保高压电路处于断开状态。

2）应穿戴好绝缘手套并铺设好绝缘垫。

3）施工前工位要达到新能源汽车检测安全工位要求。

4）着装应整洁规范，遵守相关规程。

5）任务完成后工具应放回原位，严禁随意摆放。

> 🗓 我的预测：请想一想，本任务实施过程中可能会遇到哪些困难？我的解决办法有哪些？
>
> _____
>
> _____

【操作过程】

请按照要求完成新能源汽车动力蓄电池通信故障诊断任务，并填写工作任务单。

学 院		专 业		班 级	
姓 名		学 号		日 期	
指导教师					

作业前准备记录	作业前高压电路是否处于断开状态：是□ 否□ 是否穿戴好绝缘手套并铺设好绝缘垫：是□ 否□ 操作工位是否符合安全要求：是□ 否□ 着装是否整洁规范，是否阅读相关规程：是□ 否□				
	工具资料	**名 称**	**规 格**		**备 注**
	工具清单				
	资料清单				

制订计划	请根据相关工艺流程制订实施计划	
	序号	
	1	
	2	
	3	
	4	
	5	

（续）

操作步骤示意图	操作过程及内容	完成情况	

1. 读取故障码、数据流

	1）关闭点火开关 2）将 OBD Ⅱ 测量线连接至 VCI 设备 3）连接车辆 OBD 诊断座，VCI 设备电源指示灯亮起	是否完成：是□　否□	
	打开点火开关	是否完成：是□　否□	

	选择相应车型并读取故障码	故障码	含义

	读取与故障相关数据流	数据流名称	数据值

2. 检查蓄电池电压

	关闭点火开关，钥匙安全存放	是否完成：是□　否□	
	断开辅助蓄电池负极	是否完成：是□　否□	

	测量辅助蓄电池电压	测量值	标准值	判断
		＿＿V	＿＿V	正常□ 异常□

3. 检查 BMS 供电电源熔丝 EF01 和 IF18 是否熔断

	把点火开关打至 OFF 档，拆下辅助蓄电池负极	是否完成：是□　否□	
	拔下熔丝 EF01	是否完成：是□　否□	

（续）

操作步骤示意图	操作过程及内容	完成情况		
	拔下熔丝 IF18	是否完成：是□　否□		
	测量熔丝电阻值，判断熔丝是否损坏	正常□　异常□		
		测量位置	测量值	标准值
		EF01	＿＿Ω	＿＿Ω
		IF18	＿＿Ω	＿＿Ω

检测分析：

4. 检查 BMS 线束插接器侧电源端与 CA66 之间的连接情况

操作步骤示意图	操作过程及内容	完成情况		
	断开 BMS 线束插接器 CA69	是否完成：是□　否□		
	连接蓄电池负极	是否完成：是□　否□		
	测量线束插接器 CA69/（　　）端子与搭铁间的电压	测量值	标准值	判断
		＿＿V	＿＿V	正常□ 异常□
	将点火开关打至 ON 档	是否完成：是□　否□		
	测量线束插接器 CA69/（　　）与搭铁间的电压	测量值	标准值	判断
		＿＿V	＿＿V	正常□ 异常□

（续）

操作步骤示意图	操作过程及内容	完成情况		
	把点火开关置于 OFF 档	是否完成：是□　否□		
	测量线束插接器 CA69/2 端子与车身搭铁间的电阻	测量值	标准值	判断
		＿＿Ω	＿＿Ω	正常□ 异常□
	将辅助蓄电池负极电缆拆下，等待 90s	是否完成：是□　否□		
	断开 VCU 线束插接器 CA66	是否完成：是□　否□		
	测量 BMS 插接器 CA69/3 端子与 VCU 插接器 CA66/8 端子之间的电阻	测量值	标准值	判断
		＿＿Ω	＿＿Ω	正常□ 异常□
	测量 BMS 插接器 CA69/4 端子与 VCU 插接器 CA66/7 端子之间的电阻	测量值	标准值	判断
		＿＿Ω	＿＿Ω	正常□ 异常□
检查验收安装情况，确认 6S 管理	是否关闭车辆点火开关：是□　否□			
	是否收起并整理防护四件套：是□　否□			
	是否清洁防护用具并归位：是□　否□			
	是否清洁整理仪器设备与工具：是□　否□			

📺 评价考核

在课程教学中进行职业素养和操作规范评分。

评分项	评分标准（扣分标准）	配分	扣分
一、作业准备			
场地准备	□ 未检查设置隔离栏（2分） □ 未设置安全警示牌（2分） □ 未检查灭火器压力值（水基、干粉）（2分） □ 未安装车辆挡块（2分） □ 未安装车外三件套或安装位置不正确（3分） □ 操作中翼子板布、格栅布自行脱落（2分） □ 车内三件套（转向盘套、座椅套、脚垫）少铺、未铺或撕裂（2分）	15分	
人员安全	□ 未检查绝缘手套密封性或检查时未密封（3分） □ 未检查绝缘手套的耐电压等级（2分） □ 未检查作业用抗酸碱手套、护目镜、安全帽外观损伤情况（6分） □ 未穿安全鞋（进入工位前提前穿好）（2分） □ 未检查确认档位（2分）	15分	
二、操作步骤			
动力蓄电池通信故障	□ 未正确确认故障现象（3分） □ 未能正确连接解码仪并读取故障码和数据流（3分） □ 未正确检测 BMS 供电电源熔丝 EF01 和 IF18 阻值（8分） □ 未正确检查 BMS 线束插接器侧电源电压（10分） □ 未正确检查 CA69 和 CA66 之间的连接情况（6分）	30分	
三、团队协作、安全与 6S 管理			
团队协作	□ 作业时未互相配合，分工不合理（5分） □ 未在规定时间内完成全部作业（3分） □ 配合时身体发生碰撞，语言发生争执（5分） □ 未佩戴抗酸碱手套（2分）	15分	
安全与 6S 管理	□ 有影响安全操作的行为，包括但不限于以下内容：仪器、设备、工具、零件落地；不注意安全操作，随意放置工具、量具或造成其他安全隐患（5分） □ 地上有油污时未擦掉，未做废物分类环保处理（5分） □ 工具使用不当，由于野蛮操作，导致设备损坏，扣除该项所有分数（5分） □ 未清洁归还工具，或工具未清洁就放进工具箱（5分） □ 未清洁整理场地（5分）	25分	
	总评分		
	个人分析总结		

存在问题及改进措施

指导教师签字： 日期：

思考练习

一、填空题

1. 帝豪 EV450 中，BMS 的电源电路有两路，其中一路是由辅助蓄电池通过_____（10A）熔丝给 CA69/1 端子供电。

2. 动力 CAN 总线的传输速度为 500kbit/s，120Ω 终端电阻分别在 BMS 和_____内。

二、选择题

1. 吉利帝豪 EV450 BMS 的唤醒电源是由（　　）继电器控制的。

A. EF01 　　　　　　　　　　　　B. IF18

C. IG2 　　　　　　　　　　　　　D. EF02

2. 以下（　　）不是 BMS 常见故障。

A. CAN 总线通信故障　　　　　　　B. BMS 自身故障

C. 单体蓄电池电压采集异常　　　　D. 发动机过热故障

3. 根据吉利帝豪 EV450 的电路图，BMS 通过（　　）插接器与外部电路连接。

A. CA69 　　　　　　　　　　　　B. CA70

C. CA68 　　　　　　　　　　　　D. CA67

三、思考题

1. 列举至少 3 种可能导致 CAN 总线通信故障的原因。

2. 解释为什么 BMS 在纯电动汽车中是不可或缺的。

3. 描述吉利帝豪 EV450 蓄电池管理系统（BMS）的低压供电及通信电路的基本构成。

任务 5.5　动力蓄电池绝缘故障检修

⊙ 任务目标

1. 掌握动力蓄电池绝缘检测的意义。
2. 掌握动力蓄电池绝缘检测的方法。
3. 掌握动力蓄电池绝缘检测的流程。

 **任务导入**

一辆吉利帝豪 EV450 纯电动汽车，仪表板上的动力蓄电池故障灯点亮，读取故障码显示 "P1543-00 高压继电器断开的前提下，绝缘故障（严重）"。现在车间主管安排你完成此任务，你应该如何检修呢？

📖 **证书标准对接：** 智能新能源汽车职业技能等级证书标准：新能源汽车动力驱动电机电池技术（初级）职业技能

5.1　动力电池检查保养

5.1.1　能拆装动力电池组

5.1.2　能检查动力电池组有无泄漏、磕碰

5.1.5　能检查并测量动力电池单体电池的规格、大小、性能是否一致

5.1.6　能检查和记录动力电池标签信息，并核对是否与原厂规格一致

5.2　电池管理器检查保养

5.2.1　能读取动力电池管理系统故障码

📠 知识准备

一、绝缘检测的重要性

纯电动汽车的动力系统是一个高电压、大电流的电路。在正常情况下，高压系统是一个封闭的系统，对车体是完全绝缘的。纯电动汽车工作环境复杂，车辆的振动、高温环境、湿度的急剧变化、酸碱气体的腐蚀有可能会使纯电动汽车的绝缘层遭到破坏，使整车绝缘性能下降，导致车体漏电。在漏电情况下，动力蓄电池的正、负极引线会通过绝缘层与车辆的底盘构成漏电流回路，使车辆的底盘电位拉升，影响低压电器和车辆上 ECU 的正常工作。而且现在纯电动汽车的工作电压通常在 400~500V，有些主机厂已推出 800V 高压系统，如果发生绝缘问题，可能危及驾驶人和乘客的人身安全。

（1）绝缘检测的作用　通过绝缘检测可以及时发现动力蓄电池的漏电、短路等安全隐患，避免火灾等事故的发生。此外，绝缘检测还能为动力蓄电池的维护和管理提供数据支持。因此，有效地进行动力蓄电池的绝缘检测，有助于提高动力蓄电池的运行效率和使用寿命。

（2）绝缘检测原理　绝缘检测装置通过检测高压直流动力电源母线与其外壳、车身底盘之间的绝缘阻抗，与动力蓄电池输出相连接的负极母线与车身底盘之间的绝缘电阻，判断动力蓄电池的漏电程度，该装置能够持续或间歇地检测车辆的绝缘电阻。当动力蓄电池漏电时，传感器给蓄电池管理系统发出一个信号，蓄电池管理系统接到漏电信号后，发送给整车控制器（VCU）指令进行相关保护操作并报警，防止动力蓄电池的高压电外泄。绝缘检测原理如图 5-5-1 所示。

在蓄电池管理系统中，若工作线束的插接器与外壳发生短路，或者高压电路出现损坏并与车辆外壳短路，这些情况都可能引发绝缘方面的故障。同样，电压采集电路若损坏并与动力蓄电池箱体发生短路，也会导致绝缘问题。

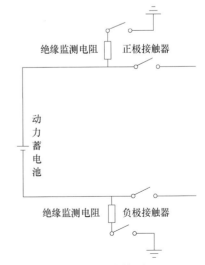

图 **5-5-1**　绝缘检测原理

为了解决这类问题，可以依照以下步骤进行分析和维修：

1）检查高压负载是否存在漏电现象。可以通过依次断开 DC/DC 变换器、PEU、充电设备、空调系统等部件，逐步排查直至故障被排除，之后应对故障部件进行更换。

2）检测高压电路或插接器是否存在损坏。利用绝缘电阻表对电路和插接器进行绝缘测量，一旦确认损坏，应立即更换。

3）若动力蓄电池箱体发生渗水或动力蓄电池出现泄漏，应对动力蓄电池箱体内部进行处理或更换动力蓄电池。

4）确认动力蓄电池箱内部存在漏电现象后，应对电压采集电路进行检查，若发现电路损坏，应立即更换。

5）排除高压板的误报故障。对高压板进行更换，如果更换后故障得到解决，则可以确定原高压板存在误报故障。

> 📝 学习笔记：分析为什么要进行绝缘监测。
>
> _____
>
> _____

二、绝缘检测标准及方法

1. 绝缘检测标准

由国际电工标准可知，人体没有任何感觉的电流安全阈值是 2mA。这就要求如果人或其他物体构成动力蓄电池系统（或"高电压"电路）与搭铁（车身）之间的外部电路，最坏的情况下泄漏电流不能超过 2mA，即人直接接触电气系统任一点的时候，流过人体的电流应当小于 2mA 才认为车辆绝缘合格。因此，在纯电动汽车的开发中，要注意高压电气系统的绝缘设计，严格控制绝缘电阻值，使泄漏电流在安全的范围内。

绝缘检测的标准会根据不同的车型而有所区别。吉利帝豪 EV450 的动力蓄电池工作电压为 DC 346V。根据 GB 18384—2020《电动汽车安全要求》的规定，其动力蓄电池电压被划分为 B 级，具体标准要求可参考表 5-5-1。

表 5-5-1　电压等级

电压等级	最大工作电压 U/V	
	直流	交流
A	$0 < U \leqslant 60$	$0 < U \leqslant 30$
B	$60 < U \leqslant 1500$	$30 < U \leqslant 1000$

在最大负载电压下，直流电路绝缘电阻应不小于 $100\,\Omega/V$，交流电路绝缘电阻应不小于 $500\,\Omega/V$。如果直流和交流的 B 级电压电路中可导电的部分连接在一起，则应满足绝缘电阻不小于 $500\,\Omega/V$。

此绝缘电阻值越大，则代表高压部件的绝缘性能越高。查阅吉利帝豪 EV450 维修手册，得知其动力蓄电池绝缘电阻为不小于 20MΩ。

2. 绝缘检测的方法

1）检测所有高压部件的绝缘电阻时，应在断开动力蓄电池维修开关和辅助蓄电池负极线的前提下（如在充电还需断开充电插头）进行。

2）断开各高压部件的高压连接线，用 1000V 绝缘电阻表测试各高压部件高压输入输出插口中高压正负极端子对车身搭铁的绝缘电阻。

3）对于绝缘电阻检测不合格的部件，必须进行更换。

4）动力蓄电池装车前应检测其绝缘电阻，同时用万用表量取高压插接器正、负极柱之间及分别对壳体的电压，电压数值应为 0V。要求在动力蓄电池的整个使用寿命期内，根据标准计算方法得到的绝缘电阻值除以动力蓄电池的额定电压 U，所得值应大于 500Ω/V。

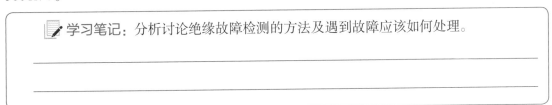

学习笔记：分析讨论绝缘故障检测的方法及遇到故障应该如何处理。

三、故障诊断流程

（1）车辆故障现象确认　起动车辆时，车辆能正常起动，READY 指示灯点亮，但过了几秒后高压突然下电，仪表板指示灯熄灭，动力系统故障灯点亮，如图 5-5-2 所示，能听到动力蓄电池内部传来高压接触器断开的声音。

（2）故障分析　由于刚开始车辆能够正常上电，说明各模块自检可以通过，因此不用考虑各模块的故障。但高压上电后又突然下电，说明车辆检测到高压上电后存在安全隐患，为保护车辆安全，控制车辆紧急下电。结合高压控制原理，可以分析出高压下电可能由高压绝缘故障或高压互锁故障等高压组件故障引起。

（3）模块通信状态及故障码检查　车辆下电，连接故障诊断仪，读取相应故障码，依据故障码或数据流确定可能的故障原因。

1）读取故障码，如图 5-5-3 所示，VCU 模块报"P1C2704 BMS 报动力蓄电池放电系统故障"和"P1C7004 BMS 检测外部绝缘故障报警"。

图 5-5-2　故障车辆仪表板现象

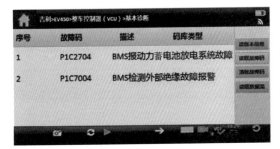

图 5-5-3　诊断仪显示

2）故障诊断仪显示相关数据流：无。

（4）确认故障范围　故障范围：交流充电插座、电动压缩机、PTC加热控制器、动力蓄电池、电机控制器、车载充电机等组件或高压线束可能存在绝缘故障。

（5）检测分析　高压配电图如图5-5-4所示。交流充电插座由PCB板隔绝，电动压缩机、PTC加热器、动力蓄电池、电机控制器、车载充电机等组件与高压线束都是直接连接的，因此如果电动压缩机、PTC加热器、动力蓄电池、电机控制器、车载充电机等高压组件存在绝缘故障，就会造成车辆上电后的高压下电故障。

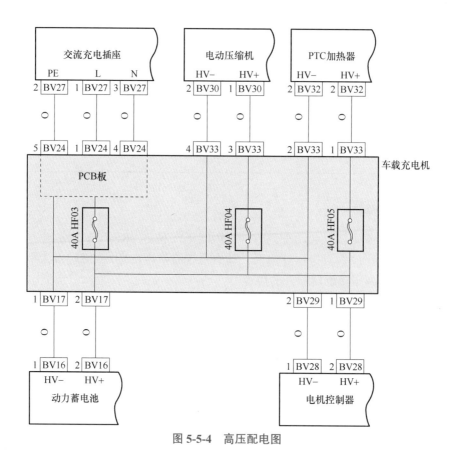

图 5-5-4　高压配电图

📝 **学习笔记**：分析新能源汽车动力蓄电池常见绝缘故障的原因及故障现象，讨论采取哪些应对措施可以最小化故障对车辆运行的影响。

_____

_____

_____

知识拓展

增混"大电量"时代——骁遥超级增混电池

当前的汽车产业不断向"电动化、网联化、智能化、共享化"方向发展。动力蓄电池的创新变革，助力汽车产业快速走向电动化。

2024年10月24日，宁德时代在北京发布了全球首款纯电续驶里程400km以上，且兼具4C超充的增混电池——骁遥超级增混电池，全面开启增混"大电量"时代，让车主彻底告别了传统增混车型因纯电续驶里程短而带来的频繁充电烦恼，做到"充电一次，通勤一周"；另一方面，骁遥凭借"充电10min，补能超280km"的优秀表现，解决了增混车主的补能焦虑。

宁德时代钠离子电池技术此次也在骁遥超级增混电池上进行了落地应用，打破了新能源车型的低温局限性，实现了−40℃极寒环境可放电，−30℃可充电，−20℃与常温驾驶体验没有差别的目标。

目前，骁遥电池已经成功落地多个车型品牌，包括理想、阿维塔、深蓝、启源、哪吒。预计到2025年，包括吉利、奇瑞、广汽、岚图等在内的近30款增混车型，都将配备宁德时代骁遥超级增混电池。

任务实施

【安全及注意事项】
1）作业前应确保高压电路处于断开状态。
2）应穿戴好绝缘手套并铺设好绝缘垫。
3）施工前工位要达到新能源汽车检测安全工位要求。
4）着装应整洁规范，遵守相关规程。
5）任务完成后工具应放回原位，严禁随意摆放。

> 我的预测：请想一想，本任务实施过程中可能会遇到哪些困难？我的解决办法有哪些？
>
> _____
>
> _____
>
> _____
>
> _____

【操作过程】
请按照要求完成新能源汽车动力蓄电池绝缘故障检测任务，并填写工作任务单。

学　院		专　业		班　级	
姓　名		学　号		日　期	
指导教师					

作业前 准备记录	作业前高压电路是否处于断开状态：是□　否□ 是否穿戴好绝缘手套并铺设好绝缘垫：是□　否□ 操作工位是否符合安全要求：是□　否□ 着装是否整洁规范，是否阅读相关规程：是□　否□			
	工具资料	名　称	规　格	备　注
	工具清单			
	资料清单			

制订计划

请根据相关工艺流程制订实施计划

序号	
1	
2	
3	
4	
5	

动力蓄电池
绝缘检测

操作步骤示意图	操作过程及内容	完成情况	

1. 故障现象确认

	踩下制动踏板，打开点火开关	是否完成：是□　否□	
	观察仪表板现象	显示	判断
			正常□　异常□
			正常□　异常□

2. 读取故障码、数据流

	关闭点火开关	是否完成：是□　否□
	将 OBD Ⅱ 测量线连接至 VCI 设备	是否完成：是□　否□
	连接车辆 OBD 诊断座，VCI 设备电源 指示灯亮起	是否完成：是□　否□

（续）

操作步骤示意图	操作过程及内容	完成情况	
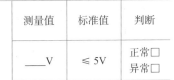	1）打开点火开关 2）选择相应车型并读取故障码	故障码	含义
	读取与故障相关的数据流	数据流名称	数据值

3. 动力蓄电池绝缘故障检测

操作步骤示意图	操作过程及内容	完成情况		
  	高压断电与检验 1）断开辅助蓄电池负极，并包裹绝缘层 2）断开车载充电机侧动力蓄电池高压母线，并包裹绝缘层 3）等待放电 5min 4）用万用表验电，测得电压	测量值	标准值	判断
		＿＿V	≤ 5V	正常□ 异常□
		是否完成：是□ 否□		
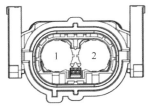 BV16动力蓄电池高压线束插接器3 	检测供电绝缘电阻 1）断开动力蓄电池侧高压母线插接器 BV16 2）检测动力蓄电池供电绝缘电阻 3）将绝缘测试仪的档位调整至 1000V 4）用绝缘测试仪测量 BV16/1 端子与车身搭铁之间的电阻 5）用绝缘测试仪测量 BV16/2 端子与车身搭铁之间的电阻	1号 测量值	标准值	判断
		＿＿MΩ	≥ 20MΩ	正常□ 异常□
		2号 测量值	标准值	判断
		＿＿MΩ	≥ 20MΩ	正常□ 异常□
		是否完成：是□ 否□		

（续）

操作步骤示意图	操作过程及内容	完成情况		

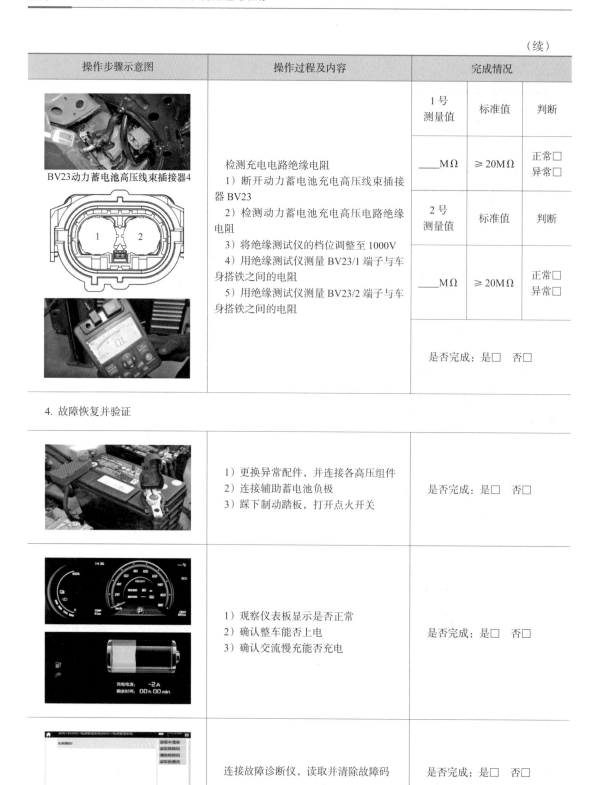

		1号测量值	标准值	判断
BV23动力蓄电池高压线束插接器4	检测充电电路绝缘电阻 1）断开动力蓄电池充电高压线束插接器 BV23 2）检测动力蓄电池充电高压电路绝缘电阻 3）将绝缘测试仪的档位调整至 1000V 4）用绝缘测试仪测量 BV23/1 端子与车身搭铁之间的电阻 5）用绝缘测试仪测量 BV23/2 端子与车身搭铁之间的电阻	___MΩ	≥ 20MΩ	正常□ 异常□
		2号测量值	标准值	判断
		___MΩ	≥ 20MΩ	正常□ 异常□
		是否完成：是□　否□		

4. 故障恢复并验证

	1）更换异常配件，并连接各高压组件 2）连接辅助蓄电池负极 3）踩下制动踏板，打开点火开关	是否完成：是□　否□
	1）观察仪表板显示是否正常 2）确认整车能否上电 3）确认交流慢充能否充电	是否完成：是□　否□
	连接故障诊断仪，读取并清除故障码	是否完成：是□　否□

验证分析：

（续）

检查验收安装情况，确认 6S 管理	是否关闭车辆点火开关：是□　否□
	是否收起并整理防护四件套：是□　否□
	是否清洁防护用具并归位：是□　否□
	是否清洁整理仪器设备与工具：是□　否□

📋 评价考核

在课程教学中进行职业素养和操作规范评分。

评分项	评分标准（扣分标准）	配分	扣分
一、作业准备			
场地准备	□ 未检查设置隔离栏（2分） □ 未设置安全警示牌（2分） □ 未检查灭火器压力值（水基、干粉）（2分） □ 未安装车辆挡块（2分） □ 未安装车外三件套或安装位置不正确（3分） □ 操作中翼子板布、格栅布自行脱落（2分） □ 车内三件套（转向盘套、座椅套、脚垫）少铺、未铺或撕裂（2分）	15分	
人员安全	□ 未检查绝缘手套密封性或检查时未密封（3分） □ 未检查绝缘手套的耐电压等级（2分） □ 未检查作业用抗酸碱手套、护目镜、安全帽外观损伤情况（6分） □ 未穿安全鞋（进入工位前提前穿好）（2分） □ 未检查确认档位（2分）	15分	
二、操作步骤			
动力蓄电池 绝缘故障	□ 未正确判断高压绝缘故障仪表板状态（3分） □ 未正确判断故障码和数据流（3分） □ 未正确分析诊断仪器检测结果（8分） □ 未正确使用绝缘测试仪检测高压组件绝缘性（10分） □ 未正确恢复故障并验证（6分）	30分	
三、团队协作、安全与 6S 管理			
团队协作	□ 作业时未互相配合，分工不合理（5分） □ 未在规定时间内完成全部作业（3分） □ 配合时身体发生碰撞，语言发生争执（5分） □ 未佩戴抗酸碱手套（2分）	15分	
安全与 6S 管理	□ 有影响安全操作的行为，包括但不限于以下内容：仪器、设备、工具、零件落地；不注意安全操作，随意放置工具、量具或造成其他安全隐患（5分） □ 地上有油污时未擦掉，未做废物分类环保处理（5分） □ 工具使用不当，由于野蛮操作，导致设备损坏，扣除该项所有分数（5分） □ 未清洁归还工具，或工具未清洁就放进工具箱（5分） □ 未清洁整理场地（5分）	25分	
总评分			

（续）

个人分析总结

存在问题及改进措施

指导教师签字： 日期：

 **思考练习**

一、填空题

1. 纯电动汽车的动力系统是一个高电压、大电流的电路，在正常情况下，高压电气系统是一个封闭的系统，对车体是完全_____的。

2. 在最大负载电压下，直流电路绝缘电阻应不小于_____Ω/V，交流电路绝缘电阻应不小于_____Ω/V。

3. 蓄电池管理系统（BMS）能够对动力蓄电池总电压、总电流、温度等实时监控，其中_____将整车高压绝缘等信号上报给整车控制器（VCU）。

二、选择题

1. 纯电动汽车工作环境复杂，可能导致绝缘层遭到破坏的因素不包括（　　　）。

A. 车辆振动
B. 高温环境
C. 湿度急剧变化
D. 车辆速度

2. 根据 GB 18384—2020《电动汽车安全要求》中规定的电压等级，动力蓄电池的电压属于（　　　）。

A. A 级
B. B 级
C. C 级
D. D 级

3. 动力蓄电池的绝缘电阻检测不合格时，应采取的措施是（　　　）不合格部件。

A. 修复
B. 更换
C. 忽略
D. 重新测试

三、问答题

1. 绝缘检测在纯电动汽车中的作用是什么？

2. 蓄电池管理系统（BMS）的主要功能有哪些？

3. 动力蓄电池绝缘电阻检测的标准是什么？

4. 在进行动力蓄电池绝缘电阻检测时，应该注意哪些安全措施？

参考文献

［1］蒋鸣雷.新能源汽车动力电池结构与检修［M］.北京：机械工业出版社，2018.

［2］解福泉，钟原，马丽.新能源汽车动力电池及管理系统检修［M］.北京：机械工业出版社，2023.

［3］左小勇，袁斌斌.动力电池管理及维护技术［M］.天津：天津科学技术出版社，2020.

［4］吴海东，袁牧，苏庆列.新能源汽车动力电池及管理系统检修［M］.北京：机械工业出版社，2022.

［5］魏星.新能源汽车动力电池及管理系统检修［M］.北京：机械工业出版社，2023.

［6］赵振宁，杨舒乐.新能源汽车技术［M］.3版.北京：人民交通出版社，2021.

［7］杜慧起，李晶华.新能源汽车动力电池技术［M］.北京：机械工业出版社，2021.

［8］许云，赵良红.新能源汽车动力电池及充电系统检修［M］.北京：机械工业出版社，2018.